闻一多和自己的歌

闻名 著

清華大學出版社
北京

北京市版权局著作权合同登记号　图字：01-2020-3184
《闻一多和自己的歌》由中华书局（香港）有限公司在香港首次出版，所有权保留。

图书在版编目（CIP）数据

闻一多和自己的歌 / 闻名著. —北京：清华大学出版社，2020.9
ISBN 978-7-302-55368-7

Ⅰ.①闻… Ⅱ.①闻… Ⅲ.①闻一多（1899-1946）—传记 Ⅳ.①K825.6

中国版本图书馆CIP数据核字（2020）第068449号

责任编辑：宋丹青
封面设计：傅瑞学
责任校对：王荣静
责任印制：杨　艳

出版发行：清华大学出版社
网　址：http：//www.tup.com.cn，http：//www.wqbook.com
地　址：北京清华大学学研大厦A座　**邮　编**：100084
社总机：010-62770175　**邮　购**：010-62786544
投稿与读者服务：010-62776969，c-service@tup.tsinghua.edu.cn
质量反馈：010-62772015，zhiliang@tup.tsinghua.edu.cn
印 装 者：三河市吉祥印务有限公司
经　销：全国新华书店
开　本：170mm×230mm　**印　张**：24.5　**字　数**：270千字
版　次：2020年9月第1版　**印　次**：2020年9月第1次印刷
定　价：79.00元

产品编号：085956-01

献给亲爱的父亲母亲

红烛啊！

这样红的烛！

诗人啊！吐出你的心来比比

可是一般颜色？

闻一多（一八九九年十一月二十四日至一九四六年七月十五日）

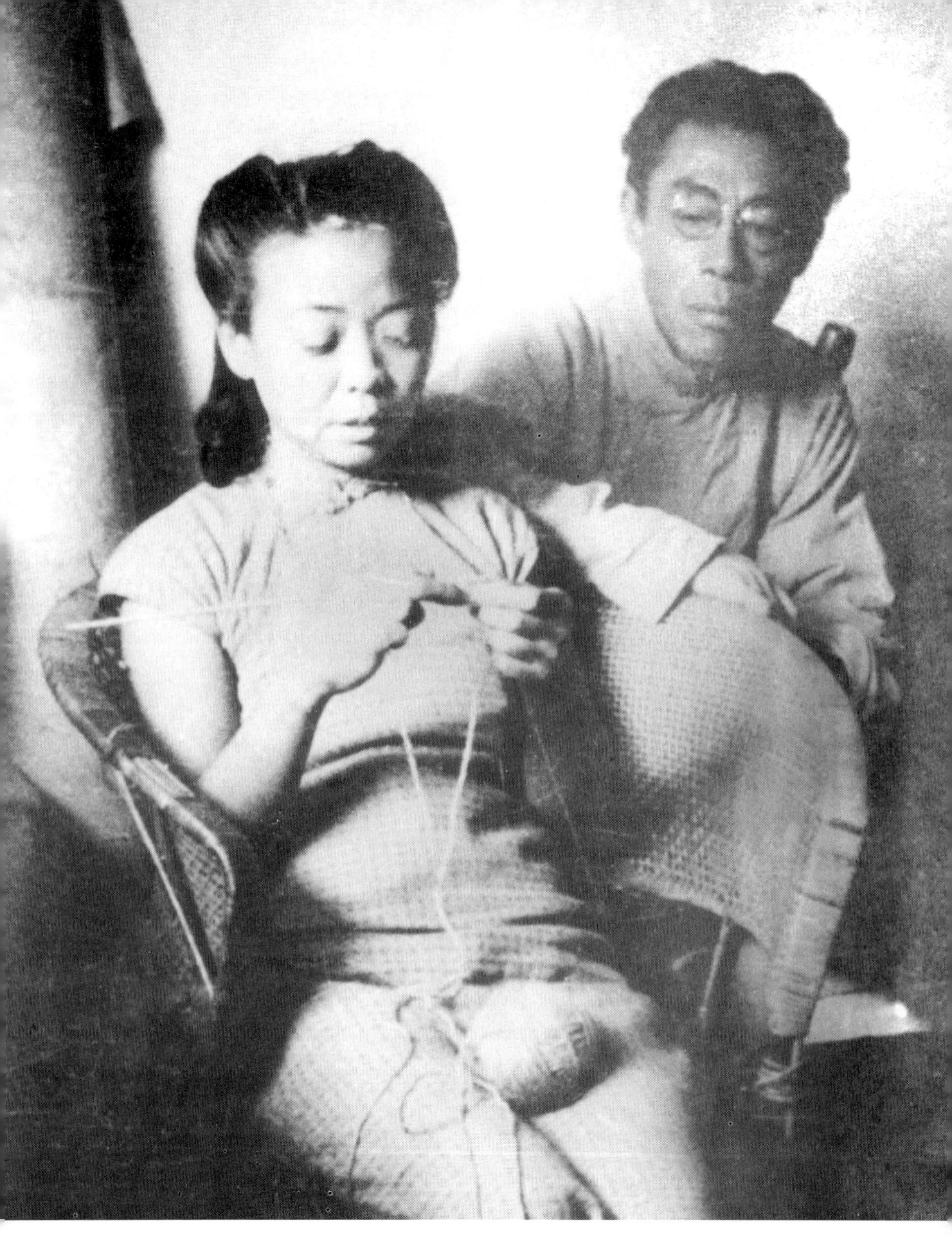

闻一多先生和夫人

目录

001 **写在前面**

005 **第一章 玉箫牙板听红豆**

他们削破了我的皮肉，
冒着险将伊的枝儿
强蛮地插在我的茎上，
如今我虽带着瘿肿的疤痕，
却开出从来没有开过的花儿了。

——《红豆》

007 鞭丝抽拢的伙伴
011 园内与笼内
021 愁苦的荆棘
023 玉箫牙板听红豆
027 书香诗韵伴蜜月
032 断了的心弦
038 伤茎上的蓓蕾

045 **第二章 驰骋诗坛与自己的歌**

诗人主要的天赋是爱，爱他的祖国，爱他的人民。

——与熊佛西语

047 流落的孤雁
052 诗集《红烛》与新诗评论
056 我是一个流囚
061 长诗《红豆》
062 狂怒的海神与颠簸的轻舟
066 在珂泉·大江会
069 纽约戏兴与一首英文诗
073 关于诗《也许》
078 追寻着一个梦
082 笑问客从何处来
086 寒蕉与月亮
089 为神州呼号
096 梯子胡同一号的新生活
102 西京畿道的诗人乐窝和晨报《诗镌》
109 还有一个乐窝
112 惊魂一刻
115 痛失立瑛
122 哪里是我的中华
129 诗集《死水》出版
134 自己的歌

141 第三章 沉潜古籍与守护之神

我爱中国故因他是我的祖国，

而尤因他是有他那种可敬爱的文化的国家。

——《〈女神〉之地方色彩》

143 走上学者之路
147 青岛海滨·划时代的《诗经》研究
151 海城情缘与长诗《奇迹》
157 最美妙的音乐享受
161 清华园里的诗人学者
170 新南院七十二号的“女神”
176 炮声中离平
182 战乱中的别离
188 三千里步行
197 远方的思念和艰险逃难
205 空袭受伤
208 “是感动、是燃烧”的戏剧活动
211 清贫晋宁和难忘的诗化生活
217 死里逃生与隔帘而居
224 在断炊的威胁中
230 文研所的书香和学术园地的开拓者
236 深夜里的两盏灯和桥头接送
239 窘困生活 高雅意兴
241 开源节流争温饱
246 手工业劳动者

255 **第四章 豪气万丈与继起者**

斗士的血是不会白流的。反动派！你看见一个倒了，
可也看得见千百个继起的人！
——为《学生报》李公朴先生纪念特刊题词

257 严斥暴力教育
261 时代的鼓手
267 向圈子外喊去
273 这是做人的态度
276 投入实际斗争
281 从人间走入地狱
287 西仓坡的新居
292 希望的“工程”与无价之宝
297 失去了“最大的靠头”
299 内战阴云·“一二·一惨案”
307 战斗中的亲密伴侣
312 为了早日复员北上
319 在血雨腥风中
323 蛛丝马迹探心迹
331 碧血丹心映千秋
340 黑夜沉沉
346 斗士的血是不会白流的
350 我要活下去
353 最先的继起者

367 **尾声**
379 **参考文献**
380 **后记**

写在前面

冬阳透过宽大的玻璃窗照进房间，火炉上的铁壶里，水发出了轻微的嗞嗞声。从壶嘴和壶盖腾出的水蒸气，像清晨远山间轻盈飘忽的薄雾，在阳光下显得分外清晰。

母亲坐在火炉边，靠近倚窗的书桌，向我讲述着她和父亲的往事。一双饱经沧桑的大眼睛时而闪现着激动的光芒，时而流露出幽深的哀伤。她已穿越时空雾幔回到那难忘的岁月，在和父亲共享那甜蜜的时光，共历战争和动乱，共度时代的危艰以及地狱的磨难，也再一次经受着那血泪交融的剧痛与创伤。

这是二十世纪七十年代末的一个冬末春初时分。院子里的积雪已开始融化，社会生活中改革开放的春风正吹遍中国大地，文化生活的坚冰也如这积雪一般渐渐消融。在我们住的地安门帽儿胡同的小院里，开始不断有人前来采访母亲，想要了解和研究闻一多。

自从那血染的日子以来，母亲一直把伤痛和思念深深埋在心底。

父亲遇难时，我们都还是孩子，她不能，也不愿去触痛几颗孤儿受伤的心。后来我们长大了，都忙于自己的学习、工作和自己的小家庭，虽然我们从未淡忘过去，内心是那么怀念亲爱的父亲，但她仍然不能，也不愿意在我们的生活中加进过多的沉痛。

是这春的气息吹开了她记忆的闸门，搅动了她记忆的深潭，同时也使她萌生了一个愿望——要把有关父亲的所有记忆搜索、整理出来。

母亲的心愿也正是我们多年来的愿望。我与母亲同住，朝夕共处，也就自然地成了她亲密的助手。听母亲忆往也从此成为我一生中最难忘又最神往的一种时光。

只可惜，这样时候太少了，由于母亲年迈多病，我上班又抽不出多少时间，加上一些其他干扰，这一“工程”时断时续，最后竟完全中断，所记述的一切也就此搁置一旁。一九八三年冬，母亲竟带着这腔遗憾永远离去了。我悲痛万分又追悔莫及。

母亲在世时，这一工作是随意的、漫忆性的，没有什么严格的计划，主要看她的身体情况和我的时间。母亲想到一点就谈一点，她说：“记一点，是一点。”我也总认为母亲就在身旁，随时都可以讲，我也随时可以问，并没有时间的紧迫感。谁想竟造成了无法弥补的历史遗恨！

这遗恨，也使我深深意识到，母亲生前那些回忆是多么宝贵。它们虽零零散散，也不是全部，却像一把把珍珠，素雅动人。我曾数次想把它们清理出来，无奈多年来，自己也一直疾病缠身，诸事烦扰，始终未能如愿。

如今，经过再三努力，终于把它们搜寻在一起。而当我把它们一颗颗穿连起来时，我的心也不由随之起伏激荡，止不住的泪水常夺眶而出。我又来到了亲爱的父亲身边，回到他磁石般吸引着我们的、那温暖幸福的家庭怀抱中，感受着他那博大深厚的爱和无私无畏的气概……

母亲生前每忆及父亲，总不愿过多涉及自己及家庭私事。许多时候，是经过我们再三追问，她才谈起一点的。那炉边的回忆，也往往变成了我的“采访”。她总觉得自己和父亲的差距太大，不愿因自己而影响父亲的光辉，常说："我配不上你爸，我真恨自己没有文化，没有能力。""我算个什么，什么都没有，他那么喜欢我。"

但人们都知道，成功的男人后面往往有一个伟大的女人，这是互相依存的一对。父亲的一生，从生活到事业，从来离不开母亲的支持与帮助，我们家庭的美满和谐、温暖幸福，也全是他们这种相知相守带来的。这一点，我们做儿女的体会尤深。而我，作为一个女儿，对母亲内心的爱与恨、喜悦与痛苦，也许感受得更深入细致一些。

母亲离世后那两天，叔叔闻家驷问我们："你们不写点什么吗？"我怎么能不想写呢？然而，几次提起笔来，都泪如泉涌，无法下笔啊！

如今，面对眼前这些明珠，我深深感到，在它们璀璨的光芒中也闪现着母亲的色彩，我把它们穿连起来，也就是同时在完成当年那篇无法下笔的文字。父亲和母亲，原本是一个不可分割的整体啊！

多年来，关于闻一多的个人及家庭生活，一直流传着各种说法，其中绝大多数都是人们的主观想象和推断，许多情节甚至完全是编造出来的。这种情况也影响到对他某些诗作的理解和分析。而此刻，摆在面前的这些明珠，足够清晰地展现出一个真情的世界，这是真实的世界，走进去，才能更深入、更准确地理解诗人那颗心以及他的人生和创作！

第一章

玉箫牙板听红豆

他们削破了我的皮肉，
冒着险将伊的枝儿
强蛮地插在我的茎上，
如今我虽带着瘿肿的疤痕，
却开出从来没有开过的花儿了。

——《红豆》

鞭丝抽拢的伙伴

“那天，我正在九舅家的堂屋里，同几个姐妹围着桌子玩。忽然进来了一个男孩，舅妈一见，赶快过来拉着我就跑。那孩子就是你爸爸！在旧社会，女孩子过门以前是不让和未婚夫见面的。我那时只有六七岁大，哪里懂得这些？”母亲坐在炉边，沐浴着满室阳光，讲起她和父亲的第一次见面，情景好像就在昨天似的。我问她：“还记得爸那时穿的什么吗？”“棉袍马褂，戴一顶瓜皮帽。”过了一会，她笑道：“后来结婚时，你爸还和我开玩笑：‘你那时为么事要跑走啊？’”

和二十世纪初的许多同龄人一样，父母亲的这门娃娃亲，是很早就由家长商定的。这是一对“鞭丝抽拢的伙伴”（闻一多《红豆》），但两人在婚前也并不完全陌生。

闻家和姻亲高家本是亲戚。我祖母刘氏和外祖母是同堂姐妹※。父亲称外祖母为十姨妈，称她的胞弟为九舅，幼时还常到九舅家去玩耍。母亲原名高孝贞（后改名高真），在家大排行第七，父亲称她七妹。父亲行十一，母亲从弟妹们简称他为一哥。听母亲说，我们的曾祖母也是刘家的。由于这层层关系，闻、高两家过从较密。

闻家是湖北浠水县下巴河的大族。据族谱记载，原是南宋民族英雄文天祥的一支后裔。景炎二年文天祥兵溃空坑被执，家属中有人潜逃至湖北蕲水，改文姓为闻。闻家世代相传这段族史，并衷心崇敬一身正气的先祖信国公。父亲少年时在读书札记《二月庐漫记》中就写

※ 同一曾祖父的兄弟姐妹称为“同堂××”。

到了这个传说。他也曾作过《闻氏先德考》，虽因年代久远难以考证，但可以看出，他从小是以此来激励自己的。后来在北平住时，他还带母亲去看过文天祥的囚禁地，给她讲述族谱中的记载，他告诉母亲："这就是关文天祥的地方，我们过去就姓这个文，以后改了的。"

闻家世代书香，十分重视子孙的教育。我们的高祖在世时，曾专门筑书室，请名师教授子孙。曾祖父更继承父志，在教读后辈上用心良苦。父亲早年在《自传》中曾有这样的叙述："先世业儒，大父尤嗜书，尝广鸠群籍，费不赀，筑室曰'绵葛轩'，延名师傅诸孙十余名于内。"（清华学校一九二一级中等毕业级刊《辛酉镜·级友》，一九一七年六月十五日）曾祖父还仿照新学堂给家塾起名为"绵葛轩小学"，不仅教诗云子曰，也教一些国文、历史、博物、修身之类的新编课本。

闻一多一八九九年十一月二十四日（清光绪二十五年十月二十二日）诞生于湖北省浠水县巴河镇望天湖畔闻家铺子村

遂年湮之後風霜兵火之餘族屬分散轉徙無常所謂
大宗者不可識則小宗亦徒付之濫焉散焉已耳而孝
順宗之遠近子孫之倫次又安望其確然不爽釐然不
混也乎無他譜之不存宗於何有仁人孝子所爲發憤
太息懃懃懇懇於譜之修不修也吾邑聞氏先世江右
廬陵人南宋末其祖　良輔公舉宋孝廉旋以　信國
公文天祥軍潰於空阬　公被元人執送於燕中道潛
遁於蕲以文爲聞斷之有聞氏自此始後　公生四子
伯仲季皆卒無後其叔子　谷瑞公亦生四子長　貞
一翁次　貞二翁次　貞三翁次　貞四翁　谷瑞公

《闻氏宗谱》有关部分。谱中记载闻氏家族为文天祥后裔（待考）

闻一多的父亲

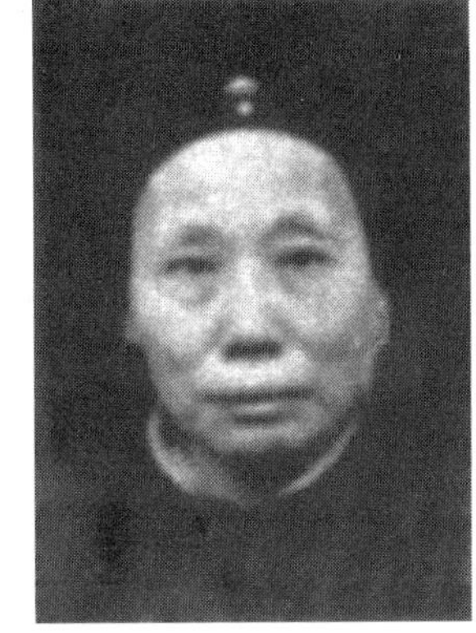

闻一多的母亲

我们的祖父闻邦本（字固臣）是清末的秀才，他较早接受了新时代潮流的影响，父亲他们在辛亥革命前夕，在家中就能阅读到《东方杂志》和《新民丛报》之类的书刊了。据叔叔闻家驷说，他们的长兄（即我们的大伯父，我们称为伯伯）闻家骥（号展民）“在外面活动，辛亥前后就参加过与宋教仁有关系的某个社团。他常把新的思想和书刊带回家，对我们兄弟几个影响很大”。伯伯的儿子，我们的堂兄闻立勋（大排行第二，我们称为大二哥）则说，他父亲在外面还参加了同盟会。祖父能顺应历史潮流，不把儿子们拴在家中守业，而主张送他们出去学习新的文化科学知识，掌握新本领。

在闻氏家族中，对子孙的要求是很严格的。我们的老爹爹（曾祖父）在世时曾亲自定下三条家规：第一，不准抽大烟；第二，不准纳妾；第三，不准赌博。三爹的一个儿子纳了妾，又赌博，三爹便坚决不许他进屋。

祖父对子孙们的要求也一丝不苟。他常常亲自教授和督查儿孙们的学习，大哥他们小时候在老家习字时，祖父常悄悄来到身旁，猛地去抽他手中握着的毛笔，要是被抽掉就得反复练习，不认真还要挨打，虽是“高高举起，轻轻落下”，但要求却十分严厉。祖父在生活上要求也很严，要是看见有哪个孩子吃饭时把饭粒掉到了桌上，他就会神色严肃，令其马上捡起来吃掉。他常说：“一粥一饭，当思来之不易啊！”

高家也是一个大族。据说祖籍原在合肥，后来迁至湖北黄冈的潞口。先祖在明朝开朝时立有战功，曾受到皇帝的召见和奖赏。高家的后代一直保存着一面秦朝铜镜，据说就是当年皇帝赐予的宝物之一。这个家族内，每逢过年都要张灯结彩，挂上祖先的业绩以激励子孙。

据我们的表舅高孝敏（高明斋，即母亲的嫡堂弟）说，我们的曾外祖父做过知县、知州、同知等，据说还做过道台。外祖父高承烈（字敬伯）早年就学于京师法政学堂，曾任广东饶平县知县、绥远垦务局坐办、安徽蚌埠船舶事务局局长、安徽高等法院推事等职。听母亲说，他为官清正廉明，办案时别人送来的金首饰和衣料等，他都退了回去，只留下万民伞。在官场多年，自己却一点积蓄没有。因此，当他四十多岁就不幸患上肺结核，不得不告退时，家境也就随之败落了。外祖父常年在外，见识较广，思想也比较开明。他主张女孩进学堂，不缠足；还亲自出资送胞弟去日本留学。

闻家和高家可说是门当户对。但外祖母最初是不愿意将爱女嫁过去的，她说堂姐（我的祖母）严厉，怕女儿将来受不了。外祖父非常喜欢父亲，在和闻家的交往中，早就看上了这个孩子的聪明才智，回家来总夸奖他，特别是夸他文章和字写得好。他对外祖母说：“我就是喜爱他！婆婆嘛，管他呢，跟婆婆才多少年？将来还是跟丈夫的时间长！”就这样，由外祖母的一位表弟——父母亲的五舅做媒人，两家定下了这门姨表亲。现在人们都误以为高承烈是在闻一多考取清华学堂之时认定他有出息，愿意把女儿嫁给他，其实，早在此前两家就结下这门娃娃亲了。※那时父亲才八九岁，母亲出生于一九〇三年八月二十八日（农历七月初六），比父亲小四岁，他们还是天真的幼童，什么都不知道呢！

按照当时习俗，定了亲的男女孩子在结婚以前是不能见面的。然而父亲和母亲却有过前述的一面之缘。这次见面还给他们两人都留下了深刻印象。

园内与笼内

一九一二年父亲十三岁时，考上了北京清华学校。在清华园里，他“饿着脑筋，烧着心血，紧张着肌肉”（闻一多：《园内》）努力学习。还兴致勃勃地参加各种课外活动，尤其是热衷于诗歌、美术和戏剧活动。入校不久，就成了园内的诗人和艺术家。清华是一所留美预备学校，

※ 当时人们普遍的观念还是父母在不远游。而且当时的清华学堂只是一间留美预备学校，与后来的清华大学还不是一个概念。祖父给父亲报名上清华，主要因为是公费，同时也说明了他思想比较开明。

不重视国学，但他出自对祖国文化的热爱，独自利用课余时间不懈地钻研古典文籍。每年暑假还利用长达两个月的假期，回家闭门研读，并写出许多有独立见解的读书札记在《清华周刊》上发表。

那个年代，正是国家内忧外患、民族危机空前严重的时期。列强的欺凌和军阀混战使祖国苦难重重。父亲和同时代的一些青少年一样，很早就怀有一种深沉的国是感、宇宙感和人生感。在努力汲取科学文化知识的同时，也思考着多难的祖国与个人的关系、悠悠的宇宙与人生的关系。在他青春的欢乐中，时时发生出“一知半解的少年愁”（《园内》），一种对国家、民族命运的忧患情绪。他曾满怀豪情壮志在长诗《提灯会》中高呼：“何当效春雷，高鸣振聋痴。”一九一九年“五四”运动爆发，他怀着炽热的爱国热情积极投入运动，并被选为学生代表团成员之一。六月又作为清华学生代表之一出席了在上海召开的全国学联成立大会。那年暑假他破例没有回家，在给父母的信中这样写道：“男昧于世故人情，不善与俗人交接，独知读书，每至古人忠义之事，辄为神往，尝自诩吕端大事不糊涂，不在此乎？”

清华学堂。一九一二年夏，闻一多考入清华学校（今清华大学前身）

父亲在清华的情况，外祖父一直很关心。他虽远在外地，但除了时时从家中探询外，也和女婿偶通音问。“五四”前后，还亲自到清华园去看望过父亲。那一次，父亲陪他

清华学校辛酉级（一九二一年）中等科一年级同学合影。四排左二为闻一多

去参观了朝夕相伴的图书馆。外祖父回到家中，还对孩子们说起馆内的玻璃地板呢！

对于未来的女婿，外祖父是十分满意的。他为女婿的才华得意，为他的勤奋高兴，也许，还赞赏那一腔青春热血。

不过，最令他感到欣慰的，大概要算是这样一件事了：

大约在新文化运动刚刚兴起时，父亲从清华园给他写了一封信。这不是一封普通的信。信中提出了两个严肃的请求，一是不要给表妹缠足，一是送她去上学。这两件事，外祖父其实已多次向家里叮嘱过，但读着女婿的来信，仍觉说不出的欣慰。他感受到了一颗热烈真诚的心，更看到女儿幸福的未来！更令他惊喜的是，这时外祖母也收到了女婿同样的来信！原来，父亲怕十姨父常年在外，作不了家中的主，特意

Wen To 聞多

Chishui, Hupeh

Being an artist, "One Two", or "Widow", knows the secret of beauty, which knowledge is not without visible proof. As he is a poet and reformer at once, his favorite reforms are often more poetic than practical. Whenever he receives an allowance, he may be persuaded to suspend his rule of fasting.

辛酉级高等科时闻一多及其英文自述

闻一多喜绘画，曾与杨廷宝等发起“美术社”，成员有冀朝鼎、高士其、梁思成、沈宗濂、闻亦传、唐亮等。图为该社全体成员合影。三排右三为闻一多

闻一多作清华年刊插图《梦笔生花》

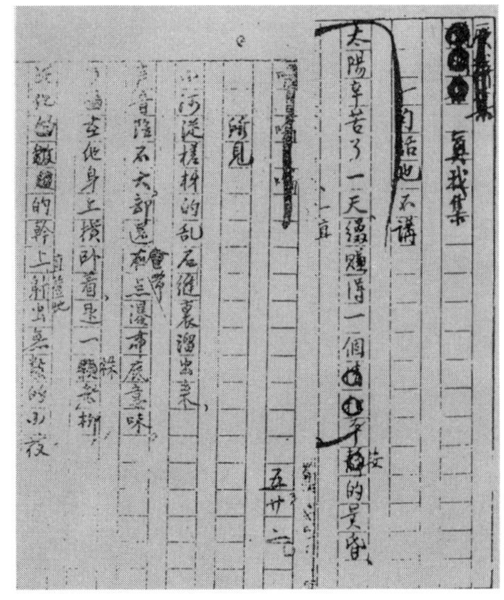

“五四”运动后，闻一多即开始试作新诗，图为一九一九年至一九二〇年的诗作《真我集》部分手稿

《革命军》（又名《武昌起义》）剧照。民国初年，风气渐开，学校重视文化生活，清华屡次组织戏剧演出。该剧为闻一多参与编成，剧情歌颂武昌起义，讽刺清朝官吏。闻一多（前排右一）饰演革命党人

又托五舅给十姨妈捎去了信。

外祖母是个知书达理、宽厚慈爱的女人。她本来就爱女心切，满心赞同丈夫的叮嘱，接到女婿的信，更是兴奋不已。她高兴地告诉女儿："你父来信说，家骅（父亲的族名）给他去信，让你不要包脚，要去上学，要学文化呢！"说着便笑眯眯地把自己接到的信讲给女儿听。

这封信带给了岳父、岳母多大的欣慰，又在表妹年幼的心中留下了多么深刻而温暖的记忆，父亲当时是不会去想的。写这封信时，他还是一个稚气未脱的少年。不过，这一举动却绝不仅出于一种天真的时代激情，而是更源于对现实生活的感受和思考。

父亲生长在乡间的一个封建大家族中，自幼便目睹和感受到封建

纲常对人们的戕害，尤其是对妇女的摧残。在我们这个书香世家中，祖父虽然在某些方面能跟上时代潮流，但仍视纲常礼教为神圣不可动摇。女人们永远处于卑下地位。她们没有独立人格，一切都得“从人”，连自己的名字都没有一个。女辈在家中是不能和男人们平起平坐的，吃饭不能同桌，饭菜不能同等，平时不许出大门，甚至说话的声音大一点，都要受到申斥。至于缠足，更被当成必守的天理常规。父亲的大姐（我们称为大大）命运就更加悲惨，出嫁刚几个月，丈夫就不幸去世。在封建贞操的道德规范下，她青春妙龄就得守节终身。大大热情质朴，心地善良，我们这一房，由于外出读书的孩子多，开销很大，常常入不敷出，大大时常用自己在婆家的积蓄来帮助补贴，父亲和叔叔他们当年上学就常靠她的接济。有时她甚至典当自己的首饰来供弟弟们求学。然而，这样的身世和这般美好的心灵，却从来没有博得过祖父的点滴疼爱，只因为她是个女儿身。这一点，一向严正的祖母都看不过去。听母亲说，有一天晚上，当祖父要吃大大送来的点心时，她也忍不住奚落道：“你不是不喜欢女儿吗？还要吃女儿带来的东西？！”

父亲从小就对这种男尊女卑的现象很反感。他热爱自己的姐妹们，和她们很要好，还为她们的女红描花样，剪图纸。家里女人们做花鞋，花样也都是他画的。上清华以后，特别是新文化运动兴起以来，他对束缚个性、摧残身心的封建礼教更加深恶痛绝，深感是那“牢狱的世界”造成了妇女们悲惨的命运。一九一九年初，父亲的二妹（大排行十五，家中称十五妹）在花季年龄就因病去世，他万分伤痛，在日记中写道：“妹则死矣，妹之孝谨，妹之智慧，一日不能忘，则令人一日不堪耳。”第二年，又含泪写下一首哀诗，沉痛控诉了那“无事不是痛苦”的“牢狱的世界”。他怀着深深的悲愤和爱怜写道：

> 十五妹！人家都说你死的可怜。我说你的可怜，是在生前，不在死后。（《读沈尹默〈小妹〉！想起我的妹来了，也作一首》）

这首诗写于“五四”以后，但他这种痛切的感受，无疑是早就积蓄于胸间的。

正是怀着这样的感受和爱心，他在忧国忧民的同时，也一直关注中国妇女的命运，关注自己姐妹们的生活，热切希望她们能摆脱那“牢狱的世界”，获得身心自由。对于关系到自己未来的表妹，这种愿望自然更加强烈、急迫。

大约就在父亲来信前后，在日本留学的叔外祖父也连续来信敦促这两件事。

时代的洪流在冲击着高家这个封建的大家族。

父亲的担心不是没有道理的。在这个宗法制家族中，外祖父虽是长子，却远在外地，鞭长莫及。更何况当时曾外祖父还在世，正作为一家之长，主宰着整个家族。老人可是一位旧传统的卫道者，在他的严厉管教下，家里的女孩子大都被迫缠上了足，一个个疼得嘤嘤直哭。

母亲也面临着这种命运！

不过，她终究是挣脱了。

> 家公（我们称外祖父为家公，外祖母为家婆）在外面，来信让我别包脚，我怕痛，也不肯包。家婆也疼我，随我自己。
>
> 前面那些姑姑包脚，疼得要命，半夜里睡不着觉，一个个哭的啊！……

当年那悲惨的一幕，不知给一个幼小的心灵带来了多么深痛的刺激，时隔大半个世纪，母亲谈起来仍然满眼噙着泪水。她很为自己庆幸："我没有包脚，你爸知道了，非常高兴。进了闻家就我一个是大脚，大家都笑话我。"

然而进学堂的事，可没有不缠足那么顺利了。

当父亲像灵芝一般在清华园内茁放时，母亲却像一只笼中小鸟，只能在藩篱中翘望大自然天地。

大约在她十岁左右，外祖父在武昌平沪门置下了一栋三重大院，举家搬进了城里。这里环境优美，后院是一个很大的花园，还种有许多果树，推开大门就是浩瀚的长江。然而母亲能在江边尽情玩耍的机会却极少，和当时许多大家闺秀一样，她整天只能待在深闺大院中。

外祖母生育过不少儿女，养育大的女儿只有母亲一个，夫妻俩一直把她视若掌上明珠，加上时代潮流的影响，也都不愿给以过多的约束。因此，母亲小时候在双亲的庇护下，获得了一定程度的自由发展。但曾外祖父在世时，治家十分严格，他忠实恪守着传统礼教，以纲常伦理统治着整个家族，女孩子别说是走出家门，就连家中的堂屋都是不让进的。

民国以来，妇女教育获得了长足发展。外祖父从外地多次来信敦促让女儿去上学。叔外祖父和父亲也都来了信。这使家中的女孩子们万分兴奋，个个吵着要到学堂去。曾外祖父抵挡不过这股势头，只得勉强答应。于是，母亲终于第一次走出家门，呼吸到了新鲜空气。孩提时代这一道亮丽的色彩，给母亲留下了终生难忘的印象，她不止一次对我们忆起这一段生活，每次都那么兴奋："我和四个姑姑、两个堂姐，一共七个女孩子，每天打着七把洋伞，说说笑笑往学校里走。

那时女孩子上学的很少，我们又是七个人，简直轰动了整条巷子！”母亲神采飞扬地说着，脸上泛着兴奋的红晕，两只大眼睛闪出迷人的光彩，仿佛此刻她就走在上学的路上！我能听到七个小姑娘银铃般的笑声，看见她们撑着洋伞袅袅婷婷穿过街巷。江风轻轻吹起她们的衣裙，就像七只叽叽喳喳的快活小鸟……

然而，那毕竟还是风气初开的年代。高家七个姑娘上学的事，不久就传扬开去，引起了街坊邻里的议论。街头巷尾，不断有人交头接耳，说简直有伤风化。曾外祖父本来就是迫于无奈才点头的，现在听到了这些风言风语，不禁怒火中烧。他拍起桌子大发雷霆，责怪姑娘们败坏了高家的名声！

就这样，在勉强支撑了将近两年的学业后，这几只刚放飞的小鸟，又被抓回了笼中。曾外祖父恢复了他的“闺门之教”，请了一位先生来家里教读。有一段时间，大约一年左右，他也亲自教，还教珠算。但窄小的天地和精神枷锁紧紧束缚了七个幼小的身心。从这以后，那每天打着洋伞说说笑笑走进学堂的美好情景，只能变成一种幸福的回忆和向往，留在七颗花朵般的心灵中。

母亲的童年，最终没能逃脱封建社会女孩子的那种不幸命运。不过和许多同龄人比起来，她也还算是幸运的，她摆脱了缠足的折磨，又进过学校，初初接触到一些新的科学文化知识，就像一朵幼嫩的花苞，在大旱中吸收到了一丝甘润的雨露。

这种幸运，是和外祖父等人的良苦用心分不开的，其中自然也包含着父亲的一份努力。母亲后来第二次走进学校，是在新婚以后了，那更是直接得力于父亲的努力。

愁苦的荆棘

一九二二年，父亲毕业出国前夕，接到了祖父的来信，要他寒假返乡去完婚。这封信给他带来了双亲殷切的希望，却使儿子深深陷入了矛盾和痛苦之中。

作为一个五四青年，一个满怀激情、热情浪漫的诗人，父亲向往的是自由恋爱，憧憬的是那“最高、最真”的情感。他在《评本学年〈周刊〉里的新诗》一文中曾写道：“严格说来，只有男女间恋爱的情感，是最热烈的情感，所以是最高、最真的情感。”对于祖父给他定下的这门娃娃亲，他一直不愿意去想，也没有时间去多想。表妹的成长他是关切的，还为此专门给外祖父去过信。他为她能上学并没有缠足感到十分高兴。这其中想必含有一些对未来朦胧的希冀，但更多的恐怕还是出于一种亲情——一种兄妹之情和对妇女解放的热情。他和表妹之间毕竟是生疏的，心灵相隔那么遥远，就像隔着一道漫漫长河，河对岸是一片迷蒙。他不能想象没有爱情的结合，更何况是他正当诗情澎湃、踌躇满志走向未来之时，这不啻是一条无形的锁链啊！

父亲痛苦地拒绝了祖父的要求！然而老人担心儿子出洋后会变心，执意要在行前给他完婚。为了说服父亲，祖父费尽了心机，还让当时同在清华读书的侄子闻亦传——父亲的八哥，用现身说法来开导弟弟。在传统教育下长大的父亲，从小就是一个孝子，禁不住家人们的苦口婆心，为了不伤父母的心，最后只得做出了自我牺牲。不过，他提出了三个条件：第一，不祭祖；第二，不行跪拜礼，不叩头；第三，不闹新房。

家里说，三条全可以答应。你不祭祖，我们祭；跪拜礼可以不行，改为鞠躬；对新娘要闹一下，但不过火。

婚期定下后，全家高高兴兴，开始了紧张的操办。而父亲却为此痛苦不已，夜难成眠。

寒假前，父亲怀着沉重阴郁的心情回到了家乡。

望天湖旁的闻家大院喜气洋洋，上上下下一片忙碌，亲人们正热切地等待着父亲归来。父亲却愈发感到窒闷，满腔的苦楚只能在诗中倾吐。婚前一周，他写下了那首满载愁苦的《十一年一月二日作》：

……

你那被爱蜜饯了的肥心，人们讲，
本是为滋养些嬉笑的花儿的，
如今却长满了愁苦底荆棘——
他的根已将你的心越捆越紧，越缠越密。
上帝啊！这到底是什么用意？

唉！你（只有你）真正了解生活底秘密，
你真是生活底唯一的知己，
但生活对你偏是那样底凶残：
你看！又是一个新年——好可怕的新年！——
张着牙戟齿锯的大嘴招呼你上前；
你退既不能，进又白白地往死嘴里攒！

也许是家乡那如诗如画的大自然，那远处淡淡的青山，那门前粼粼的湖水，给了父亲抚慰和启迪，使他的心境稍稍舒缓。他本是一个执著的艺术追寻者，“相信艺术能够抬高、加深、养醇、变美我们的生命的质料”（闻一多参与起草的《美司斯宣言》）。在《对于双十祝典的感想》一文中，他还曾这样谈到节日各种艺术活动的感染力：“这时最险恶虚伪的心也能闪出慈柔诚恳的光耀，这时什么沉忧烦虑都匿形遁迹了；这时人类中男女、长幼、富贵贫贱各种界限，同各种礼教的约束都无形消灭了……”现在他也要藉艺术“魔力”的作用给自己的生活注入“快乐与同情”，化解愁苦与忧烦。于是在婚期之前好些天，他开始和十四弟（父亲的堂弟）闻钧天一起动手装饰自己的新房。十四弟也是个绘画迷。两个年轻的美术家在新打的红漆家具上精心绘制了金色的图案。母亲曾听家里人说，两个人下了好大的功夫，房里的橱、柜和新床床架上的图案全是他们亲手画的。古典和谐的图案给充满喜气的新房增添了一种清逸高雅的情调。

也许是得意于自己的这一创新，也许还为了排解心头的郁结，在结婚的头一天晚上，父亲把小侄子们全都叫来，大家在“艺术宫”里，盘腿坐在床上聊天，说说笑笑，兴致勃勃。当晚，就都横七竖八地在新床上睡了一个通宵。

玉箫牙板听红豆

一九二二年一月八日，阴历腊月十一日，“可怕的”日子终于到了。这天从清晨起，闻家大院里就充盈了欢声笑语，堂屋门前张灯结彩，贺客盈门。父亲却一早就抱着书本跑到外面去了。

闻一多（后排左二）与高孝贞（二排左一）结婚时全家在湖北老宅门前留影

下午五点多，在一片欢快的锣鼓声和悠扬的细乐声中，新娘的花轿到了。可谁也没想到，此时的新郎还坐在房里和他的书本亲热呢，一盆洗澡水还放在那里，纹丝未动！是家人急切的拍门声才把他从书本中催唤出来！

坐在花轿里的新娘，这时自然不知道外面发生的一切。这个刚满十八岁的姑娘，面对充满未知数的生活，不但紧张，更有些悲伤和惶恐。外祖父在外地，由于公务抽不开身，没能赶回来；外祖母心疼女儿还小，本来是不愿意这么早就办婚事的。她依依不舍地为女儿准备了六大箱嫁妆，知道孩子爱闹嗓子，连清热利咽的二冬膏都准备了十几瓶。女儿是多么留恋在妈妈身边的日子啊，婆家的人和生活会是什么样子的呢？……她怀着一颗忐忑不安的心等待着命运的安排——这颗心里也悄悄藏有一种幸福的希冀，那是一哥的人品和才气带给她的。

在静候命运之神的那一刻，新娘无论如何也想不到，她的到来会像一颗小小的石子投入一池平静的水，在闻家大院引起层层涟漪。

当新郎掀起轿帘，新娘迈出轿门时，池水开始漾动了——人们看到的不是一双“纤美”的三寸金莲，而是一双天然足！在闻姓家族中，这还是第一个不缠足的女人！这在传统势力根深蒂固的农村，简直成了一大新闻！看客中不少人暗自鄙夷，一些叔房里的女人更蔑笑不已，回去后还议论纷纷。母亲后来曾对我不止一次地谈起这件事，她笑道：“嬷嬷（音：麻。父亲的大嫂，即我们的大伯母，家乡称之为嬷嬷）她们后来告诉我，叔房里的人回去还笑我。有人问：‘几大的脚？’她们撇撇嘴：‘小——脚。’随着伸开食指和拇指，比作一只小脚模样，指指食指，又指指胳膊肘，说，‘从这儿到这儿！’”母亲说着，也比画给我看，惹得我哈哈大笑。但笑毕，又不禁感到十分酸楚。

讥讽是刻薄的，但受讥讽的人却给这个家族带来了新的气息，开了新风俗的先河。

“我来到闻家后，你大姐（指堂姐闻立珠）也不包脚了，闻家的女孩子从此都不包脚了。”母亲说。她从城里来，又上过学堂，在乡间的女辈中，不免显得有些与众不同。“家里人都学我。我算是新式的，大脚，有文化。细叔（父亲的胞弟闻家驷，排行最小，家里称之为细叔，他的发妻，我们称为细娘）后来去外面读书，我还帮细娘给他写信。细娘连梳头都学我的如意头。婆婆也叫我给她梳头哩！”

婚庆这一天，引起冲击波的还有父亲提出的那三个条件，尤其是不跪拜那一条。这在乡间也是从未有过的。

母亲是第一个受惠者，她从心里感到高兴：“我脚冻了，痛得要命，就怕磕头，一听说不磕了，可把我解放了。”

受惠的自然不止一个人，母亲兴奋地告诉我：“这下可打破了传统，以后十四叔、十五叔，还有细叔，结婚时都不跪拜、不磕头，只行鞠躬礼了。”

显然，这一天给家族习俗带来的深远影响，是新郎和新娘以及抱守着传统礼教的祖父都没有料到的。

不同寻常的婚礼结束了。新人被送进了洞房。祖父母不由从心底感到宽慰，终于在儿子出国前给他把婚事办了。但欣喜之余，又有些担心，生怕强扭的瓜不甜。

夜里，祖母把大儿媳叫来，让她悄悄去新房窗下听听，里面有没有说话声。[illegible]嫲轻轻来到窗前，只听见房里面有说有笑，她心里也笑了。回来禀告给婆婆，婆婆心中的一块石头这才算落了地。

洞房里确实是有说有笑。看来，新郎新娘彼此间的感觉是良好的。他们还忆起了幼时的那一次见面。父亲在母亲耳边问了那句：“你那时为么事要跑走啊？”那一刻，他心中的愁云似乎已渐渐消散了。而这句轻柔的问语，一瞬间就像股细润的蜜流，深深渗入了母亲不安的心田，给她留下了回味终生的甜美。

花烛之夜是温暖亲切的。那份幸福永远是母亲心底的秘密，但她还是对我吐露过几丝：

> 结婚是在冬天，还穿着皮袄，用铜炉。晚上睡觉，铜炉放在桌子上，忘了拿下来，外面闹房的叫：“铜炉！铜炉还在桌上！”爸起来拿下来，外面又叫，“拿走了，拿走了！”

母亲脸上漾着甜蜜的笑容：“头两天是在屋里吃饭，小孩子们在外面偷看，看见爸给我夹菜，给我找手绢，他们都咯咯笑起来。”

父亲后来在《红豆》一诗中有过这样一段描述：

当我告诉你们：
我曾在玉箫牙板，
一派悠扬的细乐里，
亲手掀起了伊的红盖帕；
我曾著着银烛，
一壁撷着伊的凤钗，
一壁在伊耳边问道：
“认得我吗？”
朋友们啊！
当你们听我讲这些故事时，
我又在你们的笑容里，
认出了你们私心的艳羡。

这些含着丝丝温情的诗句，绝不是诗人自我的幻象，它们正是当时洞房里的一幕真实写照。

书香诗韵伴蜜月

蜜月生活是亲切融洽的。新娘内心那份不安已渐渐消失。新郎呢，他显然喜欢妻子的温柔淳朴、善良宽厚、贤惠和勤谨。尤其令他感到欣慰的是，她虽不可避免地受到一些封建妇道的影响，却有一颗不甘于现状、向往自由的心。面对清纯的妻，他心里充满复杂的感受，其中有对她的同情和怜爱，也有自身的苦涩与哀怨，更有一种同“命”相怜的酸楚，正如后来在《红豆》一诗中倾吐的那样：

我们弱者是鱼肉；
我们曾被求福者
重看了盛在笾筐里，
供在礼教底龛前。
我们多么荣耀啊！

你明白了吗？
我们是照着客们吃喜酒的
一对红蜡烛；
我们站在桌子底
两斜对角上，
悄悄地烧着我们的生命，
给他们凑热闹。
他们吃完了，
我们的生命也烧尽了。

新婚期间，父亲很少出门，整天坐在屋里看书、写文章。母亲说那篇《蜜月著〈律诗底研究〉》就是此时脱稿的。但他也并未冷落新娘。常抽空和她在一起，教她读唐诗。那时母亲还像孩子一般天真，自然不会理解丈夫以诗消愁的那份内心隐痛。不过对丈夫这种心灵上的关爱却感受极深，它比一般的问寒问暖更令她感动。

父亲从《唐诗三百首》中选出一些来讲给她听，教她吟诵，遇到生字时，还不厌其烦地教读、讲解。母亲婚前虽上过两年学堂，但大部分时间是在家中接受“闺门之教”，学的也主要是四书五经。唐诗虽学过一点，也都是古板地背诵，更从未有过像父亲这样真诚耐心的教师。她很快就进入了美妙的诗境，并常常乐而忘返。

那时，两个小姑常来玩耍，父亲总是热情地叫她们：“拿书来，拿书来，一起读。”于是两个妹妹也加入了这蜜月的诗国之旅。

父亲兄弟姐妹共十人，除三个哥哥和一个弟弟外，还有两个姐姐和三个妹妹。母亲来到闻家时，两个姐姐——大大和九爷※已出嫁，十五爷已不幸去世，只有两个妹妹——十四爷和十六爷还待字闺中。十四爷和母亲同岁，十六爷小母亲两岁，三个人年龄相仿，感情也十分相投。母亲常笑着对我说：“那时我们三个都像孩子，你爸老把我们当小孩。”

父亲向来关心弟妹及后辈的成长。每年暑假回来，常爱把侄子们叫到一起，教他们唐诗，让他们作诗。谁作得好还有奖品，奖品是他自己用的笔、梳子之类的东西。有一回竟拿出了自己的内裤，大家说：“你洗澡还得换啊！”他说：“那你先借给我，等我走时再还给你。”还有一年他没有回家，寄了一首诗回来，是用王维的《九月九日忆山东兄弟》改写的：“独在异乡为异客，每逢佳节不思亲。遥知兄弟团圆宴，遍桌何妨少一人。”他让侄儿们把诗意讲给弟妹们听，并且问他们知

※ 老家兄弟姐妹均按大排行称呼。父亲的二姐、大妹、小妹大排行第九、十四、十六。按家乡习惯，我们称姑姑为爷。唯有大姑称为“大大”。

不知道这诗是什么人作的，谁要是猜着了，就赏给谁一个糯米丸子吃。

蜜月间教诗，虽没有这样的风趣了，但他的兴致仍很高。三个姑娘跟随哥哥在诗境中流连，是她们最快乐的时光了。母亲多次谈起这段往事，总是那么神往。从她兴奋而幸福的眼神中，能清晰看到三个姑娘围坐在亲爱的兄长旁陶醉于诗境的神态，能听到她们朗朗的诵读声和欢快的笑语声。那时刻，三张稚气未脱的面庞，映着冬阳的柔晖或夜晚的油灯，一定显得格外光彩娇艳！

当年学的唐诗，母亲到晚年还能背诵。记得二十世纪七十年代末，住在地安门帽儿胡同时，文化生活随着改革开放逐渐复苏，我在胡同口的小书店里排了半天长龙队，买回来一套新出的《唐诗选》，全家人都十分高兴。我曾要母亲告诉我其中哪些是父亲当年教过她的，她随口就吟出了一些诗句。

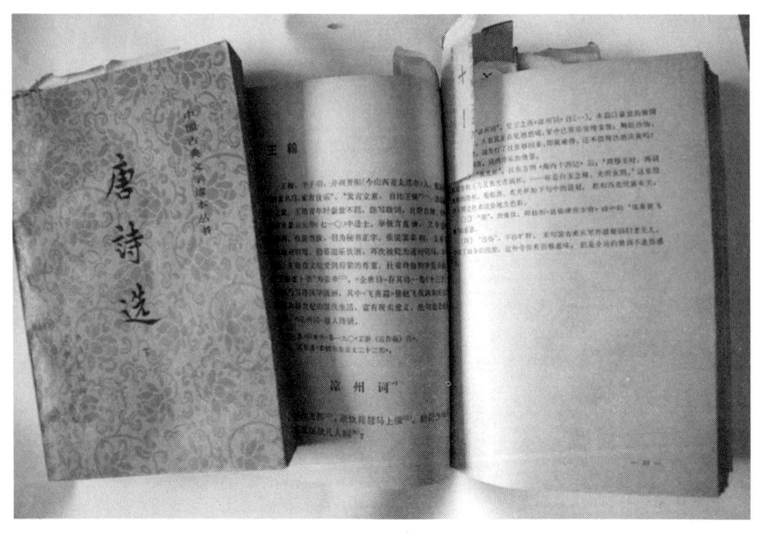

《唐诗选》。书中纸条为母亲当夜亲手所夹

除了早就耳熟能详的，如李白的《静夜思》、孟浩然的《春晓》、《游子吟》等，还有：

“三日入厨下，洗手作羹汤。未谙姑食性，先遣小姑尝。”

“更深月夜半人家，北斗阑干南斗斜。今夜偏知春气暖，虫声新透绿窗纱。”

等等。

当晚，母亲又在那两本诗选中夹上了许多纸条递给我，我数了数，有二十首之多。

这两本诗选，如今我还珍藏着，纸条颜色已发黄，但母亲递给我时脸上的光彩仍在我眼前闪现。

一九八二年母亲八十大寿时，全家三代二十多口人围在一起为她祝寿、敬酒。不记得是哪个小孩子脱口背了一句“葡萄美酒夜光杯”，却又想不起下句来了。母亲当时就接了过去：“欲饮琵琶马上催……”这诗虽与祝寿场面不大相宜，但母亲诵诗，却为全桌增添了意外的惊喜和欢笑。

除了唐诗，她们还随父亲学了一些宋人的诗词。宋代的诗人中，母亲记得最清楚的，就是陆放翁了。

那个年代，女孩子不让出大门，生活天地只有狭小的闺房。母亲说，十四爷整天坐在房中刺绣，一顿饭只吃一小碗。而诗的世界使三个姑娘增长了知识，拓展了视野，给她们单调枯燥的生活注入了无限乐趣和力量。三颗被禁锢的心灵从中得到了多少欢乐和慰藉，又获得了多少难得的陶冶啊！母亲身上那特有的娴雅和雍容，不能说和长期生活在父亲身边受到诗的熏陶没有关系。而十六爷以后自己能写诗，更显然是得益于父亲的教读和影响了。

在读诗、论诗和教诗当中，蜜月生活过得别具意味。父亲自己也从中寻得了不少愉悦和慰藉。

当然，那根紧紧缠绕在他心头的“愁苦的荆棘”，并未因此而有所松动。除内心的压抑之外，甚至还多出了一份沉重——从此背上了一个并不情愿的小家庭包袱。尤其令他痛苦的，是那灵魂上无法满足的饥渴。他后来在《红豆》一诗中这样吐诉：

哦！脑子啊！
刻着虫书鸟篆的
一块妖魔的石头，
是我的佩刀底砺石，
也是我爱河里的礁石，
爱人儿啊！
这又是我俩之间的界石！

断了的心弦

父亲是个孝子，孝心使他不愿做出令父母伤心的事。

他是一个至仁至爱的人，爱心使他不能做出伤害妻子——一个无辜的纯真少女的事。

但他也是一个经受过“五四”洗礼的热血青年，并不甘心屈从命运的摆布。他从来不是一个悲观的宿命论者。“五四”第二年他在《旅客式的学生》一文中就曾这样写道：“我们生到这个世界来，这个世界就是我们的。我们的天性叫我们把这个世界造成如花似锦的，所以我们遇着事，不论好坏，就研究，就批评，找出缺点，就改良……”他热情赞颂“五四”时期清华少年“凭着希望造出希望”（《园内》）的精神。如今，面对残忍的生活，他选择的也是“造出希望”。他相信，面前是一片能够开垦的土地。

教读唐诗,似乎印证了这一选择。妻子的聪慧好学给了他更多信心。返校前，他怀着热切期望征得了祖父同意，让妻随同家中子侄们一起接受家学教育。为了不耽误时间，还和她商量好，回门时不必随旧习俗住满二十八天，要尽早回到家里读书。

那时，祖父在送儿孙们外出求学的同时，对留在家中的后辈也抓得很紧，除亲自教授四书五经外，还顺应时代发展，不断增添一些新的科学文化知识。听母亲说，祖父把在武汉上学的孩子们所用的博物、地理等文化课本都拿来请人教读。祖父虽重男轻女，但对女孩子的教育并不轻视。他不允许后代辱没书香门第的家风。

在母亲的内心里，幼时进学堂的美好记忆已成为珍藏心中的一种憧憬。现在虽不能像当年那样外出读书，但有新式的家学可入，她仍感到是求之不得了。

这种志向更使父亲感到欣慰。三月中旬，在返校前，他怀着沉重复杂又充满希望的心情送母亲回门。离武昌前夕，他满含哀怨和期许给双亲写了一封长信，恳切地请求：“我媳妇定住半月即归。届时务请五舅来接。千万千万。此关系伊的学业，即伊的终身大事。请两大人勿循俗套必住二十八天，致误伊光阴。”在信中，他痛切地诉怨：

我之此次归娶，纯唯恐为两大人增忧。我自揣此举，诚为一大牺牲，然为我大人牺牲，是我应当并且心愿的。如今我所敢求于两大人者，只此让我妇早归求学一事耳。大人爱子心切，当不致藐视此请也。如非然者，则两大人但知俗套而不知爱子也。我妇自己亦情愿早归求学，如此志向，为大人者亦似不当不加以鼓励也。如两大人必固执俗见，我敢冒不孝之名谓两大人为麻木不仁也。

按照清华的学习年限，父亲本应在头一年（一九二一年）毕业留美。由于他参加了为支援北京八校教职工索薪斗争而举行的同情罢考※，被当局科以留级一年的处罚。不过他倒觉得，这一年里能有充分时间和自己心爱的诗歌纵情亲热，还得以缔交几位知己的诗友，“得非塞翁失马之比哉？”（一九二二年六月二十二日《致顾一樵信》）

从家乡返回学校后，父亲立即恢复了自由愉悦的诗人生活，热情参加清华文学社的活动。整天“做诗，抄诗，阅同学们所作诗，又同他们讲诗，忙得个不亦乐乎”。（一九二二年三月二十八日《致闻家驷信》）

然而，此刻的年轻学子毕竟多了一分心事，常常在暗自里期盼着

※ 一九二一年六月三日，为抗议北洋政府拖欠教育经费，李大钊、马叙伦领导北京国立八大学教职员索薪团展开索薪罢教斗争。请愿遭残酷镇压，造成“六·三”惨案。市学联宣布罢课声援。清华学生也举行了罢课。但校方以不如期参加大考即取消学籍相威胁。学生们不屈，举行了“同情罢考”。毕业班同学中，父亲等二十九名同学始终坚持斗争到底。

一九二一年十一月，闻一多与梁实秋等同学成立“清华文学社”，并被推为书记兼诗组领袖。该社以研究文学为宗旨，以交流读书心得和邀请名人演讲为主要方式。它不仅在校内十分活跃，后来在文学界也产生一定影响。图为该社成员杨世恩、谢文炳、梁实秋、闻一多（中排左二）、张中绂、顾毓琇、吴景超、吴文藻、翟桓等合影

妻早日来信，报告回乡就读的好消息。

不久，传来了妻子有孕的喜讯，但回乡读书的消息却迟迟不到！

也许是期望过于执着，过于急切，年轻气盛的诗人很快又跌入了极度的沮丧和失望之中。满腔热望渐渐变成一片冰凉，蜜月里点燃的那点希望之火也随之熄灭了！郁闷、痛苦和悲哀重又一齐涌上心头。深夜，他躺在床上辗转难眠。漆黑的长夜好似“沉默的寒潭”，远处传来的更鼓声，更似擂断了心弦：

更鼓啊！
一声声这般急切；
便是生活底战鼓罢？
唉！擂断了心弦，
搅乱了生波……

战也是死，
逃也是死，
降了我不甘心，
生活啊！
你可有个究竟？

啊！宇宙底生命之酒，
都将酌进上帝底金樽。
不幸的浮沤！
怎地偏酌漏了你呢？
（《深夜底泪》）

五月初，他给弟弟闻家驷写信倾诉道：“驷弟！家庭是怎样地妨碍个人底发展啊！细肝、细心、细眼、细鼻，讨厌极了！……驷弟！大家庭之外，我现在又将有了一个小家庭。我一想起，我便为之切齿指发！我不肯结婚，逼迫我结婚，不肯养子，逼迫我养子——谁管得了这些？驷弟！我将什么也不要了！宋诗人林和靖以梅为妻，以鹤为子。我将以诗为妻，以画为子，以上帝为父母，以人类为弟兄罢！家庭是一把铁链，捆着我的手，捆着我的脑经（筋），我不把他摆脱了，撞碎了，我将永远没有自由，永远没有生命！本来我立刻就可以回来了。但一因我要作书，不能回来，二因我现在，老实讲，一点也不挂念家里，所以也不想回来。驷弟！我知道环境已迫得我发狂了；我这一生完了。我只作一个颠颠倒倒的疯诗人罢了！世界有什么留恋的？活一天，算一天罢了！我的思想太衰飒了吗？‘谁实为之！孰令致之？’我现在还不知道几时才回得了。我高兴几时回，我再写信告诉你。哎呀！我真怕再进那家庭之黑窟！我本要一嫂※早回家读书，她没有回去，并且也不写信告诉我。我已写信告诉她既是地方不安静，回去不了，那又有什么要紧呢？但她到现在还没有信来。仗打完了，火车通了，信还没有来；这是什么道理？她若还在省，你去告诉她，我还愿意跟她作个很好的朋友，她若还是这样糊涂，我连朋友也不要了！我是没有道理讲的，我这样想了，便要这样讲，讲了，便要这样做。”

这是一颗极度压抑失望的心灵在迸着血泪控诉、呐喊！在这里，悲哀、痛苦合着怨恨已燃成怒火，它指向了封建制度！

然而，这火同时也烧到无辜的妻子身上，未免有点不公道了。痛怨交加的年轻诗人当时还不能理解，一个比他受着更深重摧残的青春少女，是如何渴望投向亲娘的怀抱，如何依恋那在母亲身边的一点点自由时日啊！她何尝不热望读书？但她又何尝不害怕回到那“家庭之黑窟”中去呢？那里等待着她的，除了更深的幽暗外，还有未来数年那漫长的孤独和寂寞啊！

一对被鞭丝抽拢的青年，被各自的痛苦深深折磨着。这一刻，只有那张着“牙戟齿锯”大嘴的礼教在对着他们狞笑！

※ 弟妹们简称父亲为一哥，称母亲为一嫂。

伤茎上的蓓蕾

五月下旬，父亲在出国前一个多月终于回到了家乡。这是他婚后第一次回家。望天湖旁的“黑窟”里，除了一个大家外，还有一个命运强加给他的小家在等待着他，他心情的矛盾复杂可想而知。但看来，这次不仅家乡美丽的湖光山色和父母、家人们的淳厚亲情抚慰了他，更有妻子那颗一如既往那么清纯、向上的心灵重新给了他愉悦和希望。到家不久，一腔怒怨也就渐渐烟消云散了。

在家住的一个多月，他仍然整天埋首诗书，专心著述，也仍然那么兴致勃勃地教妻子和弟妹、诸侄读诗。他写信告诉诗友梁实秋：“暇则课弟妹、细君及诸侄以诗，将以诗化吾家庭也。”家里那间新房——他亲手布置的“艺术宫”一时也成为弟妹们的诗境乐园。他们在这里常常一直流连到深夜。

读诗之外，他还兴冲冲地和他们一起阅读《清华周刊》，共同分享阅读中的兴奋与喜乐。从他当时给顾一樵的一封信中，可以生动地感受到那在书香诗趣中共度美好时光的愉悦情景：

> 朋友啊！昨晚我弟弟到家，我首先便问他要清华增刊，到夜深才看到你的大作。我看完首页便知是同我有关的，我喜极了。看完了第二页，更喜出望外，便向与我同看的妹妹及细君讲：“我要写封信去”……（《闻一多全集·书信》第四十一页）

在愉悦的诗化生活中，夫妻间也有了进一步理解。

房间里，小夫妻俩的说笑声越来越多了。母亲告诉我，父亲这时给她讲了许多以前的趣事。他赴美留学，选择的专业是美术。他说，自己从小就爱画画，可祖父老觉得这不是正经事，一看见他画，就抢过去一把扯了。没办法，他后来画了画就悄悄收起来。他还给她讲，小时候淘气，有一次，家里给他祖父办丧事，外面跑了只小猪仔进来，他们一群小孩子在一起，竟要用瓦片把小猪宰了。他还讲了一件有趣的事。家里有一间在过道上隔出来的房，窗户上镶的玻璃多一点，大家都叫它“玻璃房”。玻璃房窗外是稻场，视野比较开阔。他喜欢这里充足的光线，就选来做了自己的书房。每逢暑假回来，都要钻进玻璃房里去看书、写作。暑假长达两个月，他还借此给它起了一个雅号，叫“二月庐”。清华的教育是西方式的，平日功课又繁忙，难得有时间多读自己喜爱的中国古典文籍，因此，他十分珍惜每年这两个月的时间。一钻进庐里，就“废寝忘食，荡肝伐肺”，像他后来描述的少年杜甫一样，只顾“沿着时间的航线，上下三四千年来往地飞翔”。他说有一回，夜深了，家人早都进入了梦乡，二月庐外一片暗寂，只有他一人还在小油灯下苦读。偶一抬头，猛然看见面前的玻璃窗上露着一张狗脸！

“那只狗正睁大了眼睛一动不动望着我读书呢！”他像讲故事似的对母亲说。

“你害怕吗？”母亲赶忙问。

“不怕，有什么好怕的？”他倒觉得挺有趣，嘿嘿地直笑。

父亲最关心的，当然是两人的未来，在他们温暖的“艺术宫”里，他告诉了妻子一个大好消息：已和祖父说好，他出国后，就让她和两个妹妹一起去武昌上学！没去武昌之前，先在家里请人教。那一夜，喜出望外的母亲简直兴奋得无法入睡！大概是谈起入学，父亲又想到了她的名字。他不喜欢她名字中的那个“孝”字，一定是孝道给他带来的伤痛太大了。他想把“孝”字改成“晓”字，又不满意，想再改，到底也没想好怎么改。母亲后来用的“高真”这个名字，是父亲遇难后，我们全家去解放区时，大哥帮助改的。父亲在天有知，大概会认可的，因为他喜欢母亲的纯真质朴。

那一个多月，母亲在枕边自然也对丈夫倾诉了不少衷肠。儿时在家的情况和那永远难忘的七个姑娘上学堂的故事都少不了叙说。但说得最多的还是她现在的苦楚，她对自由的渴望。

她对他讲：“我受不了家里这么多的规矩。”

“家里本来就管得严，对我就更严。我刚过门，婆婆就说：‘对你是要厉害点，你是亲戚，免得别个说闲话！’”

那些森严的规矩，母亲后来常对我们说起，她那悲怨、愁楚的样子至今仍历历在目。仅拿晨昏定省这种礼节来说，就够束缚人的了。做媳妇的清早起床后，先要去公婆屋里问安。晚饭后还得再去陪坐，伺奉茶水和夜宵。直到婆婆开口说“回屋去吧”才可离开。有时婆婆困了，坐在椅子上冲瞌睡，媳妇们捱不过，就低声聊天来打发时间。可没有婆婆发话，谁也不敢起身离去。家里三代同堂，几十口人共餐。按习惯，各家需轮流值厨。母亲每逢当值，早早就下厨操办，指挥料理，调配设计。做好后，即呼唤端菜上饭，有时声音大一些，祖父就会赶过去申斥：“女人家，做么事这大的声音！”至于用餐，母亲说，媳妇们是不能和公婆及男人们共桌的。“他们在厅堂吃，我们在过道，我们和他们之间有一道带窗的隔板。”“肉是那桌的，我们很少吃。”望天湖产鱼，母亲说：“小鱼多，腌了一炸。腌菜、豆腐两个小菜是我们平时吃的。”

祖父常教导“食不言，睡不语”，饭间自然就更不能随意说笑了。

青春年华的母亲在这“黑窟”中终日得小心翼翼，如履薄冰，不敢有半点松懈，尤其是最初那段时间。她说：“先前，爹爹、婆婆的房就紧挨着我们屋。稍不当心，婆婆在那边就用手杖直点地，或故意咳两声。”“你爸抽烟，爹爹、婆婆不许，他就让我偷偷叫人从巴河镇上带两盒来。婆婆经过我房，手杖一挑门帘：‘好大的烟味！’”

作为一个封建大家的闺秀，母亲也是受纲常教育长大的，但她长期住在武汉，大城市的生活方式以及新思潮的冲击，多少使她受到一些影响。婚后虽努力去做一个相夫教子、孝敬公婆的好媳妇，内心却感到万分郁闷、痛苦。她忍受不了重重的束缚，渴望获得独立、自由的生活。

父亲很理解母亲的处境，在枕边私语中，总是一边听着、一边亲切地安慰她：“你忍耐一下，将来我回来就接你出去。”他告诉母亲，留学本应是五年，但他不想待那么长的时间，想去三年就回来※。他还和母亲约定，沿途每到一站，一定给她写一封信。“到了美国，三天写一封！”接着又亲热地笑道，“隔一两天你就得给我来一封信啊！”

母亲永远也忘不了临别前父亲对她的深情叮嘱：“他再三告诉我，说他走后不放心，我一个人要是太寂寞，叫我回武昌娘家住些时候。”

也许就在这时，父亲被母亲那颗真纯向上、渴望自由的心灵深深打动。在母亲所有的话题中，从来没有某些家庭妇女所热衷的是是非非，从来没有说东道西地议人长短。她一心向往的是自由的时光，满心渴望的是知识和上进，而她由衷诉怨的，则是那些束缚身心的封建

※ 当时清华留学生官费五年，满三年回国也可以。

操守和规范。这是一颗水晶般的心，在温静柔弱、朴实无华的外表下，蕴藏着一种坚韧的力量和动人的美。

一年后，父亲在大洋彼岸怀着一阵突然袭来的情思写道：

我若替伊画像，
我不许一点人工产物
污秽了伊的玉体。
我并不是用画家底肉眼，
在一套曲线里看伊的美；
但我要描出我常梦着的伊——
一个通灵澈洁的裸体的天使！
所以为免除误会起见，
我还要叫伊这两肩上
生出一双翅膀来。
若有人还不明白，
便把伊错认作一只彩凤，
那倒没什么不可。
（《红豆》）

这一灵感难道不正是生发于妻子那颗清纯如水的心灵吗？

在这对带着鞭痕的伴侣之间，爱意悄悄萌生了。然而，分别的时刻也来临了。母亲不得不依依地为丈夫收拾行装。父亲十分喜爱她从娘家带来的八音钟和檀香炉，她特意将它们装进了他的随身行囊。那个檀香炉看来就是梁实秋在《谈闻一多》一文中误以为是从东安市场买来的那一个。母亲对我形容过它的精美工艺。香炉是景泰蓝的，有三只脚，掀开盖，有一块盘成“寿”字形的板，檀香屑燃完后，将板拿起，就有一个“寿”字凸现出来。每当点燃香炉，袅袅的轻烟徐徐升起、飘散，清远而幽香。父亲后来在美国，多次在诗中写到“香雾”。想来，他一定常如梁实秋说的那样“焚香默坐”，在这只香炉飘缈的香雾中领略着东方特有的妙趣，思念着遥远的祖国和家乡，思念着望天湖畔的父母兄妹，当然还有那翘首企盼着的、年轻纯真的爱妻。

一九二二年七月闻一多留美前夕在上海与父兄合影。前坐者闻一多之父，后排左起闻家騄（三兄）、闻亦宥（十兄）、闻一多

第 二 章

驰骋诗坛与自己的歌

诗人主要的天赋是爱，

爱他的祖国，

爱他的人民。

——与熊佛西语

流落的孤雁

一九二二年七月十六日，父亲从上海登上赴美的航轮。八月初，抵达芝加哥，进入了芝加哥美术学院。

芝加哥是当时美国第二大都市。工厂如林，车流如潮。从古老落后的东方国度来到这里，青年学子亲身感受到了美国发达的物质文明和科学技术。但这里的拥挤、嘈杂以及铜筋铁骨机械背后的冷酷，却使他感到厌恶和不安。旅途中那种离群孤雁的感觉，一直在困扰着他。内心有说不出的凄楚和苍凉：

不幸的失群的孤客！
谁教你抛弃了旧侣，
拆散了阵字，
流落到这水国底绝塞，
拼着寸磔的愁肠，
泣诉那无边的酸楚？
…………
流落的孤禽啊！
到底飞往那里去呢？
那太平洋底彼岸，
可知道究竟有些什么？

啊！那里是苍鹰底领土——
那鸷悍的霸王啊！

他的锐利的指爪，
已撕破了自然底面目，
建筑起财力底窝巢。
那里只有铜筋铁骨的机械，
喝醉了弱者底鲜血，
吐出些罪恶底黑烟，
涂污我太空，闭熄了日月，
教你飞来不知方向，
息去又没地藏身啊！
（《孤雁》）

开课前夕，他给同学吴景超写信说：“我看书的时候可以认定上帝——全人类之父，无论我到何处，总与我同在。但我坐在饭馆里，坐在电车里，走在大街上的时候，新的形色，新的声音，新的臭味，总在刺激我的感觉，使之仓皇无措，突兀不安。”（一九二二年九月二十四日）

一九二二年七月底，闻一多（前排左三）与被迫留级的钱宗堡、何浩若、沈宗濂、时昭泽、吴泽霖、罗隆基、高镜莹、萨本栋、时昭涵、沈有乾、王昌林等二十九人到达美国。图为在西雅图青年公寓前合影

在各种各样的感官刺激之外，还有一种更强烈的刺激，那就是异国的民族歧视。这种令人难以忍受的屈辱深深刺痛的是他的心！美国人对中国人那种高傲、怜悯，有时甚至是直接的侮辱，实在使他受不了。

在芝加哥美术馆前留影。背后石狮处即芝加哥美术馆

到美不久，他便在家信中倾诉："在国时从不知思家之真滋味，出国始觉也。而在美国尤甚，因美国政府虽与我亲善，彼之人民仵我特甚（彼称黄、黑、红种人为杂色人，蛮夷也，狗彘也）。呜呼，我堂堂华胄，有五千年之政教、礼俗、文学、美术，除不娴制造机械以为杀人掠财之用，我有何者多后于彼哉，而竟为彼所藐视、蹂躏，是可忍孰不可忍！士大夫久居此邦而犹不知发奋为雄者，真木石也。"（一九二二年八月）数月后在另一封家信中又气愤地说："一个有思想之中国青年留居美国之滋味，非笔墨所能形容，俟后年年底我归家度岁时当与家人围炉絮谈，痛哭流涕，以泄余之积愤。"（一九二三年一月十四日）

在美院，父亲的学习成绩很好，深得教师奖许。由于对诗歌的热衷以及对中国古代文化的广博知识，他还有幸结识了美国诗坛上的几位著名诗人——卡尔·桑得堡先生、孟禄女士、海德夫人以及美国意象派诗人的领袖人物艾米·罗厄尔，还结交了一位"有中国热"的美国朋友、芝加哥大学的法文副教授温特先生，两人一见如故，后来竟成了终生挚友。在与这些真情的美国朋友交往中，他不仅加深了对西

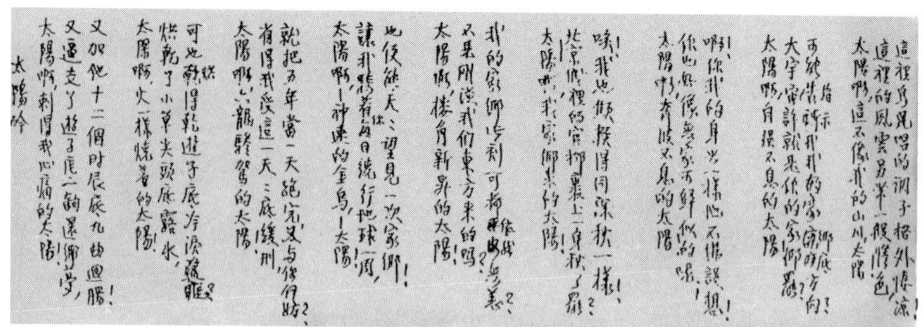

《太阳吟》手迹

方文化的认识，也获得了许多温暖和鼓励。但这一切并不能消除他内心的苦闷。他在给弟弟的信中说：“人非全为理智动物，情难胜也！我近数年来，不知何来如许愁苦？纵不思乡，岂无他愁？大而宇宙生命之谜，国家社会之忧，小而一己之身世，何莫日夜啮吾心脏以逼我入于死之门者哉！曩者童稚，不知哭泣，近则动辄冷泪盈眶，我亦不知其何自来也。”（一九二三年四月八日）

万千的愁苦中，离别祖国的愁绪是最令人难耐的。人在异域，本来就思乡心切，美国的民族歧视更使他怀恋故土。周边的一切，时时触发出强烈的思乡之情。楼角新升的太阳，公园里的白杨，重阳节的菊花……事事处处都使他怀想起遥远的东方故国。

清晨，望着楼角新升的太阳，他张开幻想的翅膀向东方来的金乌呼唤：

太阳啊——神速的金乌——太阳！
让我骑着你每日绕行地球一周，
也便能天天望见一次家乡！

他向“六龙骖驾”的太阳诉怨：

太阳啊，这不像我的山川，太阳！
这里的风云另带一般颜色，
这里鸟儿唱的调子格外凄凉。
（《太阳吟》）

重阳节前，他思恋着秋菊盛开的祖国大地，盛赞那象征中华民族文化精神的菊花，由衷赞颂有四千年历史文化的祖国：

你不像这里的热欲的蔷薇，
那微贱的紫罗兰更比不上你。
你是有历史、有风俗的花。
啊！四千年的华胄底名花呀！
你有高超的历史，你有逸雅的风俗！

他衷心希望亲爱的祖国也如同这菊花一般开得如此多彩、灿烂。

习习的秋风啊！吹着，吹着！
我要赞美我祖国底花！
我要赞美我如花的祖国！
请将我的字吹成一簇鲜花，
金底黄，玉底白，春酿底绿，秋山底紫……
然后又统统吹散，吹得落英缤纷，
弥漫了高天，铺遍了大地！
（《忆菊》）

在他乡的日子，深深的思念，重重的感受都泉涌般宣泄到了一首首爱国思乡的诗中。

在把《晴朝》和《太阳吟》寄给吴景超看时，他说：“我想你读完这两首诗，当不致误会以为我想的是狭义的‘家’。不是！我所想的是中国的山川，中国的草木，中国的鸟兽，中国的屋宇——中国的人。”（一九二二年九月二十四日夜）

诗集《红烛》与新诗评论

一九二三年九月，出国第二年，父亲出版了第一部诗集《红烛》，里面除清华读书时的作品，一半以上都是来美后的创作。

诗集真实地抒发了一个五四青年的思想情感，那对祖国的热爱，对故乡的眷恋，对自我、人生的思考等，都使人明显感受到时代的精神。序诗《红烛》更托出了一颗炽热的心：

红烛啊！
这样红的烛！
诗人啊！
吐出你的心来比比，
可是一般颜色？
…………
红烛啊！
既制了，便烧着！
烧罢！烧罢！

一九二三年九月，闻一多的第一部诗集《红烛》在上海泰东书局出版

烧破世人底梦，
烧沸世人底血——
也救出他们的灵魂，
也捣破他们的监狱！
…………
红烛啊！
你流一滴泪，灰一分心。
灰心流泪你的果，
创造光明你的因。
红烛啊！
“莫问收获，但问耕耘。”

这颗为了祖国、为了世人燃烧自我、创造光明的心，也是他一生都在践行的誓言。

除了强烈的爱国情感，诗集也体现了父亲在诗歌艺术上的探索和追求，是他诗歌理论的有力实践。他一向主张“诗是被热烈的情感蒸发了的水气之凝结”。诗人只有“跨在幻想底狂恣的翅膀上遨游，然后大着胆引嗓高歌”，才能“掘得更加开扩的艺术”。（《冬夜评论》）集中的诗，尤其如《忆菊》、《太阳吟》等名篇，想象丰富奇特，感情丰厚热烈又含蓄凝练，语言格式也经过锤炼。在当时新诗普遍过于平实、直露的状况下显示了诗人对新诗美的艺术追求和创造性。这在现代诗歌史上具有独特的意义。

在写诗同时，父亲仍然热情关注祖国诗坛的动态及新诗发展前途，热心撰写诗评，探讨新诗理论。

早在清华学习时，父亲就不仅是园内有名的“诗人”，而且是热心的“评论家”。《清华周刊》上常能见到他的评论文字。在一九二二年五月完成的《冬夜评论》中，他更继创造社诗人之后，针对早期白话诗不重想象的平实倾向，“从理论上更加明确和系统地提出了想象力在诗歌艺术中的地位与作用”（王瑶《念闻一多先生》）。这篇评论于一九二二年十一月与梁实秋的《草儿评论》合成一册在国内出版。郭沫若当时在日本看到后曾去信给梁实秋称赞道：“如在沉黑的夜里得见两颗明星，如在蒸热的炎天得饮两杯清水……在海外得读两君评论，如逃荒者得闻人足音之跫然。”（转引自闻一多《致父母亲信》一九二二年十二月二十七日）

这年十月，父亲开始评论郭沫若的《女神》。次年六月，发表了《〈女神〉之时代精神》与《〈女神〉之地方色彩》二文。在这两篇评论中，他高度赞扬《女神》的时代精神，称之为“时代底一个肖子”，也指出了它过于欧化的通病，他认为新诗“要做中西艺术结婚后产生的宁馨儿”。尤其是，他反对郭沫若关于诗是一种“自然流露”的主张，提出诗是一种选择的艺术。

王瑶先生后来在谈到这两篇评论时，中肯地指出：“正是闻先生首先肯定了《女神》时代精神，高度评价‘《女神》真不愧为时代底一个肖子’。这说明闻先生绝不是超然于时代、社会之外的唯美主义诗人。他的诗歌观同强调诗歌与时代、人民密切联系的新诗主流是相通的；因此他一再喊‘冤’，强调他与郭沫若一样心中‘有火’，绝不是什么‘技巧专家’。（《给臧克家先生》）更值得注意的是他对郭沫若诗歌理论的批评。他反对郭沫若关于诗是一种‘自然流露’，不是‘做’出来的，只是‘写出来的’的主张，明确提出诗是一种选择的艺术：‘选择是创造艺术的程式中最紧要的一层手续，自然的不都是美的；美不是现成的。其实没有选择便没有艺术，因为那样便无以辨别美丑了。’（《〈女神〉之地方色彩》）在新诗发展过程中，人们首先注意的是新诗的现实性、战斗性的品格，现在第一次注意到新诗美的品格；早期人们强调的是要到现实人生社会去发现诗，现在进一步认识到‘自然的不都是美的’，而必须根据诗人的审美理想，从‘自然’（现实）中去提炼、选择出美来。这显然标志着对新诗认识的深化。要求新诗的内容和形式都表现出美的力量，成为一种完美的艺术，这就是闻先生诗论的实际意义。”（王瑶《念闻一多先生》）

在《〈女神〉之地方色彩》一文中父亲说：“我爱中国固因他是我的祖国，而尤因他是有他那种可敬爱的文化的国家。”他还说：“爱祖国是情绪底事，爱文化是理智底事。”的确，在遥远的异国，他始终怀有这般炽热的爱国情怀，绝不仅仅是一种游子的乡思，更包含着对祖国悠久历史文化的深沉思考及热爱。这是一种超越了情绪化的，更加深沉、更加坚固的爱。在异国民族歧视的屈辱下，它显得更加浓烈。正是由于这种爱，父亲在学习西方绘画、吸取西方文明的同时，仍然一往情深地迷恋着中国古代文学。课余的许多时间，都用来和它“亲热”了。到美不久，所做的笔记就已“蝇头细字，累纸盈寸矣”。他在给清华朋友的信中说：“我现在真像受着五马分尸底刑罚的罪人。在学校里做了一天功课，做上瘾了，便想回来就开始 illustrate 我的诗；回来了，Byron, Shelley, Keats, Tennyson, 老杜，放翁在书架上，在桌上，在床上等着我了，我心里又痒着要和他们亲热了；有时理智的欲

火烧起来，我又想继续我那唐代六大诗人底研究或看看哲学书……”（一九二三年三月三十日《致毅夫、一樵、景超、实秋信》）

这种“亲热”不仅帮助他进一步领略到中华文明的博大精深，启发他深入思考中西文化的特质异同；也给他孤独寂寞、清愁如织的留学生涯带来了莫大精神慰藉和愉悦的享受。

我是一个流囚

在遥远的太平洋彼岸，父亲深深思念“中国的山川，中国的草木，中国的鸟兽，中国的屋宇——中国的人”。但国和家从来不可分，那东半球山川草木中的家、那望天湖旁的故园、故园中的亲人，哪里能不时时牵动远方游子的心呢？

在众多亲人中，新婚妻子的形象自然十分清晰。旅途中他就如当初答允的那样，每到一站都给她写去一信。到美后也没有忘记自己的诺言，忙起来时，也总在给父母的信中特别问上几句。从现存的一些给家人的信中，就可以清楚地看出他的真情关爱：

> 十四、十六两妹与孝贞读书不可间断。孝贞分娩当为雇乳母，以免分彼读书之时。家中若望我之信，当思我之望家信情急百倍。甚望孝贞及两妹写信来，借以观彼等之进步。（一九二二年八月）

> 孝贞计当近临盆之期矣，从此当脱去所有的孩子气，用心

鞠育，用心读书。在家里一方面，如能多使她得一刻读书底时候，少负些鞠育底责任，那我们就感激不尽了。但是这并不是说孝贞不当学习这些事。这些事她应处处留心观察，因为这是女人底正式的职分之一种。（一九二二年十二月二日）

他不止关心她的学习、她的成长和即将面临的分娩，更以西方妇女获得的成就来鼓励她和妹妹们要破除封建的妇女观，敢于树立理想：

以下的话，十四、十六两妹及孝贞都当听着。你们看这次我的信里又提到一个美国的女诗人，因为她夸奖了我的诗，我就很以为得意。这样看来，女人并不是不能造大学问、大本事。我们美术学院底教员多半是女人。女人并不弱似男人。外国女人是这样，中国女人何尝不是这样呢？（一九二二年十二月二日）

在孤寂的游子生涯中，父亲最盼望的就是家信。他在给驷弟的信中说："客居万里者，除接家信，更无乐事。"但当时一封信要飞越太平洋到达对方手中，往往需要一个月之久。父亲时常为接不到家信，特别是妻的手笔焦躁痛苦，甚至发怒。情急时还在信中对着母亲发吼："你死了吗？"

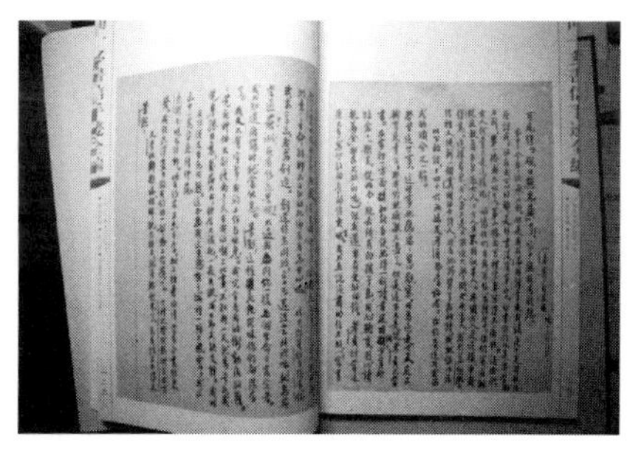
家信（一九二二年十二月二日）

但是，盼来了信，又常常徒增心灵上的痛苦。鸿雁可以飞越太平洋，却越不过他"爱河里的礁石"！

本来，来到美国，深深刺痛他心的，除了异国的民族歧视，还有另一类性质的无法排除的刺激，那便是西方的恋爱自由！

在国内，父亲很少接触异性，清华全是男生。来美国后，周围的女性也并没有引起他的兴趣。他在信中对吴景超和梁实秋说：“你们都在替我担忧，怕我快走进疯人院了。哈哈！那里会！我如今冷静得很呢！美国女子没有一个能打动我的呢！美术学院里有三分之二是 the fair sex, 但都是些 dolls。”（一九二二年十月三十日）

但美国社会的开放环境深深刺激着他，一颗已受了创伤的心，到了“不是恋人也薰染成恋人”的地方，无异于往伤口上撒了一把盐！在这种情况下，妻子来信那无可奈何的简单、贫乏；那幼稚生硬的字体，无疑都会变成一次次生生的触痛！想到两人的未来，他常常禁不住“冷泪盈眶”：

冬天底长夜，
好不容易等到天明了，
还是一块冷冰冰的，
铅灰色的天宇。
那里看得见太阳呢？
爱人啊！哭罢！哭罢！
这便是我们的将来哟！
（《红豆》）

到美不久，他曾在信中对梁实秋、吴景超叙述了一位清华留学生的情感悲剧：

他是有妇之夫，且为有子之父了。这个婚姻之不满意自不待言。但他若处于中国社会，此本不成问题。不幸他所处者乃恋爱自由之美国社会。在这种环境里不是恋人的也都薰染成恋人了。我想卢君于其从前之婚姻，只不过经历一种形式的礼仪，并不曾有情感的生活；他所有的情感都积蓄着，以为到这边来作一火山式的爆裂底预备。火山果然爆裂了！他的精神受不起那种震动便失了作用了！诗人作了情感的牺牲了！他疯了！天啊！天啊！你怎么这样糟蹋你的骄子？……

在信中他坦露道：

朋友们！你们听了卢君的故事，不要替我担忧也要蹈他的前辙吗？《我是一个流囚》是卢君之事所暗示的；卢君之事实即我之事。但是我可以告慰你们我现在并不十分衰飒；我对于艺术的信心深固，我相信艺术可以救我；我对于宗教的信心还没有减替，我相信宗教可以救我……唉！但是我怎敢讲得这样有把握呢？我还是讲：I' ll do my best 罢！

（一九二二年九月一日）

信中谈到的《我是一个流囚》，是父亲对卢君之事有感而作的一首诗。在这首诗中，他把悲剧的主人公比作快乐的“罪人”、“幸福之宫里逐出的流囚”。当他“只得闯入缜密的黑暗，犁着我的道路往前走”时，眼前忽地出现了“一座壮阁的飞檐”，“寿字格的窗棂里泻出醺人的灯光”，“哀宕淫热的笙歌……螺旋似地锤进我的心房”。流囚顿时迷醉了，忘了自己是快乐的“罪人”，直到快乐抽出“讥诮的银刀”将他刺醒！带着难忍的伤痛，他只得再走上那没有尽头的黑路。

唉！但是我受伤太厉害；
我的步子渐渐迟重了；
我的鲜红的生命
渐渐染了脚下的枯草！

在美国的那些时日，父亲自己就像这样一个被幸福逐出宫门的流囚，天天都在受着各式痛苦的缓刑。

不过，正像他对朋友们说的那样，他和诗中的主人公并不一样，虽然伤感，却并不十分衰飒。他没有为“壮阁”里醺人的灯光，“哀宕淫热的笙歌”所迷醉，也没有如主人公那样“步子渐渐迟重”，“鲜红的生命渐渐染了脚下的枯草”，而是带着一颗伤痛的心，继续“犁着自己的道路前进”。像既往一样，他选择的仍然是创造希望！

他在信中对朋友们说，相信艺术和宗教“可以救我”。实际他并不真正信仰基督教，那只不过是一种精神上的寄托，很快也就抛弃了。而艺术却真正是他的“救主”，在国内时如此，来美后也如此。他甚至是把人生也当作艺术来处理的。

不过此时，父亲在情感上之所以没有十分衰飒，绝不仅是由于“艺术可以救我”。应该说，这也和母亲有着很大关系。母亲的品格，她身上那种东方女性所特有的气质对父亲是有吸引力的。出国前他们彼此间已显现出某种投合，也产生出一丝情意。尽管在国外新的环境中，父亲有无限的悲哀和痛苦，但他并不愿扯断这脆弱的情丝。这是他的希望。他要从“希望中造出希望”。这也正是他“并不十分衰飒”在情感深处的原因。

正因为如此，他一方面内心极端苦闷，一方面却仍然情急百倍地盼望着来信。

也正因为如此，他才能在最易思乡的假期里“情思大变，连于五昼夜”写出爱情长诗《红豆》！

长诗《红豆》

《红豆》写于一九二二年寒假。这是出国后的第一个长假。“独在异乡为异客，每逢佳节倍思亲”，对于一个刚刚离开祖国和家乡的青年诗人，思亲之情更可想而知。

长诗就是在这种深切的思念中写出的，也可以说它是一封深情而苦涩的“情书”。

全诗充分表达了“鞭丝抽拢的伙伴”的酸甜苦辣。既写出了在传统礼教面前无可奈何的悲哀，又充满了对封建制度的无比愤慨；既倾吐了包办婚姻带来的苦楚，又赞美了灵魂澈洁的年轻妻子；既为面前“铅灰色的天宇”而悲凉，又充满了甜蜜的回忆和美好憧憬。而在错综复杂的矛盾痛苦之中，始终贯穿着一种强烈的思念和真挚的情意，这“情”虽带有浪漫的幻想色彩，爱人也被理想化了，但它所表达的是诗人真实的情思、实实在在的感受。是从现实生活中升华出来的“情绪”，而不是虚空的幻想。就连诗中出现的一些情景、细节，如新婚之夜、银烛、凤钗、炉面镂空的双喜字等，也都来源于生活的真实。

关于这首诗，母亲曾不止一次闪着幸福的泪花告诉我，当年父亲写完它后，曾给她来信说：“《红豆》是为你写的。印出来后，你要是不懂，就叫他们讲给你听。”这“他们”，母亲说，是指家中的兄弟和年长一点的侄子们。

其实，唐朝诗人王维的《相思》，母亲早就背得很熟了。红豆的寓意，她心中十分明白。丈夫这首诗，哪里需要别人给讲？她现在不看也能感觉得到那些字句在“紧张地跳着”，如同自己“心跳的节奏一般”。

读信的这一刻，她已是心潮难平了。

父亲在《红豆》诗中，写着同样的一段：

我把这些诗寄给你了，
这些字你若不全认识，
那也不要紧。
你可以用手指
轻轻摩着他们，
像医生按着病人的脉，
你许可以试出
他们紧张地跳着，
同你心跳底节奏一般。

这些诗句，就如同随后给母亲的信一样，完全是作者真情的表露。

现在有评论认为，这首诗是“从痛苦中寻找出东西来抚摸”，是诗人在作自我安慰。这显然是对作者内心的主观推断和曲解！

狂怒的海神与颠簸的轻舟

一九二三年一月，距写作《红豆》一诗不久，父亲在给梁实秋的信中却又出现了这样痛苦的内心剖白：

刚看完郭沫若底《未央》，你可想到我应起何感想？……我读毕了那篇小说，起立徘徊于室中，复又站在书架前呆视了半晌。我有无限的苦痛，无穷的悲哀没处发泄，我只好写信给你了。

…………

实秋！情的生活已经完了，不用提了。以后我只想在智底方面求补足。……

实秋啊！我的唯一的光明的希望是退居到唐宋时代，同你结邻而居，西窗剪烛，杯酒论文——我们将想象自身为李杜，为韩孟，为元白，为皮陆，为苏黄，皆无不可。只有这样，或者我可以勉强撑住过了这一生。……（一九二三年一月二十一日）

在短短的时间内，心境竟如此大起大落，能够解释这一点的，自然只有父亲心灵深处的创伤。然而在这一创伤上，除了被鞭丝抽打的疼痛，还有一层新的痛苦。这恐怕才是直接的诱因。

父亲是一个重家庭感情的人，来美后，他怀着深深的乡愁不断写信回家，但妻子的回信总是很少。他常常因此而失望、怨恨。就像前面所说，有时气得在信中怒吼："你死了吗？你好狠心啊！"在离国后的第一个长假中，当他怀着倍加思念的亲情，把"最后唱的最美的歌儿""跪着捧献"给妻子时，心中一定在渴望获得感情上的回应。他明白，他们脆弱的爱的烛焰正面临风暴的侵袭，他隔着大洋急切地呼唤爱人，怀着浪漫的幻想期待着：

夜鹰号咷地叫着；
北风拍着门环，
撕着窗纸，

撞着墙壁，
掀着屋瓦，
非闯进来不可。
红烛只不息地淌着血泪，
凝成大堆赤色的石钟乳，
爱人啊！你在那里？
快来剪去那乌云似的烛花，
快窝着你的素手
遮护着这抖颤的烛焰！
爱人啊！你在那里？
（《红豆》）

然而，在心急如焚的期待中，除了大海传来的单调的涛声，竟然听不到一点回应！

面对这般的漠然、冷寂，任何热血青年恐怕都难以承受，更何况他——一个心灵带着创伤的、热烈而敏感的浪漫诗人？那万丈涛头的情思如何能不一下跌落谷底呢？

母亲的信少，这的确是事实，但其中的缘由却是父亲当时完全不知晓的。不是母亲愚懒，不是她木讷，也不是她不愿意写信，而是丈夫的来信，特别是那些透着情意的信，她根本无法读到！

在宗法制的家族中，儿女情长向来被视为非分。母亲曾对我讲，她和父亲感情好，说句话，婆婆也不高兴，常嘟哝：“娶了媳妇卖了娘。”现在，儿子在海外求学，前途是头等大事，夫妻间卿卿我我更是不允许的，因此祖父不但要求儿媳少去信，还干脆扣下了儿子的来信，以免回信去分心。这无情的族规母亲不止一次对我伤心地讲起过。当时父亲那些来信，包括赴美途中的信，都是侄儿们偷偷告诉她的。“这些小萝卜头对我都很好，每次你爸来信，他们都跑来告诉我：‘一叔又来信了！一叔又来信了！’”可她自己却很少能读到一封丈夫的来信。

父亲来信被扣是经常的事，此前和此后都有过，这情况家里人都知道。中华人民共和国成立后，一九五三年，母亲回湖北探亲，与九爷和十四爷相聚时，十四爷还告诉她：“先前一哥的来信都让我们收着呢！”

不过，那时祖父倒也不是完全不通人情，事后也偶尔让母亲看上一两封。谈到《红豆》的这一封，大概就是其一。只是当母亲看到它时，失望的父亲已心灰意冷了。

母亲的处境，当时不愿也无法向丈夫倾诉。她不是那种爱怨天尤人的女子，也不愿用这些事去烦扰海外求学的丈夫。何况那时她有满腔的苦不能说，有满腔的话也无法说，她还没有充分的力量跨越那刻着虫书鸟篆的巨大礁石。还有一个事实，那就是孩子刚出生不久。远隔重洋的丈夫还不知道，妻子已开始为女儿所累了。在这种情况下，一个身心都被桎梏的弱女子，哪里有可能对丈夫的呼唤敞开心怀来及时回应呢？

父亲在《红豆》一诗中凄怆地写道：

我俩是一体了！
我们的结合，
至少也和地球一般圆满。
但你是东半球，
我是西半球，

我们又自己放着眼泪，
做成了这苍莽的太平洋，
隔断了我们自己。

在另一处，他更满含酸楚地写道：

我是狂怒的海神，
你是被我捕着的一叶轻舟。
我的情潮一起一落之间，
我笑着看你颠簸；
我的千百个涛头
用白晃晃的锯齿咬你，
把你咬碎了，
便和樯带舵吞了下去。

在那灰暗幽冷的岁月里，这“眼泪做成的”苍莽大洋，阻断了青年伴侣的身心，也阻隔了他们的情和热。从茫茫大海上刮来的风浪已快要把父亲心中那微弱的希望之火扑灭了。而母亲，却像一叶颠簸的轻舟，无助地由着狂怒海神的情潮起伏而颠起、跌落！

礼教就是这样残忍地玩弄两个青年于股掌之中！

在珂泉·大江会

一九二三年九月，父亲转入珂泉学院的美术学院。他来科罗拉多

一九二三年美国科罗拉多学院中国同学会。后排右二为闻一多

主要是由于耐不住在芝加哥的寂寞，想和刚来美国的诗友梁实秋相互砥砺酬唱。并且，这里是名胜之区，他喜欢它那得与自然相亲的环境。

在珂泉的日子，果然“精神较在芝加哥实为平妥”。学业上不仅美术成绩仍为上佳，甚为教员重视，而且在文学方面也有很大收获。他和梁实秋一起选修了“丁尼孙与伯朗宁”及“现代英美诗”，获得了关于英诗，尤其是近代诗的系统概念及入门知识，也从而使自己的创作得到了不少启示。

珂城美丽的风光同时也给了他不少身心上的滋养。

这期间，“海神”的怒潮也似乎渐渐平息。家乡传来的是好消息：妻已进入省城的学校。尤其令他高兴的是，得知尚未见面的女儿聪明伶俐、美丽可爱，深得全家人喜爱。夜晚，在枕上的乡思中，他常常按捺不住去想象那可爱的小模样，想象将来见面时的情景，甚至连做梦都梦见了她。他兴奋地告诉家人：“前晚梦见了立瑛，颇思念之。上省时务拍一照寄我。我归家时，得勿‘笑问客从何处来乎？’”

女儿的诞生，他是在事隔两个月后才得知的。他曾为此万分气愤地去信家中痛怨：“孝贞分娩，家中也无信来，只到上回父亲才在信纸角上缀了几个小字说我女名某，也就完了。大约要是生了一个男孩，便是打电报来也值得罢？我老实讲，我得一女，正如我愿，我很得意。我将来要将我的女儿教育出来给大家做个榜样。我从前要雇乳母以免分孝贞读书之时，现在不以为然。孝贞当尽心鞠育她，同时也要用心读书。我的希望与快乐将来就在此女身上。”（一九二三年二月十日《致父母亲大人暨全家合鉴》）尽管气愤，这迟到的喜讯带来的是“希望与快乐”，也成为他留学生活中一种新的慰藉。

珂泉的生活虽较前愉快，却仍摆脱不了民族歧视的阴影。梁实秋有这样一段回忆：“一多到了珂泉之后就和我谈起过有关陈长桐在珂泉遭遇过的故事，说的时候还脸红脖子粗的悲愤激动。陈长桐到珂泉的一家理发馆去理发，坐在椅子上半天没有人理，最后一个理发匠踱了过来告诉他：‘我们不伺候中国人。’陈长桐到法院告了一状，结果是官司赢了，那理发匠于道歉之余很诚恳地说：‘下回你要理发请通知一声。我带了工具到你府上来，千万请别再到我店里来！因为黄人进入店中理发，许多白人就裹足不前了。’”（梁实秋《谈闻一多》）父亲自己也亲眼目睹了这样难堪的场面：在珂泉大学的毕业典礼上，美国女生竟没有一个愿意和中国毕业生排成双行去领毕业文凭，结果学校当局只得让六个中国人自行排成了三对！此前在芝加哥时，他就曾亲身尝受过这种歧视。他在美术学院学业优秀，还获得了最优等名誉奖，只因为是异族人而被排除了往巴黎、罗马深造的机会！

除留学生的处境，华侨在美国的卑下地位和困苦生活，也给了他很大刺激。后来发表的《洗衣歌》所宣泄的悲愤之情，早就在折磨着他了。

在美国的目击身受，使父亲深深感受到一个国家贫穷落后所受到的屈辱，也深深意识到一个爱国青年对振兴祖国应负的责任。他在家信中说："近者且屡思研究美术诚足提高一国之文化，为功至大。然此实事之远而久者。当今中国有急需焉，则政治之改良也。……我辈得良好机会受高深教育者当益有责任心。我辈对于家庭、社会、国家当多担一分责任。"（一九二四年六月十四日《五哥转阖家大鉴》）

出于一腔赤诚的爱国热诚，一九二四年暑假中，他和梁实秋等一批意气相投的清华同学在芝加哥组成了一个爱国团体，起名叫"大江会"，并宣誓要为改变国家的贫困落后状态而奋斗。

他们主张"大江的国家主义"，在章程里这样写明："中华人民谋中华政治的自由发展，中华经济的自由抉择，及中华文化的自由演进。"大江会的宗旨是"对内实行改造运动，对外反对列强侵略"。而当前最主要的任务，则为"偏重反对列强侵略及鼓舞士气"。（转引自闻黎明《闻一多传》）

这年暑假与梁实秋互相道别后，父亲带着这腔热情和希望来到纽约，进入了纽约一所历史悠久的美术学院。

纽约戏兴与一首英文诗

父亲到纽约后不久，给梁实秋去信说："你问我的诗兴、画兴如何？画兴不堪问，诗兴偶有，苦在没有功夫执笔。倒是戏兴很高。”他告诉老友：“我们自从来此，两次演戏，忙得我头昏脑乱，没有好好地画过一次画，课是整星期的 cut。”

如此高的戏兴，并不是一时心血来潮，他自幼喜爱戏剧，在清华上学时就是新剧社的骨干，曾参加编演过不少话剧，其中有的还得过奖。来纽约后，结识了张家铸、赵太侔、熊佛西、余上沅几位学习戏剧、舞美的青年，不禁戏兴复萌，激情满怀地同他们一起投入了戏剧活动。

他们用英文自编自演了《牛郎织女》和《杨贵妃》两部中国古装戏。父亲是学美术的，布景、服装等自然都非他莫属。《杨贵妃》公演时，三十多件古装上的图案都由他一笔笔亲手绘上，难怪学校的课要整星期 cut 了。

不过，演出获得了极大成功，尤其是《杨贵妃》，华侨界和一些美国人士都十分赞赏，报刊上还作了报道。梁实秋等在哈佛的中国留学生受到鼓舞，也兴致勃勃地编演出了一部《琵琶记》。它自然又少不了父亲从旁的一通忙活。

那时在中国，戏剧还被士大夫当成是消遣的玩意儿，不能登大雅之堂。戏剧人也被看成是下九流。听母亲说，祖父从八伯闻亦传（当时也在美国留学）来信中得知父亲在纽约迷上了戏剧，当着她的面就大发雷霆：“留学不好好读书，在学校演戏！世上只有三桩丑，王八戏子吹鼓手！”他还不知道，儿子还蓄起了艺术家式的长发，过起了日上三竿才起床的波希米亚生活呢！要是看见这副模样，恐怕更得怒发冲冠了。

当然，没有什么可以阻挡父亲对戏剧的热情，他热衷于戏剧，不仅由于兴趣和艺术上的追求，而且是根源于他对祖国悠久历史文化的热爱，对祖国前途命运的忧患与思考。他认为：“我国前途之危险不独政治、经济有被人征服之虑，且有文化被人征服之祸患。文化之征服甚于他方面之征服千百倍之。杜渐防微之责，舍我辈其谁堪任之！”（一九二五年三月《致梁实秋信》）

怀着这腔抱负，在演出成功后，他和这几位热血青年决定再接再厉，为开展国剧运动而奋斗，还专门成立了一个“戏剧改进社”，不遗余力地四处奔走。

据梁实秋说，他们所提倡的国剧，是“想不完全抛开中国的戏曲，但要采纳西洋戏剧的艺术手段”（《悼余上沅》）。这是一种融合中西的创新努力，也是父亲一贯的、不懈的追求。在《〈女神〉之地方色彩》一文中，他就提出“诗同一切的艺术应是时代的经线和地方的纬线所编织成的一疋锦”。

在忙戏的同时，父亲并未忘情新诗。他是诗人，那腔对祖国的热爱，也只有通过诗才能尽情宣泄出来。他对熊佛西说：“诗人主要的天赋是爱，爱他的祖国，爱他的人民。”这期间所写的诗，如《醒呀》、《洗衣歌》、《南海之神（孙中山先生颂）》、《渔阳曲》、《七子之歌》、《大鼓师》等，都充满了这种强烈的爱国情感。

不过诗人在这时的生活，戏剧活动仍然是一个中心。它不仅激发了他的激情，鼓舞了他的心志，而且也悄悄触动了他一段时间以来比较平妥的情感世界。

一九二四年十月，他在给梁实秋的信中，附了一首用英文写的诗，并说：“前数星期作了一首英文诗，我可以抄给你看看。人非木石，孰能无情！”

这首诗，后来在许芥昱先生著、卓以玉译的《新诗的开路人——闻一多》（一九八二年九月香港城文书局出版）一书中译成了中文：

欢悦的双睛，激动的心；
相遇已成过去，到了分手的时候，
温婉的微笑将变成苦笑，
不如在爱刚抽芽时就掐死苗头。

命运是一把无规律的梭子，
趁悲伤还未成章，改变还未晚，
让我们永为素然的经纬线；
永远皎洁不受俗爱的污染。

分手吧，我们的相逢已成过去，
任心灵忍受多大的饥渴和懊悔。
你友情的微笑对我已属梦想的非分，
更不敢祈求叫你展示一点爱的春晖。

将来有一天也许我们重逢，
你的风姿更丰盈，而我则依然憔悴。
我将毫无愧色的爽快陈说，
我们的缘很短，但也有过一回。

我们一度相逢，来自西东，

我全身的血液、精神，如潮汹涌。
但只那一度相逢，旋即分道。
留下我的心永在长夜里怔忡。

梁实秋在《谈闻一多》中说："一多的这一首英文诗，本事已不可考，想来是在演戏中有了什么邂逅，他为人热情如火，但在男女私情方面总是战战兢兢地在萌芽时就毅然掐死它，所以这首诗里有那么多的凄怆。"

父亲一向视男女间恋爱的情感为"最高、最真"的情感，这是他有生以来第一次触动了内心深处的这种情感。他最后选择了在萌芽时就掐死苗头，心里不会是平静的。

在这不平静中，有一件事看来是促使他下决断的一个重要因素。

关于诗《也许》

大约就在他写这首英文诗前后，从老家传来一个不幸的消息——十六妹因病去世了。这犹如一个晴天霹雳！

十六妹是父亲最疼爱的小妹，天资聪颖，勤奋好学。但她短短的十几年生命却始终与不幸相伴。母亲曾告诉我："十六爷不知什么原因，从小落下个歪脖子的毛病，家里本来就重男轻女，偏脖子就更不讨喜欢。"父亲对于妹妹在小小年纪就尝到了人间的歧视和冷漠感到很不平，也因此而格外疼爱她。来美国后，还一直惦记着她的情况，在信中时时问起她。年前，当他得知她能作诗时，不禁万分欣喜，去信给家中道：“二哥函称十六妹能作诗，亦望抄来一阅。十六妹不通常识世故颇有类于我，其能诗或亦将类我乎？勉之！勉之！”（一九二三年十二月十日《驷弟五哥转阖家》）他对妹妹寄予了厚望，正盼望将来回到望天湖畔听她读诗，给她讲诗，好好爱护和培养她呢，谁想这枝含苞未放的花朵竟这么早就凋谢了！他忘不了妹妹生前那牢狱般的生活，更忘不了自己新婚期间妹和妻一同学习唐诗时那种喜悦和专注，那双充满智慧和渴望的美丽大眼睛里隐含着多少忧伤和希冀啊！

在中国古老落后的农村，本来就缺医少药，女孩子得了病更难获得应有的照料与医护。何况十六妹这个不讨喜欢的女孩子呢！他能想象到病中的妹妹是多么无助而孤独。

在这充满咒骂声的人世间，她何曾有过真正的欢乐！

五年前，十五妹离开了人世。如今，又失去了这最小的妹妹。在这牢狱的世界里，中国少女要绽放生命竟如此艰难！两个苦命的妹妹地下有知，当与哥哥一同泪洒遍野啊！

次年三月，在《清华周刊》的文艺副刊上刊出了一首新诗，题为《薤露词（为一个苦命的夭折少女而作）》。它那催心的深情和高超的诗艺打动了无数读者的心。但这个少女是谁？人们在赞赏诗作时，大概没有人去探究，大概也没有人去问作者闻一多。

四个月后，一九二五年七月，父亲在《京报副刊》上重新发表了这首诗，并将题目改为《也许——葬歌》，更加深化和扩大了主题，突出了主人公悲剧的社会性。而关于“她是谁？”也从此更为人们留下了一个想象和思考的空间。

关于这首诗，多年来研究者在评析作品时，也曾涉及到主人公问题。不少人认为，这是闻一多的长女立瑛。也有人认为，这就是个无名的少女。

但半个多世纪后，当我读过这首诗，听着母亲讲述十六妹的不幸遭遇时，我突然明白，这个少女不是别人，就是父亲的十六妹！我们的十六爷！同时，我也仿佛穿越时空，看到在大洋彼岸，一个中国青年学子正遥望东半球的家乡，十六妹的身影及那双美丽又充满忧郁的大眼睛清晰地浮现在他眼前，热泪顺着他的脸颊往下淌……“妹啊……”：

也许黄泉要鞠育你，
也许白蚁要保护你。
造物底圣旨既然如此，
就让他如此，让他如此！

也许你是哭得太累，
也许，也许你要安睡。
那末让苍鹰不要咳嗽，
蛙不要啼，蝙蝠不要飞；

也不要让星星瞥眼，
也不要让蜘蛛章丝——
一切的都该让你酣眠，
一切的都应该服从你！

也许这荒山的风露

真能安慰你，休息你；
我让你休息，让你休息，
我吩咐山灵别惊动你！

也许听着蚯蚓翻泥，
听细草底根儿吸水——
也许听着这般的音乐
比那咒骂的人声更美；

那么你把眼皮闭紧，
我就让你睡，让你睡。
我把黄土轻轻盖着你，
我叫纸钱儿缓缓地飞。※

泪光中他一气写下了这些诗行，又在诗题后特意括上了“为一个苦命的夭折少女而作”……

是的，这应该不是我的幻象。这首诗当时就是哀悼十六妹的，那个苦命的夭折少女就是苦命的十六妹！

母亲曾告诉我，她来闻家后没两年，十六妹就病故了，那时也就十七八岁，正是青春年华（算来这大概在一九二四年间）。父亲在此

※ 这里引的是最初发表于一九二五年三月二十七日《清华周刊·文艺增刊》第九期的原诗，题为《薤露词（为一个苦命的夭折少女而作）》（转引自《闻一多全集》，湖北人民出版社一九九三年版）。此诗后来收入《死水》诗集时，改题为《也许——葬歌》，章节、字句也作了大的改动。

后不久发表这首诗，并在诗题后注明“为一个苦命的夭折少女而作”，绝不是偶然的。他一向同情和关注中国妇女的命运，并深深爱着自己的姐妹。十五妹去世后，就写了哀诗，现在最疼爱的小妹离去，他怎能不以诗来寄托无比的哀思呢！

这首诗在轻柔、平静的字面下蕴含着深沉浓郁的情感，深深撼动着人的心灵。只有对至亲的人才能发出如此令人心碎之情，也只有切身感受到其命运之苦，又亲眼目睹同命运妇女之处境，才能写出如此悲切又激昂的诗行！

有评论以为，这首诗是写给一个无名少女的，因而相比哀悼爱女立瑛的《忘掉她》是“哀而不伤”，“只是为了表示一种情感而作，与自我内在的情感还没有深切的关系，而更多地体现其艺术表现的巧妙和艺术形式的精美”。这显然是由于对事实和成因的误解而影响了对作者抒情手法的领略。其实，和《忘掉她》相似，这里看似轻淡的字面，反衬出的恰恰是浓郁的深情。

这首诗自然也不是哀悼立瑛的（我也曾有过这样的误解），它最早发表于一九二五年三月，诗题后面已清楚括明是“为一个苦命的夭折少女而作”。而立瑛是次年，即一九二六年冬病故的，当时只有四岁。

当然，诗是有艺术的概括性的。十六妹的悲剧也就是中国同命运少女的悲剧，父亲后来把诗题改为《也许——葬歌》，其用意也就在此。这正体现了他认为写诗不宜“太琐碎、太写实”，“必须注意文学的普遍性”的主张。

十六妹的夭折，对正处于情感漾动中的父亲刺激很大，无疑会使他联想到老家与妹情同手足，也正处于封建囹圄的妻，使他更加深了对她的爱怜与思念；也促使他更加坚定了自己在情感上的取舍。他情愿自己吞下酸苦的“豆子”，也不忍心去伤害同样受着折磨的清纯的妻。就像当初在《红烛》中立下的誓言一般，“灰心流泪你的果，创造光明你的因”。想必他当时在纽约也就是以这样燃烧自我、造福世人的心态展平了内心的情感涟漪吧！

十六妹的夭折，也使父亲更加惦念家中的亲人，在《故乡》一诗中，他除了抒发对家乡的眷恋和回家的急切心情，最后还表现出了对亲人们安康的记挂：

我要看家乡的菱角还长几根刺，
我要看那里一根藕里还有几根丝，
我要看家乡还认不认识我，
我要看坟山上添了几块新碑石，
我家后园里可还有开花的竹子。※

追寻着一个梦

一九二五年春末，在留学期满三年时，父亲决定提前与余上沅、赵太侔一起回国。他给梁实秋去信说：“蛰居异域，何殊谪戍？能早

※ 俗称竹子开花是凶事的兆征。——闻一多原注。

归国，实为上策。”又说：“此次回国并没有什么差事在那里等着我们，只是跟着一个梦走罢了。”

提前回国的想法，早在出国前就有了，当年就曾对母亲说起过，在家信中也曾几次提及，三年来，他不止一次处在去与留的矛盾之中。现在，那异国民族歧视的屈辱，留学生活的精神苦楚，对祖国和亲人强烈的思念，更有振兴中华“国剧运动”的梦想都已使他再也无法羁留。五月四日，这只流落的孤雁怀着一颗报效祖国的赤子之心，追寻着一个梦，终于棹翅飞上了归途。

不知父亲的“梦”中，会不会出现小家和妻女。然而守在家中的妻子却早有一个美好的梦。

自从丈夫出国后，她没有一刻忘记他临行的承诺：“你忍耐一下，将来我回来就接你出去。”“出去”已成为她的憧憬和梦想。

这梦想并不是天真、空幻的，它建立在对丈夫的挚爱和信赖之上。老实而单纯的她对丈夫在外没有更多的疑虑和想法，她只庆幸命运赐给了这样好的一位丈夫，一位善解人意的终身伴侣，又是一位充满爱心的兄长和老师。她直觉地坚信，他一定会回来履行他的诺言。

当然，有时这期待也是战战兢兢的，那颗单纯的心已深深意识到两人之间的巨大差距。她觉得自己实在配不上他。

自卑往往使人怯懦，但它却没有使母亲变得卑顺和软弱。她不是一个没有个性的女子，这种自卑反而激发了强烈的进取心！她暗自下决心要尽最大努力来读书，提高自己的生活境界。这种努力，与当时一些先进妇女忧国忧民的奋斗当然不能相比，就是面对两人之间的那块界石，也显得如此微弱而可怜。但在那男尊女卑，妇女命运任人摆布、个性任人扼杀的社会里，它体现出一种坚强的反抗意志，一颗不愿屈服的心。

由于怀有身孕，去武汉上学的事只得往后拖延，暂时留在家中由祖父督教。母亲很珍惜这个机会，读书从不偷懒，每次给丈夫去信也都认认真真，一笔一画书写，力求得到他的指导。

一九二二年十月，孩子出生了。降生的是个女儿。那时在老家，如果生的是男孩，阖家都为之欢庆，不仅要祭祖，祖父还要亲自去请人算命、批八字。现在是个女孩子，情况就不同了。一切都无声无息，就像什么也没有发生。祖父虽也适应时代，给孙女起了名字，叫立瑛，但却难掩心中的不快和失望，甚至没有及时把消息告知远在海外的儿子。

月子中，产妇自然也没有获得什么特殊待遇，更盼不来一个女人在这生理变化时期最感需要的、来自丈夫的抚慰与关爱。只有怀中的婴儿给她带来一些快乐和慰藉。这一肚子伤心委屈，恐怕只有在后来，当她读到丈夫谈《红豆》一诗的那封信时，才得以消释。那是她漫长的苦苦期待之中最甜蜜的一刻了！当然，那一刻，她无论如何也不会想到，她这叶轻舟早已被失望发怒的海神抛落到了海涛的谷底！

祖父是诚信的，立瑛断奶后，履行了对儿子的承诺——让儿媳与三女儿（即十四爷）一起去武昌上学。那时，女孩是没有名字的，为此，他还专门给女孩起了名字——闻秀云。只是，他没有如当初应允的那样，让十六爷一起去入学。

母亲怀着一颗求知若渴的心，兴奋地和十四爷一同来到武昌，考取了武昌女子职业学校。多年的愿望终于实现了，她又走进了学校！

那时，闻家在武昌磨石街有一幢房子，来省城上学的孩子们都在这儿居住。母亲她们在这里得到了一个单间。两人恐怕是闻家第一批出门求学的女子了，心里的兴奋和快乐真是难以形容。据母亲回忆，学校的课程除女红、家政，还有国文、算术、英文、自然常识等。由闭塞窒闷的农村老宅来到这新的天地，一切都那么新鲜、松快，连呼吸似乎也舒畅了许多。她们不去想老家那枯燥窒息的生活，也不去想未来的一切，只知如饥似渴地攫取新知识，呼吸新空气。

然而，那个时代的女子，命运似乎注定了要与不幸相连。家长们送女儿去读书，只是为了培养贤妻良母，她们是套着绳索走进学校的。

学了一年多后，套索果然收紧了。家里来了命令，命十四爷回去结婚！

“四爷[※]正读书，逼着她回家结婚，她不愿意。哭得好厉害啊！”母亲讲起来，眼圈也红了。

十四爷最后是红肿着泪眼离开学校的。母亲说，更悲惨的是她的婚后。她夫家冯姓也是大家族，但丈夫不善理财，又欠勤奋，致使家境不断败落。祖父见冯姑爷不争气，又逼着女儿和他离婚。可是这时，小夫妻俩已恩爱有加、难舍难分，十四爷说什么也不肯离。祖父大怒，一气之下，竟和女儿断绝了关系，不许她再迈进家门！

“她生活困难，到处借债，家里一点也不管。大家要接四爷，又不让！”

“日子长了，婆婆心疼女儿，常偷偷差人送东西去给她吃，但四爷还是一直进不了家门。直到爹爹去世，才能回家来看看。”母亲望着我，一双泪眼好似望到了过去，她一定又望见了十四爷那双哭得又红又肿的大眼睛，又望见了十四爷临别时那哀伤、无助的神情和那迟重的脚步！

※ 老家简称十四爷为四爷。

十四爷的遭遇使母亲受到很大打击，心里说不出地痛苦、沉重。她想不明白，这世上女人的命为什么就这样苦！

也就在这期间，十六爷因病撒手人寰，她更心如刀绞。

在闻家，她和姑嫂们相处十分融洽，和两个小姑尤其情同手足，常朝夕不离。如今，十四爷被迫出嫁，又被赶出了家门；十六爷也永远离去了。她满心凄楚，却又无处诉说……

母亲结束学业回到望天湖旁时，老家大院中已再寻不着两个小姑的身影，听不到她们纯真清朗的说笑声了。她无限悲凉，无限孤独，唯一的期盼就是“出去”的梦能早日成真。

笑问客从何处来

这真是说不出的悲喜交集——
滚滚的江涛向我迎来，
然后这里是青山，那里是绿水……
我又投入了祖国的慈怀！

你莫告诉我这里是遍体疮痍，
你没听见麦浪翻得沙沙响？
这才是我的家乡我的祖国：
打盹的雀儿钉在牛背上。

祖国呀！今天我分外的爱你……
风呀你莫吹，浪呀你莫涌，
让我镇定一会儿，镇定一会儿；
我的心儿他如此的怔忡！

你看江水俨如金一般的黄，
千樯的倒影蠕动在微澜里。
这是我的祖国，这是我的家乡，
别的且都不必提起。

今天风呀你莫吹，浪呀你莫涌。
我是刚才刚才回到家。
祖国呀，今天我们要分外亲热；
请你有泪儿今天莫要洒。

这真是说不出的悲喜交集；
我又投入了祖国的慈怀。
你看船边飞着簸谷似的浪花，
天上飘来仙鹤般的云彩。

（《回来了》）

阔别多年，魂萦梦绕，远方的游子终于回到了祖国母亲的怀抱。他要风儿莫吹，浪儿莫涌，母亲有泪儿今天不要洒。他要暂时忘却母亲身上的遍体疮痍。“别的且都不必提起”，只求和她分外地亲热一

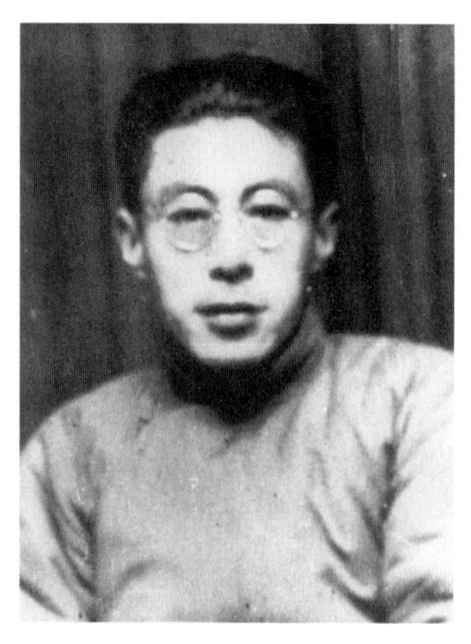

一九二五年五月闻一多怀着满腔抱负提前回国。这是回国后脱掉西装换上长衫的闻一多

会儿。但残酷的现实连游子这一点心愿也不容许实现。和他一起回国的余上沅后来回忆说："我和太侔、一多刚刚跨入国门，便碰上五卅的惨案。六月一日那天，我们亲眼看见地上的碧血。一个个哭丧着脸，恹恹地失去了生气，倒在床上，三个人没有说一句话。在纽约的雄心，此刻已经受过一番挫折。"（一九二六年九月二十三日《晨报·剧刊》第十五号）

这当头沉重一击，深深刺激着父亲，在他火热的胸膛里，悲喜之外，已尽是无言的激愤。

在上海没有多羁留，他便怀着满腔悲愤匆匆踏上了返乡的路程，决定回湖北探家之后就马上去北平，那里是文化中心，人文荟萃。他要尽早实现自己的抱负，为苦难的祖国母亲多献点力量。

父亲回国时，祖父母和母亲等人正住在武昌磨石街。为了迎接离家多年的儿子，祖母特意把楼上自己住的那间最明亮的房间腾出来，她说："他爱亮，好看书。"

一连好些天，家里的话题都离不开即将归来的亲人。大家说，他一到上海，就把西装都换了。家人都还记得他先前写信回来说："我回乡之日家人将见我犹一长衫大袖、憨气浑身之巴河老。家人其拭目

待之！”现在，可真的还原成一个巴河老了！说笑之间，大家还想出了一个欢迎这位巴河老的绝妙节目来。

讲起这个节目，母亲就像说故事一样兴奋：“你爸到家的那一天，婆婆屋里围满了，把立瑛领去了。”叫她和家里的小孩站在一起，要让他来认。孩子们“整好队”后，大人们都退到门外，只等着看好戏开场。婆婆不放心，在一旁直小声嘱咐：“哪个也莫说，哪个也莫说！”当父亲兴冲冲跨进门时，他眼前真的出现了在国外想象中的一幕！满屋的孩子都歪着小脑袋好奇地凝望着他，一双双水灵灵的大眼睛全在冲着他发问：“客从何处来？”婆婆脸上堆满了幸福的微笑，亲切又诡秘地望着他：“过细看看，哪个是你女儿？”

父亲站在那里，又惊又喜，热泪在眼眶里直打转。他激动地扫视了一遍孩子们，便毫不犹豫地来到立瑛跟前，拉起她的小手就往门口走。身后跟着爆出一片惊喜的笑声，父亲自己也哈哈大笑起来。婆婆笑得特别开心：“一下子就认出来了！”

母亲给我讲述这“节目”时，还笑得十分得意呢。她接着还讲了后来的一幕：待亲人们热闹够了，父亲抱着女儿回到自己房间时，父女俩已相当“友爱”了。小立瑛虽对这个留一头长发的男人有些认生，但并不拒绝他的亲热，甚至还喜欢往他怀里靠。父亲高兴地亲着女儿，突然，大概是发现自己竟什么东西也没给她带，十分尴尬。他抓过旅行包，拼命翻找，想找出点什么“礼物”来，最后，总算翻到了一件——自己在国外用的一面小镜子！母亲在一旁忍不住直笑，这回可是笑得很无奈了。

书呆子当然更没有给妻子带回什么来。不过，她也并不想要什么东西。她知道，这个穷书生在国外生活并不容易，攒下点钱也都买了书了。她想望的，是他的人！

寒蕉与月亮

武昌欢快而深情的见面礼，使游子饱尝孤寂与屈辱的心顿觉暖意融融。

几天后，全家老小高高兴兴登上了江轮，驶往望天湖边的老宅。

“家乡是个贼，他能偷去你的心！”（《你看》）归国前父亲的心早就已被家乡偷走了，你看他的诗：

先生，先生，你到底要上那里去？
你这样的匆忙，你可有什么事？

我要看还有没有我的家乡在；
我要走了，我要回到望天湖边去。
我要访问如今那里还有没有
白波翻在湖中心，绿波翻在秧田里，
有没有麻雀在水竹枝头耍武艺。

先生，先生，世界是这样的新奇；
你不在这里遨游，偏要那里去？

我要探访我的家乡，我有我的心事；
我要看孵卵的秧鸡可在秧林里，
泥上可还有鸽子的脚印儿“个”字，
神山上的白云一分钟里变几次，
可还有燕儿飞到人家堂上来报喜。
……
（《故乡》）

现在，他终于回到了朝思暮想的故乡。又看到了那“常年总有半边青天浸在湖水里”的望天湖，那“白云一分钟里变几次的”神山；享受着“麻雀在水竹枝头耍武艺”“兔儿在黄昏里觅粮食”的田园风情；听见了“水车终日作鼍鸣”的家乡音乐。他仿佛第一次如此深刻地感受到了故乡的魅力。在这迷人的山水和亲切的泥土气息中，那大洋彼岸的苍鹰领土遗留在耳边的喧嚣、搅乱内心的烦躁都已被一扫精光，他感到心情分外恬静、舒畅。

离别经年，“家”的感觉更是美好。大家庭里双亲健康，亲人和睦；小家里，妻子已当上了母亲，又增加了学校的生活和见识，比过去成熟了，对他的体贴也越发深切细致。他由衷地感到婚姻的圆满：“纵然是刀斧削出的连理枝，你瞧，这姿式一点也没有扭。”（《大鼓师》）而满地跑着的小女儿更给他带来了无限欣慰和快乐。美丽活泼、聪明伶俐的小立瑛，两岁多就认了不少字，谁见谁爱。伯伯一见她，就过来抱走了。连一向不喜欢女孩子的祖父，也破例喜欢上了这个小丫儿。远方归来的游子和女儿在一起，总觉得爱不够，整天除了看书，就是抱上小宝贝亲热，惹得祖母常在一旁抱怨：“这热的天，把孩子抱在手上！”

归家生活是幸福愉悦的。

当然，这愉悦并不能抚平他长期以来内心的创伤。在海外多年，他带回了多少感受、多少思考！他多么渴望身边能有一个心灵上的知音可以尽情倾诉，相互砥砺。然而这一点，命运给他的永远是缺憾！他只能继续忍受着灵魂上的痛苦和饥渴，默默吞咽着内心的悲楚。正如他的那首《大鼓师》中的鼓师一样，对着清纯可爱、充满渴望的妻，他只能痛苦地在心中唱道：

我会唱英雄，我会唱豪杰，
那倩女情郎的歌，我也唱，
若要问到咱们自己的歌，
天知道，我真说不出的心慌！
……
只让我这样呆望着你，娘子，
像窗外的寒蕉望着月亮，
让我只在静默中赞美你，
可是总想不出什么歌来唱。
……

（《大鼓师》，摘自《死水》诗集）

歌，的确还没有什么好唱的。不过，这只“战着风涛，日暮归来”的孤舟，获得的是一个惬意的船坞、温暖的归宿。他真心爱这个船坞，爱这个家。静默中望着月亮的寒蕉，相隔虽远，但心中有的是赞美，而不是厌恶和疏淡！他望着她，十分理解妻子这几年的内心苦楚和追求，也并没有忘记自己当初的承诺。不由得暗下决心，到北平一切安顿好后一定要马上接她出去。

家乡是美好的，但父亲忘不了自己的梦想，更忘不了跨入国门时目睹的那血腥一幕。在家住了半个多月，六月中旬，他又一次告别乡里和亲人，踏上了北上的行程。临别前，他一再叮嘱母亲做好准备，说在北平找好房子，就回来接她们母女。

父亲怀着一腔热血，开始了寻梦的艰难历程。母亲衷心祝愿丈夫成功，也为自己的梦早日实现作着祈祷。

为神州呼号

父亲到北平后，急着办的一件事就是将归国前写的诗作《醒呀》、《七子之歌》、《爱国的心》、《洗衣曲》等拿去发表。上海五卅的一幕刺激太深了，他要宣泄心中的激愤，为“给豺狼虎豹糟蹋了的”神州呼号，希望用这呼号在同胞中“激起一些敌忾”。在首先发表的《醒呀》一诗的跋中，他这样写道：“这些是历年旅外因受尽帝国主义的闲气而喊出的不平的呼声；本已交给留美同人所办一种鼓吹国家主义的杂志名叫《大江》的了。但目下正值帝国主义在沪汉演成这种惨剧，而《大江》出版又还有些日子，我把这些诗找一条捷径发表了，是希望他们可以在同胞中激起一些敌忾，把激昂的民气变得更加激昂……”在《七子之歌》中，他把被帝国主义强占去的七块国土澳门、香港、台湾、威海卫、广州湾、九龙、旅顺、大连比作被从母亲怀抱中掳走的七个孩子，他们“不堪受虐于异类”，凄厉地哭号着要回到生母的怀抱。诗的前言中有这样一段：“……吾国自尼布楚条约迄旅大之租让，先后丧失之土地，失养于祖国，受虐于异类，臆其悲哀之情，盖有甚于《凯风》之七子。固择其与中华关系最亲切者七地，为作歌各一章，以抒其孤苦亡告、眷怀祖国之哀忱，亦以励国人之奋兴云尔。国疆崩丧，积日既久，国人视之漠然。不见夫法兰西之Alsace-Lorraine耶？‘精诚所至，金石能开’。诚如斯，中华‘七子’之归来其在旦夕乎！”

这些诗发表后，立即引起了反响。

有的文章在评《醒呀》、《七子之歌》、《洗衣歌》时兴奋地说：“我相信新诗坛的生命更新了，新诗坛的前途另辟了，新诗坛发向它祖国的希望之光益强了。”又说：“文学作品所表现的是时代精神，而时代也就是文学作品的背景。闻一多君的这三首诗表现了中华民族争自由求独立的迫切呼号的精神……他是得天独厚，能首先感觉痛苦，首先热起情绪，首先擒得诗意……把它们高唱出来。……我更深切地愿我们大家——全中国的爱中国的中国人——都来把这几首诗畅读一回，深深印入记忆之膜里。”（《长虹月刊》第二期，民治《三首爱国诗》，转引自《闻一多年谱长编》）

有的青年读《七子之歌》后写道：“读《出师表》不感动者，不忠；读《陈情表》不下泪者，不孝；古人言之屡矣。余读《七子之歌》信口悲鸣一阕复一阕，不知清泪之盈眶，读《出师》《陈情》时固未有如是之感动也。”（转引自《闻一多年谱长编》）

这些诗感动的并不只是当时的热血青年。其中《七子之歌》的首章在半个多世纪后，还响彻了祖国大江南北！当三百年来梦寐不忘生母的澳门回归母亲怀抱时，在中国大地上，亿万颗心都在随着这诗章激荡，亿万腔热血都在随着它沸扬！

你可知妈港不是我的真名姓？
我离开你的襁褓太久了，母亲！
但是他们掳去的是我的肉体，
你依然保管我内心的灵魂。
三百年来梦寐不忘的生母啊！
请叫儿的乳名，叫我一声澳门！
　　母亲！我要回来，母亲！

诗章不仅在祖国大地上飞扬，澳门回归八年后，它还随着中国“嫦

澳门回归恰逢闻一多百年诞辰，闻一多后代举行家祭欢庆纪念

娥一号”探月卫星升入太空，回荡在浩瀚的天宇之中！

诗人自己不论是在一九二五年三月于异国草成这诗的那个深夜里，还是四个月后置身于被列强蹂躏的国土上将它献给国人时，他都多么希望这歌哭能震撼国人的心灵，激起“国人之兴奋”！他强烈地感觉着胸中的火焰越烧越旺，整个身心都在“为我的祖国烧得发颤”！（《我是中国人》）

父亲不会想到，他热切盼望的澳门回归之时正逢自己的百年诞辰。那一天，我们——他的数十位子孙聚集在一起，举行了隆重又热烈的庆祝和纪念活动。大家站在红烛光中他的像前，心潮澎湃，思绪万千。

那天，我代表全家写了一首诗献给亲爱的爸爸，希望它能多少表达出大家激动的心情和深切的思念：

亲爱的爸爸，
今天，
我们的心情这么激动，
我们的心潮这般汹涌。
澳门回归喜逢您诞辰百年，
这是您对澳门的情爱太深，
还是那颗炽热的心感动了上天？

在这喜庆的日子里，
儿孙们没有准备寿桃，
没有烹制佳肴，
也没有华丽的辞藻。

因为我们知道，
您最喜欢的是
一颗真诚的心
和那份回归的喜报。

亲爱的爸爸，
在这特殊的日子里，
我们更加思念您。
从祖国辽阔的四方，
正传来那《七子之歌——澳门》的乐章，
每个音符滴淌着血泪，
那是您的心声在大地上回响——

“你可知‘妈港’不是我的真名姓？……
我离开你的襁褓太久了，母亲！
但是他们掳去的是我的肉体，
你依然保管着我内心的灵魂。
三百年来梦寐不忘的生母啊！
请叫儿的乳名，叫我一声‘澳门’”……

这是压抑了几百年的思念，
积郁了几百年的悲伤。
是几百年的屈辱

燃烧着几百年的愤怒！
母亲，我要回来，母亲！

几十年风雨，
山河已改换，
今天
那含泪的诗章正遍地传唱。
亿万颗心悲喜交集随着歌声震颤，
爸爸啊，
我们的热泪禁不住地流淌。
亲爱的爸爸，
您曾怀着热烈的情怀，
写下这样的诗行：
“你知道我爱英雄，还爱高山，
我爱一幅国旗在风中招展。”

爸，您看——
今天的澳门分外美丽，
澄碧的蓝天正迎候着咱们的国旗。
再过片刻红旗将冉冉升起，
载着中华的庄严、神圣和国力。
它将迎着习习的海风，
永远飘扬在澳门的上空。

爸，您听——
太空中回响着《七子之歌》的弦音，
那离别最久的孩子扑向了母亲。
紧紧依偎在温暖的慈怀里，
尽情抚摸妈妈的脸颊，妈妈的心。
思儿心切几度憔悴的母亲，
正泪流满面频频呼唤着儿的乳名。

在这庄严的日子里，
亲爱的爸爸，
我们唱着《七子之歌》来告慰您。
我们知道，
您爱的不是别的寿礼，
正是歌声中回归的这份狂喜。
历史从歌声中艰难地走来，
正昂首迈向新的世纪。
爸，
在未来璀璨的光环里
您将永远高大、永远清晰。

一九九九年十二月二十八日

梯子胡同一号的新生活

父亲到北平后，急着办的另一件事就是找房子。他深知长年被禁锢在宗法家族内的母亲是多么渴望出来。很快，他便在西单梯子胡同一号租到了两间北房。

这是第一次安家，为了让母亲住得舒适，他连日奔走，布置房间，安置设备，连起居的细节都考虑得面面俱到。母亲永远也忘不了，他的体贴是多么细致入微："头一次接我出来时，什么东西都准备好了，房间也布置好了，就缺一个马桶买不着。他写信告诉我，怕我不习惯北方的蹲坑，全北平城都跑到了，还是买不着。最后跑去请木匠师傅做了一个！"

八月间，父亲结识了徐志摩，两位诗人一见如故。在徐志摩的介绍下，他加入了"新月社"，这是一些文化人士的聚餐会。不久后他又受聘于刚刚复校的北京艺术专门学校，担任教务长，在油画系主任到任之前还暂时兼任该系主任。

工作安定下来后，他立即回到老家，将母亲和立瑛接了出来。

母亲的梦终于实现了。

梯子胡同的生活，母亲终生难忘。这是她多年盼望的新生活的开始。她第一次体会到脱去锁链的轻松自由，第一次与丈夫自由自在地生活在一起，感受着女性的特殊价值与尊严。母亲不是个爱多说话的人，但心里涌动着激情。她感激和深爱自己的丈夫，没有他，自己的命运真不知会是什么样。她万分珍惜这来之不易的生活，决心营造好属于他们自己的这片小天地，给丈夫以幸福和安适。

在持家上，母亲继承了外祖母勤俭、整洁，善于理家的好传统。

梁实秋在《谈闻一多》中曾讥笑父亲在美国珂泉时的生活说：“一多的房间经常是乱糟糟的，床铺从来没有清理过。那件作画时穿着的披衣，除了油彩斑斓之外，还有各种各样的渍痕。最令人惊讶的是他的书桌，有一次我讥笑他的书桌的凌乱，他当时也没说什么，第二天他给我一首诗看。”这首诗就是《闻一多先生的书桌》。梁在文中引了全诗。在诗中，桌上的一切静物都怨声沸腾：“什么主人？谁是我们的主人？”“生活若果是这般的狼狈，倒还不如没有生活的好。”梁实秋认为，这首诗除了为作者自己的邋遢解嘲外，末行还吐露一切事自己做不得主宰只好任其自然之意。也似乎还有一种欣赏古波斯诗人欧谟那种潇洒神秘的享乐主义的味道。

现在，父亲的房间完全是另一种气象了，窗明几净，井井有条。特别是那张书桌，上面的墨盒不再呻吟“渴得要死”，毛笔不再“讲火柴烧秃了他的须”，香炉不再“咕噜着‘这些野蛮的书早晚定规要把你挤倒了’”，盛水的笔洗也不再“去吃臭辣的雪茄灰了”。闻一多先生的书桌从此再也不会去领受墨水壶两天给洗一回澡了。主人回到家里，一切静物都各就各位，舒展着身子朝他笑，他埋首工作时，桌上还总有一杯冒着清香的热茶在一旁陪伴。

这一切，虽没有了古波斯诗人那种潇洒神秘的享乐主义味道，却给了父亲一种从未经历过的神清气爽、暖入心扉的享受。

梁实秋还曾笑他：“一多在珂泉的生活是愉快的，只是穷苦一些，每月公费八十元，足敷生活所需，只是他的开销较大，除了买颜料帆布之外，还喜欢购买诗集，而且还经常有一项意外的开销，便是遗失。有

时所谓遗失，只是忘了放在什么地方。因此不免有时捉襟见肘。”（《谈闻一多》）

父亲自己也对母亲谈起过在美国花钱的一件趣事，谈得母亲当场笑个不止。他向来对钱不大经心，常常把钞票随意放在桌上，好拿着方便。有一天，一位朋友生活告急，前来求助。他指着桌上的钱说：“你要多少就拿吧！”朋友便把桌上的钱统统拿走了。朋友走后，他才发现，这竟是他所剩的全部生活费！现在可好，连吃饭的钱也没有了，只好委屈自己的肚皮吧！捱到晚上，“饥寒交迫”实在难耐，随手抓过一件衣服来披上，谁料不经意间一摸口袋，里面不知什么时候还放进了点钱！狂喜中他不觉仰天长叹：“真是天无绝人之路啊！现在终于可以弄点吃的了！”

如今的生活并不比在美国时强。在军阀统治下，艺专和其他国立院校一样，办学十分艰难。由于经费不足，教工薪水常被拖欠。父亲每月只能领到六七成工资，生活颇感拮据。但在母亲的勤俭操持下，日子被安排得可人心意，这种“意外开销”不再有了，遇到再次为人慷慨解囊时，也不会为此再饿肚皮了。

梯子胡同的小院里，当时还住有余上沅、陈石孚等人。母亲还记得，余上沅住南房，陈石孚住西房。

母亲来北平时，父亲正和余上沅、赵太侔一起为国剧运动奔忙。在三人的努力下，艺专建立起了戏剧系和音乐系，开创了由国家开办正规戏剧艺术教育单位的历史，“这是我国视为卑鄙不堪之戏剧与国家教育机关发生关系之第一朝”（洪深：《中国新文学大系戏剧集·导言》）。不过他们所热衷的集学习、研究、演出于一体，即学校和剧院相结合的“北京艺术剧院”，却成了一个泡影。母亲对于几个热血青年在事业上的成败不甚了解，但她很体恤他们的艰辛劳苦。晚饭后，当他们聚在院子里休息、交谈时，她常常给他们端去茶水。有一回，手中拿着茶壶，还不慎绊倒，摔了一跤。

北京艺术专门学校（一九二七年）

北平的秋天，是一年中最好的季节，天高云淡、疏阔清朗。到了夜晚，月光也分外皎洁。父亲喜欢月色，常常拉着母亲一起坐在院中赏月。有时，小夫妻俩并肩坐在屋门口，仰望着高空的明月，父亲还给母亲讲起了嫦娥的故事。

同院的朋友都还未成家，看着这对年轻的恩爱夫妻，未免有些羡慕。余上沅常拖起声调玩笑道：“单身汉啊——好凄苦，衣服破了啊——无人补。”

父亲此时虽还没有摆脱内心的愁苦，但已深深体味到了一种只有“家”才能带来的幸福和甜蜜。

在“家”的温馨中，还有一种特殊的甘美，深深融暖着他的心，那就是女儿立瑛。这一年，立瑛三岁多了，聪明伶俐，美丽可爱，一双水灵灵的大眼睛在长长的睫毛下永远透着灵气。母亲说：“她常爱一个人坐在那里翻看画书。”一本“人·手·足”的看图识字课本早已背得滚瓜烂熟，现在又背会了好些唐诗。父亲十分疼爱她，有时故意逗她："不会唐诗三百首，不打屁股就打手。"

那时的北平，胡同里十分幽静。在院子里常能听到胡同里的叫卖吆喝声。父亲写过一首《叫卖歌》，绘声绘色地展示了各种市井韵味。从里面可以闻到白兰花的幽香、薄荷糖的清甜；可以看见满担清香的老莲蓬，听到算命瞎子的胡琴声。母亲说，晚饭以后，还常有说大鼓的走街串巷，立瑛十分喜欢听大鼓，一听到鼓声，便嚷嚷道："爸，爸，来了，来了！"这时，父亲就赶忙出去把说唱的先生请进小院。于是，小院里即刻飘曳出生动、悠扬的鼓声琴韵，父女俩也很快沉浸进这优美的声韵之中。

女儿这时已成了父亲的心头肉。他每出去上课，总要先抱抱女儿。而女儿呢，则总是缠着爸爸不让走。年轻的爸爸只好忍心来个"金蝉脱壳"，先把帽子拿出去，然后悄悄蹲到沙发后，一点点蹭出门去。下课回来，第一件事自然也是抱上女儿亲，有时调皮起来，还扳着她的小手："看看，小手干不干净？"若不干净，用母亲的话来说，就故意"撇两下子"。

家庭的温暖和谐，带给了父亲许多快乐和慰藉。工作中遇到的烦恼，也常能在满室的温馨和亲情中得到缓解。

只有一次，听母亲说，他喝得酩酊大醉，深夜才回家。母亲已上床睡了，他颤颤歪歪地进了门，吐个不止。母亲醒来，见他吐成这样，有些生气，便没有理睬。后来见吐得实在厉害，才起来照顾，埋怨他喝酒。他委屈地说："你好狠心啊，我吐成这样，你也不管我。"那天，他把怀表也丢在朋友家了，第二天人家又给送了回来。

父亲这次醉酒，不知是否有具体原由。不过，当时他在工作上确是有了极大烦恼，随后发生的事就说明了这一点。

二十世纪二十年代的中国，列强横行，军阀混战，政局十分动荡。父亲满腔抱负回国，遇到的却是冰冷、黑暗的现实。“国剧运动”最终也只能是一个“半破碎的梦”。虽然如此，他为艺术教育献身的热情并未衰减。为了培养艺术人才，他在艺专尽心竭力，倾注了全部心血。

一九二五年年底，段祺瑞改组国务院，教育总长易人，也波及了艺专校长的变动。在人事变动中，为了避免学校教育受政界干扰，父亲和肖友梅、赵太侔等人力主在新院长到任之前，由蔡元培来校主持校务。他又不辞辛苦作为艺专同仁的代表之一去教育部询问此事。谁知这积极性却被一些人诬蔑为想当校长。他不禁满腹感慨，深感世事的黑暗卑俗。他在给梁实秋信中说：“我近来懊丧极了，当教务长不是我的事业，现在骑虎难下真教我为难。现在为学校问题，学校不免有风潮。刘百昭的一派私人主张挽留他，我与赵太侔、肖友梅等主张欢迎蔡孑民先生，学校教职员已分为两派。如果蔡来可成事实，我认为他是可以合作的。此外无论何人来，我定要引退的。今天报载我要当校长，这更是笑话。‘富贵于我如浮云！’我只好这样叹一声。”

一九二六年三月初，父亲正式表明态度，坚决辞去了教务长职务。

对于父亲来说，任何打击和挫折都不可能挫伤他的锐气，不可能动摇他对国家、对艺术、对生活的热爱。他是一个耿直、热烈的诗人，本来就不适于做这类工作，现在摆脱了行政事务的干扰，倒可以有更多精力和时间从事新诗的创作研究。

北平是文化中心地，大批文化人士汇集在这里。父亲和饶孟侃、朱湘等一些青年诗人兴味相投，常常聚在一起谈诗、写诗、论诗，在诗国里如鱼得水、兴味盎然。他的天地又以新诗为中心了。

西京畿道的诗人乐窝和晨报《诗镌》

年初，在辞去教务长职务之前，父亲已将家搬到了西单西京畿道三十四号。听母亲说，这里的街名原先叫沟头，门牌是三十一号，他们搬进来时，已经改名了。

新居离学校很近，房间比原来的宽敞，院子虽小，却有两棵枣树。父亲很喜欢这里的环境，对新家进行了精心的艺术设计。他把客厅和书房的墙壁、天棚全都裱成了黑色，上面又镶上了金边，金边是一连串图形构成的，母亲还记得“是马车，上面好像还坐着人”。据蹇先艾先生回忆，那就是武梁祠画像中的车马人物图形。顶棚上垂吊着的是反射灯，灯光朝上洒向四方，柔和而均匀。为了买到无光的黑纸，父亲跑了好多家店铺，母亲说，那时她的胞兄，我们的大舅高孝慈（高朗）也赶来帮忙。大舅也喜爱绘画，原在武昌艺专学习，在北京艺专也待过。他搭起梯子，爬得高高的，帮助糊墙，二人兴致极高。

父亲当时为什么用黑色，或许不只是从艺术效果出发，一年后他出版《死水》诗集，封面也用的是黑色。这二者看来并不是偶然巧合，而是和他郁闷的心情有关。

别具意味的黑屋子，引起了诗人们极大的兴趣。于是，这里也就成了一群新诗人的乐窝。徐志摩曾生动地描述说："我在早三两天才知道闻一多的家是一群新诗人的乐窝，他们常常会面，彼此互相批评作品，讨论学理。上星期六我也去了，一多那三间画室，布置的意味先就怪。他把墙壁涂成一体墨黑，狭狭地给镶上金边，像一个裸体的非洲女子手臂上脚踝上套着细金圈似的情调。有一间屋子朝外壁上挖出一个方形的神龛，供着的，不消说，当然是米鲁薇纳丝一类的雕像。他的那个也够尺外高，石色黄澄澄的像蒸熟的糯米，衬着一体黑的背景，别饶一种澹远的梦趣，叫人看了想起一片倦阳中的荒芜的草原，有几条牛尾几个羊头在草丛中掉动。这是他的客室。那边一间是他做工的屋子，犄角上支着画架，壁上挂着几幅油色不曾干的画。屋子极小，但你在屋里觉不出你的身子大；带金圈的黑公主有些杀伐气，但她不至于吓瘪你的灵性；裸体的女神（她屈着一只腿挽着往下沉的亵衣）免不了几分引诱性，但她绝不容许你逾分的妄想。白天有太阳进来，黑壁上也沾着光；晚上黑影进来，屋子里仿佛有梅斐士滔佛利士的踪迹；夜间黑影与灯光交斗，幻出种种不成形的怪相。这是一多手造的阿房，确是一个别有气象的所在，不比我们单知道买花样纸糊墙，买花席子铺地，买洋式木器填屋子的乡蠢。"（《诗刊弁言》《晨报·诗镌》第一期）

常来这个乐窝的，除徐志摩，还有朱湘、饶孟侃、刘梦苇、孙大雨、朱大枬、扬子惠、蹇先艾、于赓虞等人。在这里，"他们真研究，真实验，每周有诗会，或讨论，或诵读。"（朱自清《中国新文学大系》）

在认真的研究和探讨中，诗人们有感于当时新诗创作过于平实和松散自由，认为诗应当重视形式美，应"使诗的内容和形式双方表现出美的力量，成为一种完美的艺术"。他们从中西诗，特别是中国古典诗歌的诗艺精华中体悟到格律的魅力，主张新诗要有格律——但不是旧的律诗格律，而是“根据内容和精神创造成的新格律”。于是，在徐志摩的支持下，他们办起了中国第二个专门的诗刊——《晨报·诗镌》，积极提倡新诗格律化。父亲为《诗镌》的创刊号设计了刊头，一匹双翼的飞马前蹄腾起，后蹄踏在初升的圆月上，象征着奋起向上的精神。

这样，以《诗镌》为标志，就形成了中国新诗发展史上一个重要流派——新格律诗派。它与自由派和后来的象征派被视为早期新诗发展中的三大流派。

《诗镌》创刊时，正值“三·一八”惨案刚发生不久。诗人们怀着满腔悲愤，将创刊号作为“三·一八”惨案的纪念专号。父亲在上面发表了诗《欺负着了》和《文艺与爱国》一文。在文中，他赞颂烈士们的爱国精神并强调了文艺与爱国运动的密切关系：“我希望爱自由、爱正义、爱理想的热血要流在天安门、流在铁狮子胡同，但是也要流在笔尖、流在纸上。”还特别强调要现身说法，像“陆游一个七十衰翁要‘泪洒龙床请北征’，拜伦要战死在疆场上”一样，勇于为国献身。他写道：“诸志士们三月十八日的死难不仅是

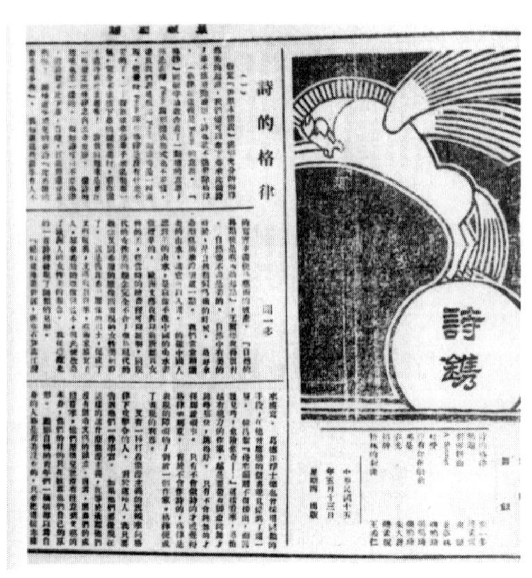
詩的格律

聞一多

詩鐫

闻一多设计的《诗镌》刊头及他的重要诗论《诗的格律》一文（局部）

爱国，而且是伟大的诗。我们若得着死难者的热情的一部分，便可以在文艺上大成功；若得着死难者的热情的全部，便可以追他们的踪迹，杀身成仁了。”这是他发自肺腑的人生誓言，这里跳动的正是《红烛》捧出的那颗心！

在《诗镌》上，诗人们热烈探讨新诗的格律化。父亲发表了他的重要论文《诗的格律》。

他从自然美和艺术美的关系上论述了格律对于新诗的必要。指出：“自然并不是尽美的”，“恐怕越有魅力的作家，越是要戴着镣铐跳舞才跳得痛快，跳得好。只有不会跳舞的才怪镣铐碍事。只有不会作诗的才感觉得格律的束缚。对于不会作诗的，格律是表现的障碍物；对于一个作家，格律便成了表现的利器”。

他并且详细阐述了新诗格律和律诗格律的不同。指出它是“层出不穷”的，“是根据内容和精神创造的”，是“可以由我们自己的意匠来随时构造的”。

基于对民族文化的热爱和深厚的古典文学及美术素养，他根据中国象形文字特点及民族欣赏习惯，汉语语音特点及中国诗画相通的传统提出了诗的“三美”理论：“诗的实力不独包括音乐的美（音节），绘画的美（辞藻），并且还有建筑的美（节的匀称和字的均齐）。”力图创造出具有民族特色的诗歌新形式。

《诗的格律》是父亲长期探索新诗格律化的理论总结。它奠定了新格律诗的理论基础，对新诗艺术的发展影响巨大。

它与之前的《冬夜评论》及《〈女神〉之时代精神》、《〈女神〉之地方色彩》等论著共同构成了父亲整个诗歌理论体系，在新诗发展史上有深远的影响。

在《诗镌》上，父亲以他的创作实践有力地证明了新诗格律化的可行性及优越性。他发表的诗作形式多样，在格律上没有一首是重复的，充分显示了新格律量体裁衣等方面的魅力。这些诗中，最具代表性的就是《死水》。

《死水》是格律化新诗的典范之作。

全诗韵脚音尺和谐，句和节整齐匀称，每行都有四个“音尺”，每行都由三个“二字尺”和一个“三字尺”构成，字数也都是九个，节奏感极强；加上词藻色彩的运用和内部节奏的和谐，充分体现了诗的三美。在这样谨严优美的诗形中感情高度凝练，蕴意含蓄深沉，形象又新奇丰富，内容和形式、精神和形体达到了一种高度调和的美，读后不能不令人吟味，引人联想，使人获得一种独特的审美感受。

这是一沟绝望的死水，
清风吹不起半点漪沦。
不如多扔些破铜烂铁，
爽性泼你的剩菜残羹。

也许铜的要绿成翡翠，
铁罐上锈出几瓣桃花；
再让油腻织一层罗绮，
霉菌给他蒸出些云霞。

让死水酵成一沟绿酒，

漂满了珍珠似的白沫；
小珠们笑声变成大珠，
又被偷酒的花蚊咬破。

那么一沟绝望的死水，
也就夸得上几分鲜明。
如果青蛙耐不住寂寞，
又算死水叫出了歌声。

这是一沟绝望的死水，
这里断不是美的所在，
不如让给丑恶来开垦，
看他造出个什么世界。

（据《闻一多全集》第一卷《诗》）

据饶孟侃回忆："《死水》一诗，即君偶见西单二龙坑南端一臭水沟有感而作。"

正是这沟满是破铜烂铁、剩菜残羹的沉寂腐臭的死水，触发了诗人心中在黑暗现实中长期积郁着的情绪，他敏感地抓住这一形象，抒发了内心感受。朱自清先生在《闻一多全集·朱序》中引了诗的最后一段之后，一针见血地说："这不是'恶之华'的赞颂，而是索兴让'丑恶'早些'恶贯满盈'，'绝望'里才有希望。"

父亲自己在后来（一九四三年）给臧克家的信中谈到《死水》时说：

死水

這是一溝絕望的死水，
清風吹不起半點漪淪，
不如多扔些破銅爛鐵，
爽性潑你的賸菜殘羹。

也許銅的要綠成翡翠，
鐵罐上銹出幾瓣桃花；
再讓油膩織一層羅綺，
黴菌給他蒸出些雲霞。

讓死水酵成一溝綠酒，
漂滿了珍珠似的白沫；
小珠們笑聲變成大珠，
又被偷酒的花蚊咬破。

《死水》手迹

> 你还口口声声随着别人人云亦云的说《死水》的作者只长于技巧。天呀，这冤从何处诉起！……我只觉得自己是座没有爆发的火山，火烧得我痛，却始终没有能力（就是技巧）炸开那禁锢我的地壳，放射出光和热来。只有少数跟我很久的朋友（如梦家）才知道我有火，并且就在《死水》里感觉出我的火来。

他心中的那团火，是任何时候也不会熄灭的。

《诗镌》仅出了十一期，前后不到七十天就停刊了。但它的影响巨大，朱自清曾说："虽然只出了十一号，留下的影响却很大——那时大家都做格律诗，有些从前不顾形式的，也上起规矩来了。'方块诗''豆腐干块'等等名字，可看出这时期的风气。"（《中国新文学大系·诗集·导言》）

新诗格律化的倡导扭转了早期新诗在艺术形式上过于散漫自由、杂乱无章的局面，使新诗趋于精炼和集中，走向规范化的道路。"此后格律体的新诗与自由体新诗一直成为新诗的两种主要诗体，互相竞

争，又互相渗透和促进，对新诗的发展起了重要的推动作用。”（王瑶《念闻一多先生》）

父亲作为新格律诗派的核心代表人物、新格律诗的建树者，显示了自己的独特作用。徐志摩在《猛虎集》自序中就说：“一多不仅是诗人，他也是最有兴味探讨诗歌的理论和艺术的一个人。我想这五六年来，我们几个写诗的朋友多少都受到《死水》作者的影响。我的笔本来是最不受羁勒的一匹野马，看到了一多的谨严的作品，我方才醒悟到了自己的野性。”

王瑶在谈到这一点时，从历史发展上阐述道：“现代新诗的建立，是从‘诗体解放下手’的（朱自清《现代新文学大系·诗集·导言》）。……在新诗发展转向建设为主的时候，首先提出的仍然是形式问题，由强调诗的散文化到注重诗的音乐性，由强调打破旧格律的镣铐到主张要有一定束缚、要建立新格律，是有它历史发展的逻辑性的。……在闻先生之前，已经有一些人进行过新诗格律化的尝试，但系统全面地提出诗的形式美的理论、并产生了重大影响的，则是闻先生。”

黑屋子中的闻一多，虽然郁闷，但并不消沉，他心中燃着炽热的火，正意气风发地在诗坛上驰骋。

还有一个乐窝

西京畿道三十四号是一群诗人的乐窝，这已广为人知。但三十四号还有一个小乐窝，却是外人所不知的，那就是父亲和母亲的卧室。

卧室是个套间，套在客厅的一侧。父亲喜欢套间，后来在昆明他还对母亲说："以后回北平，我自己来盖房子，有拐弯套间。"这大概和他作诗一样，追求的是一种不同于直露天地的"曲径通幽""别有洞天"的意境吧！

在这片小洞天里，父亲选择了与黑屋子完全不同的色调。他把墙壁全部裱糊成粉红色。窗台上还点缀着瓶花。就像他在《色彩》一诗中写的那样："粉红赐我以希望。"他对自己的婚姻和小家庭是充满了希望的。

听母亲说，这时父亲很爱打扮她。他亲自为她设计服装，选择色彩，特别欣赏她穿绿色衣裳。母亲陪嫁的一件绿呢子短袄，他很喜爱，但嫌样式旧，竟不厌其烦亲自动手把下摆的两个角剪去，修成了圆角。向来不爱逛街的他，还兴致勃勃地跑上街去亲自为她选来一件镶着绿边的绿色旗袍。

这件旗袍我小时候还见过呢！那是在昆明，母亲出门做客时才舍得穿它。她当时告诉我，这是父亲特意给她买的。旗袍是夹的，绿色的面、绿色的里、绿色的滚边，连纽扣也是绿色的。这些绿，层次各不相同，锦面是翠绿的，上面洒有银白色的小花朵，滚边和纽扣是墨绿的，绸里则是淡绿的。望上去，整件衣裳宛如一片明媚的春光。那银白色的花瓣，就像春天里叶片上闪烁着的粼粼阳光。

想当年，清纯如水、风华正茂的母亲穿上它，在那温暖的小洞天里，不正像满园桃色捧出的一株新绿吗？而当她穿着这件旗袍往黑屋子里送去茶水时，诗人们该不会感到拂来了一阵清新的春风吧？不知当时人们会不会留意到这一点。但细心敏感的徐志摩看来是注意到了的。他在《诗刊·弁言》中谈到闻一多的家时，有这样一段，恐怕不是偶然的："……有意识的安排，不论是一间屋、一身衣服、一瓶花，就有一种激发想象的暗示，就有一种特具的引力。难怪一多家里见天有那些诗人去团聚——我羡慕他！"

父亲在《色彩》一诗中，把绿寓意为发展，他为母亲选择绿色，自然不仅是追求至美的设色，也深含着对母亲的情爱和希望。后来，一九三七年，抗战爆发时，母亲正带着大哥、二哥在湖北探亲。父亲领着我们三个小的孩子，于仓促之间离开北平南下，随身只带了很少东西，但却没有忘记把这件旗袍给母亲带出来。

三十四号的小洞天里，美妙色彩中还充溢着甜蜜的亲情。这里有妻纯朴的真情，还有女儿童真的挚爱，每当男主人从那间神秘的黑屋子进来，都会立刻沉浸在另一番春天般的暖意之中。

这一年，父亲发表了《比较》一诗，里面照例吐露出心灵的苦涩、饥渴和对自由恋爱的羡慕；但也有的是对眼下这个乐窝的爱恋。这里纵然没有别人那"歌舞着的春光"，"我的人儿"也比不得别人那样，能彻夜在"吴歌楚舞"中相伴。但家是温馨的，人儿是柔情的，最终"别人堂上的燕子找不到家"，还得"飞到我们堂前骂落花"，"我们比别人差不差？"

西京畿道三十四号不仅以温暖幸福，而且以绝妙色彩和浓郁诗情深深地、永久地印在母亲心中。它犹如一幅美妙、神奇的图画，意味隽永。在这里，生活虽仍艰难，却能获得一种前所未有的美的享受。母亲是爱美的，她爱自然风光、爱花草树木，就是在笔记本里，也常夹有形状、色彩优美的花朵和树叶；她能梳理出许多漂亮的发式；她的女红，无论是刺绣还是针织也都能设计出色彩和谐、美丽精妙的图案。现在，人在诗画之中这种意境，更激活了她对美的朴素追求，也无形中陶冶了她的心灵，提高了她整个生活境界。

惊魂一刻

西京畿道的生活，除诗情画意，也有过惊魂的一刻，令母亲难以忘怀。

一九二六年三月，母亲生下了第二个孩子——我的二姐立燕。※父亲十分高兴。也许是受够了男尊女卑的压郁，他就是喜欢女孩子。立燕的名字是他亲自起的。

这个月子，母亲也感到格外舒畅，有丈夫在身边，再也不会像生立瑛时那么孤寂和苦闷了。但谁想，就在这个月子里，她却受到了一场意想不到的惊吓。

这天，母亲在屋里正端着一碗面条准备吃。突然，父亲头上包着纱布一头撞了进来。她一见，手中的碗一下子掉落地上，面条撒了一地！

原来，这天父亲是去参加国家主义团体联合会召开的“反俄援侨

※ 现在的年谱均记载为五月，当系有误。

大会”。会上国家主义者与共产主义者产生矛盾，发生了斗殴，一时间棍棒乱飞，父亲也被击中。他头被打破了，晕头转向，别人都往外跑，他却往里跑。幸好一个学生过来拉住他，喊：“闻先生，你怎么还往里跑？”

伤势幸好不重，但母亲却吓得不轻，听父亲讲述他那令人哭笑不得的“遇险”经历时，她的心还在发颤呢！

父亲出席这次大会，完全是出于强烈的爱国热情。

早在美国留学时，他就为祖国的贫弱落后，为华人在外所受的歧视、屈辱激愤不已。一九二四年暑期，他和一些清华留美同学组建了“大江学会”，更立志要为振兴中华而努力奋斗。

也是怀着这样的思想和抱负，他提前回到了祖国。但是踏入国门首先看到的却是五卅烈士们的鲜血！单纯幼稚的青年当时还看不到国家真正的出路，只越发寄希望于“大江的国家主义”。

一九二五年秋，当他从报上看到由中国青年党李璜发起成立“国家主义联合会”的启事时，认为他们“内除国贼，外抗强权”的口号与大江会宗旨相吻合，便立即与余上沅、罗隆基一起代表大江会参加了联合会。

父亲并不懂政治。后来在昆明时他曾谈到当年在国外的思想状况：“五四时代，我受到的影响是爱国的、民主的，觉得我们中国人应该如何团结起来救国。五四以后不久，我出洋，还是关心国事，提倡 nationalism，不过那是感情上的，我并不懂政治，也不懂得三民主义，孙中山先生翻译 nationalism 为民族主义，我以为这是反动的。”这次参加国家主义团体联合会，他也是凭了这腔热血，并不详细了解青年党。

那时，正是国共第一次合作时期，各党派在反对帝国主义侵略、反对军阀的斗争中有不少共识，但对于苏联的看法却分歧不小，特别是对苏联继续控制由沙俄攫取的中东铁路、支持外蒙古脱离中国版图以及伤害了一些侨胞等问题，思想观点十分对立。

父亲对列宁领导俄国人民争取解放，是钦佩的。他在《南海之神》一诗中，在盛赞孙中山先生的同时，也赞颂列宁是“北邻建树赤旗的圣人”，把他视为与甘地、林肯并列的世界领袖。但他对苏联上述的一些做法又极端愤慨，他和当时不少中国人一样，将苏联视作“赤色帝国主义”。

母亲这时自然不十分明白父亲他们的活动和心态。但通过父亲这次受伤，她对他那一腔“我为我的祖国烧得发颤”的激情，可算是深深体会到了。

这次大会之后一周，北平发生了“三·一八”惨案。此前，日本军舰公然驶入大沽口，掩护奉军进攻国民军。北平各界民众愤怒异常，为抗议此种侵犯中国主权的行径，纷纷举行集会游行。三月十八日，游行队伍来到执政府门前，卫队竟开枪镇压，造成惨无人道的“三·一八”惨案。父亲对这一血腥暴行无比激愤，如前所述他在《诗镌》的创刊号——“三·一八”惨案纪念专号上发表了诗文，不仅强调了文艺与爱国运动的密切关系，还表达了追随烈士踪迹的决心。

从“三·一八”惨案中，他也深深感受到中国人民同仇敌忾、重民族大义的伟大精神。牺牲的志士们派别并不相同，但都为了一个伟大的共同目标而勇于献身。相形之下，他对一些政客为宗派私利而进行党派之争内心很反感。

"三·一八"以后，他没有再参加联合会的活动，这也许就是原因吧！

痛失立瑛

一九二六年四月，北平政局剧变。冯玉祥的国民军推倒了段祺瑞政府，很快又被奉军逼出了城。奉系军阀进入北平后，疯狂劫掠民财，杀害无辜，并以宣传赤化为罪名逮捕枪杀了《京报》主笔邵飘萍。学校也都遭到搜查。师生与文化人士纷纷南下避乱。

距暑假还有一段时间，父亲不能离开。

由于局势动荡，家里生活越发困难，为了补贴日用，母亲带出来的衣物、首饰几乎变卖殆尽。

偏偏就在这时，立瑛病倒了，而且病情一直不见好转，母亲说是得了鼓胀，连留美归来在协和医院任教的八伯闻亦传也都没有什么办法。父亲焦虑万分，和母亲商量，让她带着两个孩子先回浠水老家去。乡下生活环境安定，空气又好；镇上还有行医多年的老中医，或许能有些办法。这样，母亲便带着立瑛和立燕先回到了老家。

母亲到家后，立即设法延请中医。那时请一回大夫很不容易，听她说，早上去接，晚上才过来。落座以后，更得好好伺候，水烟枪要早早准备好，茶叶要选上好的泡。大夫吸完烟，品过茶，天南海北聊够了，才开始把脉问病。病人要是个女性，就更得耐着性子等待，因为女人的命不似男人那般金贵。心急如焚的母亲奉大夫若神明，每回请来，都毕恭毕敬，献烟捧茶小心伺候，一点不敢怠慢。但威风十足的大夫开出的方子却不见丝毫威力。立瑛的病一天比一天沉重。

学年结束后，父亲匆匆赶回故里。他不打算再回北平，那里局势动乱，学校已停办，而且也很难再安静地从事教学。当时北伐已开始，北伐军攻克长沙后直逼武汉，吴佩孚的军队一路溃退，浠水乡间时有逃兵过境骚扰，生活也不平静。父亲为女儿的病忧心如焚。但他不能在家多住，为了生计，得尽快出去谋求新的职业。

在家乡停留半月余，父亲便怀着满心焦虑到上海谋职去了。

父亲走后，立瑛的病势越发沉重，母亲说大夫开的药吃得都拉出血来。孩子在病中常常哭着想念爸爸。母亲搂着怀中的女儿，心如刀绞，不得不含泪给丈夫去信。但这时父亲谋职一事正有进展，吴淞国立政治大学正准备聘请他任教授兼训导长，工作眼看就要接手，一时无法离开。他万般焦急，只好先寄回一张照片，告知随后就赶回来。

照片寄到时，立瑛已有些昏迷。母亲把照片给她，她点点头，把它抱在怀里，大滴大滴的泪珠不断从美丽的眸子里涌出来。

立瑛病重那些天，家里正为细叔操办婚事，全家上下一片忙乱。爹爹婆婆要母亲去帮忙。母亲怎能放得下女儿？她不想去，但最终仍执拗不过公婆的意愿，只得强咽泪水离开了病危的女儿。

操办事宜是在闻家老屋三房那边。※母亲在那里整整忙了两天不能回家。忙完以后，她急急忙忙就往自己家里赶。谁想，推开房门——等着她的竟是一间空屋子！一间收拾得干干净净的空屋子！

“孩子呢？一看没有了，死了！”

“孩子死了，也不告诉我，偷偷把孩子埋了！”

……

无法想象那五雷轰顶、撕肝裂肺的一刻！没有语言能形容母亲那颗被击得粉碎的心！

……

更无法去触及立瑛离去时的情景。

也许，这个刚刚四岁的幼小生命即将熄灭时，她手中紧紧攥着的是爸爸寄来的照片，口中喃喃的是对妈妈的呼唤，她在昏迷中寻摸的是爸爸强壮的胸膛、妈妈温暖的怀抱。然而，她什么也唤不来，什么也摸不到！孤零零地，不甘心地走了……

母亲是如何伤痛这残酷的诀别啊！她是如何痛恨这无情的人间啊！在那间空荡冷寂的房间里，她又是怎样面对长夜孤灯的啊！

……

而这一切，如果换了是个男孩子，是绝对不会发生的。母亲就是守在孩子身边，老人们也会唯恐她照顾不周！

然而，失去了爱女的母亲所承受的，还远不止这肝肠寸断的巨痛。

※ 我们二房和大房、四房同住在闻家新屋，距闻家老屋有一里多路。

她生活在一个崇尚封建礼法的家族里，在这里，妇女连恸哭的自由也没有！母亲遭此打击，悲痛欲绝，她想放声大哭，却不让哭出声来；她要痛诉衷肠，又无处倾诉；要回娘家，也不让回，外祖母让大舅来接，仍然不让走。婆婆说："几天就好了，接个大夫看看也行。"这满腔的伤痛和怨恨，只能往肚子里咽！

人体的承受能力是有限的，何况母亲这样一个羸弱的女子。由于极度的悲伤和压郁，她乳房上郁结出了一个大疙瘩，成了乳疮。没几天就开始红肿、化脓，最后竟穿了七个头！心灵上的剧痛又加上肉体上的剧痛，母亲被折磨到了极点！

立瑛去世，家里不让给父亲去信，怕他伤心，更怕他跑回家来影响了工作。在人们的封建观念中，一个女孩子死了，就如同大树上飘落一片枯叶一般，不该有大的响动。但母亲实在忍无可忍，她顾不了这许多，提起笔来对丈夫哭诉了这一切。

千里之外的父亲听到噩耗伤痛欲绝，急忙赶回了望天湖，没进家门就直接到后山上立瑛的墓地去了。

时令已是初冬，后山上已显萧瑟，小小的坟茔静静地躺在冷寂的山坡上，只有寒风中的小草在疼惜地守望着她。父亲伏在墓前，不禁泪如雨下。他不能相信，这里面竟睡着自己心爱的女儿；他不肯相信，此刻和女儿近在咫尺，却竟是天人两隔！他长时间抚摸着新土堆成的坟头，仿佛在抚摸着女儿小小的柔软的身体，聆听着她熟睡时匀均的呼吸……

也许你真是哭得太累，

也许、也许你要睡一睡，

……

哭得太累的何止一个十六妹啊？！就连这四岁的幼儿都得哭着睡去啊！

在墓前呆了半晌，父亲才泪眼模糊地拖着沉重的脚步往家里走去。

家中迎接他的，是躺在床上、痛苦憔悴的妻。他来到妻子身边，心疼地紧紧握住她的手，充满哀伤的心越发疼痛而沉重。

屋里显得那么空荡，没有了立瑛银铃般的笑声，没有了那扑向爸爸怀抱，又缠绕在爸爸身边的小小身影；见不到那双燃着灵光的美丽眸子，摸不到那如花瓣上朝霞般的嫩颊；只有女儿坐过的小凳子孤伶伶地立在窗下，只有她爱读的“人・手・足”识字课本，静静地躺在桌上……父亲艰难地走到桌前，透过被泪水迷蒙的眼镜，捧起这被女儿小手反复翻遍的读物，小心翼翼用牛皮纸包起来，在上面写下“这是立瑛的”。

……

父亲回家来，祖父事先并不知道，他一眼望见儿子，不禁火冒三丈，拍起桌子怒吼：“哪个写信去的？哪个告诉他的？”家里人也都埋怨，不该告诉父亲，谋职的事耽误不得啊！

祖父虽说喜欢立瑛，但一个女孩子的去世，毕竟比不得儿子的前程重要。他当即逼着父亲马上返回去。第二天清晨，东方还未发白，竟亲自来敲门催促儿子上船。父亲一气之下，翻起身，脸也不洗，早饭也不吃就走了。

这天晚上，夜半人静时，一个黑影悄悄越过墙头跳进闻家大院，疾步朝母亲房里走去。母亲一见，不觉又惊又喜，悄声问道：“怎么又回来了？！”

“我哪有那么狠心？你痛成这样，我怎么能走？”

在妻的身旁守护了一整天，父亲才起身赴沪。

失去爱女的打击太大了。回到上海，父亲的心仍久久不能平复。在难以忍受的悲思中他写下了《忘掉她》。诗中反复重复要忘掉她，而凝在其中的正是忘不掉的痛到极点的悲伤。

忘掉她，像一朵忘掉的花，——
那朝霞在花瓣上，
那花心的一缕香——
忘掉她，像一朵忘掉的花！

忘掉她，像一朵忘掉的花！
像春风里一出梦，
像梦里的一声钟，
忘掉她，像一朵忘掉的花！
……

在另一首《我要回来》中，他又含泪倾吐了对女儿的深切的思念及最后时日未能赶回的悲痛与遗恨。

我要回来，
乘你的拳头像兰花未放，
乘你的柔发和柔丝一样，
乘你的眼睛里燃着灵光，
我要回来。
我没回来，

乘你的脚步像风中荡桨，
乘你的心灵像痴蝇打窗，
乘你笑声里有银的铃铛，
我没回来。

我该回来，
乘你的眼睛里一片昏迷，
乘一口阴风把残灯吹熄，
乘一只冷手来掇走了你，
我该回来。

我回来了，
乘流萤打着灯笼照着你，
乘你的耳边悲啼着莎鸡，
乘你睡着了，含一口沙泥，
我回来了。

春节，父亲回到家乡。家中的一切都使他触景伤情，度假的心思丝毫未有。为了排解对女儿的哀思，也为了抚慰身心遭受巨大伤害的妻，他带着她又走进了诗的世界，在引人伤怀的夜晚，常和她并肩坐在油灯下教授唐诗。

女儿的夭折使父亲更深地认识到封建礼教的吃人本性，也更加愤恨这充满咒骂人声的社会。他决心尽早把妻接出去。

哪里是我的中华

父亲很想早些把母亲接出来，但时局动荡，一时难以如愿。不久，连他自己也过上了漂泊的生活。一九二七年元月，国民政府迁都武汉，收回了汉口和九江的英国租界，形势令人振奋，父亲也受到极大鼓舞。春节后，他没有回上海政大，而是接受邓演达邀请到国民革命军总司令部政治部担任了艺术股股长兼英文秘书。满怀激情地亲自在黄鹤楼上绘制反对军阀的大幅壁画。

但就在人们倍感振奋的时候，国民政府内部的矛盾也明显激化，以蒋介石为首的国民党新右派分裂了国民革命队伍。父亲本来就不习惯军旅生活，此时怀着一腔迷惘又离开武昌回到了政大，那里的训导长工作虽不适合，但总是个栖身之所。

四月，父亲回沪不久，进入上海的北伐东路军封闭了作为国家主义者立足点的政大。紧接着蒋介石发动了反共清党大屠杀，上海马路又一次血流成河。

父亲再度失业，暂时闲住在好友潘光旦家中，等待寻找新的职业。他心情极度郁闷，家事伤痛，国事又令人忧焚。中华大地上发生的一切——帝国主义野蛮侵略、各派军阀连年混战、北洋政府的残暴统治、人民生活水深火热、国民革命兴起又分裂、国共合作转眼又变成血腥的清共大屠杀，这一切，都使他痛心、忧愤，也使他迷惘困惑。面对频繁变动的政治局势和复杂尖锐的社会矛盾，他痛苦万分。心中如花的祖国究竟在哪里？哪里是中华的希望？

苦闷彷徨中，只有诗的天地可以抒怀。这期间，他发表了一系列感情深沉、撼人心魄的诗作，如《心跳》《发现》《一个观念》《一句话》等。

《心跳》（后改题为《静夜》）一诗，使多少颗爱国心也随之颤动：

这灯光，这灯光漂白了的四壁；
这贤良的桌椅，朋友似的亲密；
这古书的纸香一阵阵的袭来；
要好的茶杯贞女一般的洁白；
受哺的小儿唼呷在母亲怀里，
鼾声报导我大儿康健的消息……
这神秘的静夜，这浑圆的和平，
我喉咙里颤动着感谢的歌声。
但是歌声马上又变成了诅咒，
静夜！我不能，不能受你的贿赂。
谁稀罕你这墙内尺方的和平！
我的世界还有更辽阔的边境。
这四墙既隔不断战争的喧嚣，
你有什么方法禁止我的心跳？
最好是让这口里塞满了沙泥，
如其他只会唱着个人的休戚！
最好是让这头颅给田鼠掘洞，
让这一团血肉也去喂着尸虫，
如果只是为了一杯酒，一本诗，
静夜里钟摆摇来的一片闲适，

就听不见了你们四邻的呻吟，
看不见寡妇孤儿抖颤的身影，
战壕里的痉挛，疯人咬着病榻，
和各种惨剧在生活的磨子下。
幸福！我如今不能受你的私贿，
我的世界不在这尺方的墙内。
听！又是一阵炮声，死神在咆哮。
静夜！你如何能禁止我的心跳？

这首诗大概草于北平。但此时发表充分反映了作者忧国忧民的情怀和苦闷矛盾的心绪。他深爱自己的家，爱恋这尺方墙内神秘的静夜，浑圆的和平。但面对墙外现实中的各种惨剧和死神的咆哮，内心又无法平静，由衷地发出了痛苦的呼喊："幸福！我如今不能受你的私贿，我的世界不在这尺方的墙内！"这也是当时许多爱国知识分子的共同心声。

"四·一二"政变后，政大被查封，闻一多失业，闲居潘光旦家中。图为二十世纪三十年代闻一多（左）、顾毓琇（中）、潘光旦（右）合影

在《发现》中，他的呼喊更迸着血泪：

我来了，我喊一声，迸着血泪，
这不是我的中华，不对，不对！
我来了，因为我听见你叫我；
鞭着时间的罡风、擎一把火，
我来了，不知道是一场空喜。
我会见的是噩梦，那里是你？
那是恐怖，是噩梦挂着悬崖，
那不是你，那不是我的心爱！
我追问青天，逼迫八面的风，
我问，拳头擂着大地的赤胸，
总问不出消息；我哭着叫你，
呕出一颗心来，——在我心里！

面对噩梦般的现实，父亲痛苦、失望、迷惘，但并不消沉。“我的中华”始终扎根在他心里，就像一座蓄势待发的火山，他坚信这火山终会爆发：

……
等火山忍不住了缄默，
不要发抖，伸舌头，顿脚，
等到青天里一个霹雳
爆一声：
咱们的中国！
（《一句话》）

这时期发表的诗凝聚和迸发着对祖国强烈的爱和对现实的忧愤。在诗艺上也更加圆熟，再次显示了诗人在抒情方式上的创造和发展。比如《一个观念》，表现的是对祖国及其悠久文化的热爱，但并没有直抒胸臆，而是用一连串新奇的比喻将抽象的观念形象化，以拟人手法迸发出内心强烈的爱，读来深沉含蓄，耐人寻味：

你隽永的神秘，你美丽的谎，
你倔强的质问，你一道金光，
一点儿亲密的意义，一股火，
一缕缥缈的呼声，你是什么？
……
啊，横暴的威灵，你降伏了我，
你降伏了我！你绚缦的长虹——
五千多年的记忆，你不要动，
如今我只问怎样抱得紧你……
你是那样的横蛮，那样美丽！

这些诗想象丰富比喻新奇，即便是谴责黑暗现实的，也都以丰富的想象来捕捉形象，感人至深，而优美的形式又使之更具感染力。这些都再次展现了格律化新诗在内容与形式上高度和谐统一的完美。

赋闲期间，除了诗的天地，父亲还恋起了篆刻艺术。他本有美术功底，又有文字修养，操起刻刀就沉迷进了方寸的世界。正如后来他给饶孟侃信中的风趣描述一般：“说来真是笑话。绘画本是我的原配夫人，海外归来，逡巡两载，发妻背世，诗升正室。最近又置了一个

印模（从左至右：胜残补阙斋藏、壮不如人、桐斋）

妙龄的姬人——篆刻是也。似玉精神，如花面貌，量能宠擅专房，遂使诗夫人顿兴弃扇之悲。”这封信中还附了五枚印模。其中有一枚自用闲章，上刻“壮不如人”，在它下面感慨地写道：“转瞬而立之年，画则一败涂地，诗亦不成家数，静言思之，此生休矣！因作此印以志恨。”（一九二七年八月）和写诗一样，篆刻不仅是他艺术追求的乐园，也是他抒发内心的天地。

七月，北方南来的朋友徐志摩、余上沅、张嘉铸、饶孟侃等办起了新月书店。父亲也被拉入了董事会。他对此并不热心，但为开幕纪念册绘制封面却十分认真。《时事新报》当时报道：“画着一个女人骑在新月上看书，虽然只是弯弯曲曲几笔线条，而诗趣横生。”

对于书籍装帧艺术，父亲早有兴味。在清华求学时就为班级刊物作过各类设计，还写过颇有见地的评论。经过在美国的美术专业训练，现在的设计自然非同一般。这以后，他陆续为朋友们的作品作过不少封面设计，如徐志摩的散文集《巴黎的鳞爪》、翻译小说《玛丽，玛丽》、诗集《翡冷翠的一夜》、《猛虎集》，梁实秋的《浪漫的与古典的》等作品以及后来林庚的诗集《夜》等等，也还为潘光旦的《冯小青》一书作过插图。他的设计作品“融合了现代气息及东方色彩，达到了很高的艺术境界，在二三十年代的设计艺坛留下了很有分量的足迹”（闻立鹏、张同霞《闻一多》）。而为《冯小青》作的插图——铅笔淡彩的绘画作品《对镜》，则更是一幅“篇幅虽小而意义很大价值很高”的作品。“这幅画融合了中西艺术的技巧，发扬了长于立意抒情、形神兼备的民族艺术传统，又吸收了西洋画造型、解剖、透视等表现手法，运用了中国线描的长处，也融合了西洋表现色彩情调的优点。七十年前，这是闻一多难得的艺术珍品，也是我国现代绘画人物画中探索中西结合的佳作，反映了闻一多的审美理想。”（闻立鹏、张同霞《闻一多》）

一九二七年为徐志摩《巴黎的鳞爪》设计的封面

《对镜》水彩画插图，一九二七年为潘光旦著《冯小青》作

上海的这段生活虽然郁闷，但诗歌创作和艺术活动却收获颇丰。

说来令人心酸，在这些收获中还有一种副产品，是他当时无论如何也预料不到的。这就是他所置下的“妙龄姬人”，十多年后在昆明艰苦的生涯中，竟成为支撑八口之家生计的一根台柱，维持一家温饱的大功臣！

诗集《死水》出版

闲居三个月，父亲的工作一直没有着落。七月下旬，为了谋得饭碗，他去南京土地局就了一份差事。土地局局长桂崇基在美国时曾与他有过一面之缘，但不到一个月，桂崇基去职，父亲便也离开了。

一九二七年九月，闻一多应聘南京第四中山大学英文系教授兼系主任。图为与学生陈梦家（中）等合影

八月间，命运终于有了转机，南京第四中山大学（一九二八年春改为中央大学）聘请他去任教，并担任外国文学系主任。

第四中山大学是由南京的东南大学等校合并而成,颇有发展前途。父亲十分高兴能有这样一个比较稳定的工作。开学以后，他在学校附近单牌楼过家花园租了一处房屋，准备接家眷出来。

这时，正好从家乡也传来了好消息，妻子分娩喜得一子——这就是我的大哥。父亲万分高兴，只盼着全家早日团聚。

此时在浠水老家，更是喜气盈盈。特别是祖父，他为添了一个孙儿兴奋不已，照例地忙着庆贺，亲自请人批八字，还在起名字上颇费思索。我们这一辈世谱是“立”字，他给孙儿起名为“立鹤”，母亲还记得他对家人吟诵《诗经》中《鹤鸣》时那得意神情呢：“鹤鸣于九皋，声闻于野……鹤鸣于九皋，声闻于天……”

由于父亲思子心切，大哥刚满四十天时，母亲就带着他和立燕姐来到了南京。

经历了丧女的伤痛、飘零的苦楚，一家人重聚显得特别欢愉、亲密。父亲有了满意的工作，回家来又能与妻子儿女相守重享天伦之乐，心情逐渐好转。而母亲离开了那礼法森严的牢笼，转换了令人触景伤情的环境，身心也逐渐得到恢复。

过家花园的环境很好。父亲乘兴又在门前种了几盆花，还买回来一个大鱼缸，养了几条金鱼。经济虽不宽裕，仍对室内作了因陋就简的艺术设计,还亲自为母亲选择了一套米黄色的衣柜及梳妆台。母亲说，他喜爱古玩，还买回来一只两种颜色的大肚子赏瓶。优雅的居室加上主妇的精心料理，一个舒适温暖的乐窝又吸引着堂上找不着家的燕子了。星期日父亲常带上全家到公园去游览，兴致很高。

父亲在中大讲授英美诗、戏剧、散文。同时继续深入新格律诗的探索研究。这期间，他出版了第二部诗集《死水》。

闻一多为诗集《死水》设计的封面及环衬，一九二八年

《死水》出版于一九二八年一月，是父亲的代表作。集中虽然只有二十八首诗，但都是反复挑选出的精粹。

这些诗大部分写于归国之后，内容更多地触及社会现实，反映了作者对祖国深沉的爱及对现实丑恶黑暗的激愤与苦闷。贯穿其中的仍是那颗赤诚的爱国心。朱自清后来这样说："在抗战以前，他也许是唯一的爱国新诗人。"（朱自清《中国学术界的大损失》）

与《红烛》相比，《死水》中作者的风格已完全圆熟。集中各首诗的格式和用韵不同，但都与诗的内容和谐统一，完美地体现了作者追求"精神和形体调和的美"的艺术理想。

《死水》的封面及环衬都是父亲亲自设计的。

封面是通体的黑色，只在上方有一小小的金色签条，上面写着书名和作者。画面只有两种颜色，黑与金。正如闻立鹏所说，它和北平的“黑屋”一样，散发着一种庄重、宁静、沉郁的气息，体现了诗集的主题。而环衬中那银灰色单线构成的画面——无数奔腾的战马冲向前方，骑士们手持长矛盾牌在满天飞舞的乱箭中拼搏，以及那无数长矛的斜线和战马奔驰中的腿，则都充满了激越动荡的气势，反映出作者那腔澎湃的热血和赤诚的爱国情。整个设计“体现了一个完整的构思、黑与金的对比、静与动、简与繁的对比启发人们的联想，像《死水》的诗一样，含蓄深沉，境界很高，意境很深”（闻立鹏、张同霞《闻一多》）。

诗集出版后，产生了很大影响。一九三〇年四月十日沈从文在《新月》上撰文说，它是“以一个老成懂事的风度，为人所注意”，“它不是‘热闹’的诗”，“然而这是近年来一本标准诗歌”。并认为“在文字和组织上所达到的纯粹处，那摆脱《草莽集》（朱湘的诗集）为词所支配的气息，而另外重新为中国建立一种新诗完整风格的成就处，实较之国内任何诗人皆多”（沈从文《论闻一多的〈死水〉》）。

苏雪林后来在将诗集与《红烛》作对比时也说“这是一部标准的诗歌”，认为它较之《红烛》“则到了炉火纯青之候”。在谈到《死水》的淡远时说：“《红烛》的色现在表面，《死水》却收到里面去了。”并用了苏东坡评韩柳诗“外枯而中膏，似淡而实美”来作比喻。谈到字句精炼时说：“然而不教你看出他的用力处。这是艺术不易企及的最高境界。”（《论闻一多的诗》）

父亲很重视这些评论，读了沈从文的评论后，在十二月十日给朱湘、饶孟侃的信中说：“那篇评论给了我不少的兴奋”，“他所说的我的短处都说中了，所以我相信他所提到的长处，也不是胡说”。

他自己也十分满意这部诗集。当时在家里，好几次把同住的侄子们叫到一起来共赏。侄儿们还在念中学，他怕他们看不懂，就挑出一些给他们朗诵。大二哥后来回忆说：“他一边念一边叩击桌子，像鼓点子一样有节奏，很有韵味。”像《一句话》、《飞毛腿》等爱国诗篇都给他们留下了深刻的印象，也鼓舞了少年们的爱国热情。

《死水》诗集的出版，连同《红烛》诗集以及父亲的整个新诗理论是他对现代新诗发展的卓越贡献，在现代文学史上有着深远意义。

王瑶曾精辟地指出：“在《女神》开辟了新诗发展的道路之后，就需要探索新的建设规范，使新诗的内容和形式得到和谐的结合和统一。闻先生在新诗发展上所起的正是这样的历史作用。应该说，他是自觉地意识到这种历史使命的。……可见新诗发展到闻一多的时代，任务的重点已经由‘破旧’转向了‘立新’。在这个意义上，我们可以说，闻一多与郭沫若是代表了新诗发展的不同阶段的。”（《念闻一多先生》）

在谈到闻一多的独特作用时，有的评论还生动扼要地写道：“闻一多与郭沫若一样，有着无羁的自由精神与想象力（这里同时有西方浪漫主义与庄骚传统的影响）。他们共同使新诗真正冲出早期的白话诗平实、冲淡的狭隘境界，飞腾起想象的翅膀，获得浓烈、繁富的诗的形象，而闻一多又以更大的艺术力量将解放了的诗神收回到诗的规范之中，正是这一‘放’、一‘收’，显示了闻一多在新诗发展第一

个十年其他诗人所不能替代的独特作用。”（钱理群、温儒敏、吴福辉《中国现代文学三十年》修订本）

“如果说追求真理和酷爱正义体现了他对真与善的追求的话，那么他对诗歌艺术的探索和实践就体现了他对于美的追求。美与真和善原是统一的……”王瑶在《念闻一多先生》一文中说的这话，是十分中肯的。

自己的歌

父亲此时对译诗的兴致也很高，为了参考和试验外国诗的格律，他译了不少英美诗，试验了种种诗体，取得了很好的成绩。特别是翻译白朗宁夫人十四行诗几十首。朱自清先生说：“他给这种形式以‘商籁体’的新译名。他是第一个使人注意‘商籁’的人。”（《译诗》）“现在商籁体（即十四行）可算是成立了，闻先生是有他的贡献的。”（《诗的形式》）

也许是和翻译的兴致有关，父亲很希望让母亲也来分享一下其中的妙趣。有一天晚上，他靠在床上，笑着对她说：“我想，我要拿什么东西的时候，就叫你替我拿。我对你讲英文，要哪样，你就拿哪样，好吗？比方说：书、纸、本子、笔、椅子、烟、洋火……”母亲说：“我不会英文。”“我教你啊！”那以后，他就天天教母亲一些物件的英语名称，还有一些简单的英语对话。

母亲在武昌上职校时略微学过一点英语，早已大部遗忘。不过她学得很快，不久就能有求必应，对答如流了。

就这样，一个说一个拿。惯了，两人都觉得十分有趣和快乐。

有一天，父亲故意调皮地对母亲说："我现在想要一样东西，先不告诉你，叫你想想，我要什么？"母亲心里明白他要的是什么，就递过去一支烟，父亲笑了，又说："我还要一样东西，你拿来。"母亲又递给他一支钢笔。他又说想要一样，母亲就又递过去一样。他要的东西都拿到手了，不禁高兴地大笑起来，说："你是个神仙吧？我没有给你讲英文，你怎么知道我要的是什么？"

母亲讲起当年的这些故事时，还得意地咯咯直笑呢！她的确是个"神仙"，父亲的要求、父亲的心思，她全能心领神会。

不过在母亲看来，父亲也是个"神仙"。他能深入她的心灵，给以最需要的关爱。她一生最大的渴望就是求知。别看是几个简单的英语单词、几句简单的英文对话，她品咂到的却是蜜样的甘泉呢！

在南京的新乐窝里，这对年轻的伴侣相互间越发理解、越发默契了。

从这时起，父亲渐渐离不开母亲了，不仅生活上，就是工作时，也总希望母亲坐在身旁。不是为了递东西，而是母亲真如神仙一般，成为他不可缺少的一种精神力量了。

这样地相伴左右，在此后几十年风风雨雨患难与共的生活中，几乎已成了定式，成了感情上不可或缺的需求。直到最后，在父亲遇难的头一天晚上，他回家来没有见到母亲，还一直寻找到了潘光旦夫人那里呢！

南京时的父亲，就是出门在外，心也离不开妻子。母亲讲过一件令她难忘的事。她婚前有一段时间闹胃痛，老医不好。家人听说香烟可以止痛，就让她试一试。她觉得还有些效果，从此便学会了抽烟，虽然没有烟瘾，但也时而抽上几支，晚年才戒掉。而父亲作为文人，对烟是情有独钟的，他的书房里总是烟雾缭绕。一天，父亲到一位朋友家，主人给了他一支名牌烟。父亲接过来却舍不得抽，收进了衣袋里。回家来，他乐呵呵地把母亲拉过来，让她坐下，一脸神秘地从兜里掏出这支烟，又用火柴点燃，然后轻轻将它送进了母亲的口里。这才说："这根烟是他们给我的，我舍不得抽，拿回来把你抽。"他嘿嘿地笑着："我们不是买不起好烟吗？"

先前，即将从国外踏入家村时，父亲曾哀叹没有自己的歌好唱。现在，两颗年轻的心越来越近，从相互的碰撞中，他渐渐捕捉到了一种优美的旋律——这正是他们自己的歌！

这旋律，在当时发表的《回来》一诗中，清晰地回响着：

> 我急忙地闯进门来，喘着气，
> 打算好了一盆水，一壶滚茶，
> 种种优渥的犒劳，都在那里：
> 我要把一天的疲乏交给她。
> 我载着满心的希望走回来，
> 哪晓得一开门，满都是寂静——
> 什么都没变，夕阳绕进了书斋，
> 一切都不错，只没她的踪影。
>
> 出门了？怎么？……这样的凑巧？

出门了，准是的！可是那顷刻，
那彷徨的顷刻，我已经尝到，
生与死间的距离，无边的萧瑟：
恐怖我也认识了，还有凄惶，
我认识了孤臣孽子的绝望。

南京的生活安定，环境不错，父亲和母亲商定，把祖父母接出来住住，尽一尽孝心。那时，五伯闻家騄（父亲的三哥，大排行第五）在南京造币厂工作，家也住在南京。听母亲说，叔叔闻家驷、我们的四哥闻立恕（三伯闻家聪之子，大排行第四）、陈大哥（陈文鉴，大大的养子，我们称为陈大哥），还有晚些时候来的大二哥闻立勳，当时都住在我们家里。祖父母来了以后，儿孙满堂，颇不寂寞，心里十分高兴。

当然，习惯了大家族生活方式和旧礼法习俗的老人们，住下来后对一些事情未免看不顺眼，也时而引发一些摩擦，产生一些不愉快。他们首先就嫌儿媳持家用度太大。祖父来了不几天就要查账。母亲十分委屈，家里住着上十口人，光吃饭就得每月一担米两袋面，还不说其他开销。她精打细算，仍得不到信任，一气之下，干脆撂了挑子。祖父也气得躺在床上不起来。之后，他亲自管了三个月的账，花销还是那么多，只得把账又交还了母亲。

在城里，交往应酬都要多一些。有一天，父亲的同事方重夫妇来，邀母亲去陪他们打麻将。母亲终日操持家务，伺候老小，平时很少出门，和邻里们打打牌是她唯一的消遣；方重先生又是父亲介绍来南大的朋友，盛情难却，但当时家中住着老人，母亲不便答应。方太太对祖母说了半天好话，才获得同意。

母亲来到方家，大家都很高兴。不料没打上两圈，家里就让人来找了。她只得又返回来。迈进家门，祖父正端坐在那里，正颜厉色，一见她就爆发了："哪有像你这样的！一个女人，出去败坏门风！"祖父一向家教严厉，绝对禁赌，视麻将为赌博，现在眼见一个女人跑去别人家里，还居然玩起麻将来了，他怎能容得了？父亲见状，忙过来劝解，仍难消其怒气。这时正好五伯来了，也帮着解释："这是应酬，她从不出门，人家来请去玩，又不是去赌钱，不去人家不高兴。这种事多得很！"祖父说不过年轻人，只好不再言语，心中自然仍是不快。

看不惯的事情不少，但在儿子这里住得很舒适，儿媳的照料也挑不出毛病，老人对小两口的一片孝心还是非常满意的。

正当生活比较安定时，一九二八年五月，家中却发生了一件不幸的事——病魔夺去了立燕幼小的生命。父亲和母亲刚刚平复下来的心再次遭到了巨创。立燕仅仅两年的人世生活伴随的大都是兵荒马乱。在军阀混战的炮声中她随母亲离开北平回到老家浠水。而老家又不时遭到散兵游勇和土匪的骚扰、劫掠。母亲说，有一回立燕正发高烧，土匪来了，她只得抱着滚烫的孩子躲进了冰凉潮湿的稻田。乡间本来缺医少药，女孩子生病也不当回事。几次闹病极大地损害了孩子的健康。现在生活刚刚安定下来，条件好一些了，女儿却追随着姐姐去了，母亲每想到这里，便止不住泪如雨下。

家里人都来劝慰，祖父也心疼儿媳。但他不知道，自己的一句劝慰却更刺伤了儿媳的心。他走近来抚慰道："两个女儿换来一个儿子，还值得。"好心的老人哪里能明白，这是往儿媳受伤的心上又插进了一把匕首啊!

母亲并不怨祖父，她了解老人那固执的观念，但只为女人的生命被如此轻蔑而感到愤愤不平。她还不理解为什么一种顽固的传统观念竟能把一个善良人的心灵扭曲到如此地步!

立燕的离去，使一年多来的愉悦生活蒙上了一层阴影，这悲伤许久不能散去，大概直到二儿的出生才渐渐冲淡一些。

第三章

沉潜古籍与守护之神

我爱中国故因他是我的祖国，

而尤因他是有他那种可敬爱的文化的国家。

——《〈女神〉之地方色彩》

走上学者之路

一九二八年七月，正在筹建中的武汉大学邀请父亲去任教并担任文学院院长。南京的工作本来比较安定，但家乡盛情难却，父亲几经犹豫最终仍决定接受聘请。

当时母亲有孕在身，已接近产期，他决定一人先往。

八月，父亲来到武汉。建校工作正热烈进展。他照例满腔热情投入其中，还以诗人、艺术家的独特创意，建议将学校新址“罗家山”（又名落驾山）改名为富有诗意的“珞珈山”。这个别具韵味的名字一直沿用到了今天。他又为学校设计校徽，至今也仍被采用为武大的印章徽记。

九月，在为学校筹建工作忙碌时，从南京传来了喜讯——二儿（我的二哥闻立雕）出生了。父亲抽不开身回去，但心中说不出地喜悦。学校正式开课不久，便把家眷接到武汉。

闻一多设计的武汉大学校徽

一九二八年九月，闻一多应聘为武汉大学第一任文学院院长兼中文系主任，开始中国古代文学教学与研究的学者生涯

母亲来到武汉，内心十分高兴。这里是故乡，而且外祖母就住在市内，母女可以多一些机会相聚，畅叙衷情。浠水老家的亲人这时也大都住在武汉，伯伯、三伯住在黄土下坡。祖父母也在这里。母亲说，那时几家轮流照顾老人，一家负责十天。闲时往来走动，颇不寂寞。

母亲初来时，一家人住在磨石街老宅中，不久搬往黄土上坡三十一号锦园。这是一所外国传教士的花园，环境幽静。大家都很满意。决定搬迁时，母亲很高兴。

不想却在搬迁过程中遇到一件事，大大扫了她的兴。在整理东西时，她在抽屉里发现了好几封父亲以前从上海和南京写给她的信，但都是些空信封！她十分诧异，问："这不是给我的吗？信呢？"在一旁的小侄子们抢着说："三伯扯了。"她明白，这一定又是一些"情书"，这种事已不止一次了，不由得又气愤又伤心，好些天心情都难以平静。

坐落于武昌城外珞珈山一带的武汉大学。此山原名罗家山，闻一多建议改为谐音而又富有诗意的"珞珈山"，得到李四光等赞同，沿用至今

锦园的环境幽美，住房有大小两间，父亲又享有他最喜爱的"小套间"了。他情致很高，在新居养了花，还喂了两只美丽的小鸟儿。他喜爱这精灵的小生命，养护得十分精心。黄钰生先生后来曾对我们回忆，有一天，他来看望，见鸟笼上贴着一张纸条，上面写着"不要忘记喂鸟"，当时心里还起了

狐疑，为什么不对妻子直说，而要写纸条呢？其实，那是父亲出门前正赶上家中无人，他生怕母亲回来顾不上喂他心爱的宠物而想出来的一条高招呢！

锦园的日子幸福和美，母亲把整个生活安排得尽如人意，每天父亲回来，都有满室的温馨犒劳他，一身疲乏尽可以在这里消融。武汉的冬天很冷，母亲说，每天她早早地就把炭火盆生上。父亲回来便坐在暖烘烘的火盆旁，喝着她泡好的热茶埋头书案。休息时和两个小儿亲热一番，其乐融融。一九二九年十月，家里又添了一个小生命，三子立鸿出生了，热爱孩子的父亲更是满心欢喜。

父亲在武大讲授“西洋美术史”和“现代英美诗”，后来又开了“英诗初步”。他对新诗的兴味浓厚，对它的发展也极为关切，但此时的主攻方向已开始向中国古典文学转移。

古代文学本是父亲自幼便情有独钟的，留美时也从未中断过研读。他对新诗美的探索与创新正是植根于对传统文化的深刻了解，以及对古典文学，尤其是古代诗歌的深厚学养之上，他所创作的新诗在融合中西的同时，也富有鲜明的民族特色。正如他自己所说：“技术无妨西化，甚至可以尽量西化，但本质和精神仍要自己的。”（《悼玮德》）

在诗坛驰骋时，他并未放松对古典文学的钻研。一九二七年七月曾发表《诗经的性欲观》一文，试图以文化人类学的方法来研究《诗经》，还原其本来面目。临来武汉前（一九二八年八月）又在《新月》杂志上发表了传记散文《杜甫》（未完），这些显然都不是一日之功。

来武大后，除发表论文《庄子》，他开展了谨严深入的学术研究，做了大量关于杜甫的考证研究工作，连续发表了《少陵先生年谱会笺》。

也由此，从所喜爱的诗人杜甫入手，进入了古典文学的研究领域，开始由一位新诗人走上了学者的道路。

在这条道路上，父亲潜心钻研，兴味极浓。温暖和美的家庭又给了他坚固的保障，他很希望就这样安安静静地专心学术研究。但一九三〇年夏，一次意想不到的打击，却使他不得不离开武大。

武大是以武昌大学为中心，多所院校合并而成的。文学院内派系不同，矛盾不少，人际关系也复杂。父亲满怀诗人的热情，耿介正直，不投靠哪一派，遇事又直言不讳，自然引起一些人不满，以致对他攻击。一九三〇年夏，对他的攻击竟形成了风潮。原来这年春，父亲参与筹办校刊《文哲季刊》，收到一篇题为《江汉文化》的来稿，但里面只谈太极拳一类东西。父亲不赞成发表，引起了作者刘华瑞不满。当时学生中正有人反对研究墨子的教师谭戒甫教庄子。父亲劝说学生不该这样对待教师，刘便乘此怂恿跟他学拳术的学生张贴标语攻击闻一多。文学院内本有传统国学和新文学两种学派的矛盾，文学院长的职位早已为人所觊觎。在旧派占优势重古轻今的习惯势力下，父亲这时的处境更可想而知。

对于如此卑俗复杂的关系，父亲实在难以适应。六月，他满腔懊恼和激愤地贴了张布告，说对于自己的职位，如“鹓鸰之视腐鼠”。随即毅然辞职离校。

这个夏天，就在遭此打击时，家中偏偏又发生了不幸，不满周岁的立鸿夭折了。立鸿在玩耍时，不慎碰伤了手指，大家本以为涂点红药水就可以好了，没料到却感染了破伤风，被夺去了幼小的生命。

连续的沉重打击，使父母的心再一次受到重创！

青岛海滨·划时代的《诗经》研究

离开武大后，父亲来到上海。在这里遇见了老友杨振声。杨先生当时已内定为国立青岛大学校长。正为建校物色教员，见到父亲十分高兴。他极力劝说父亲和当时也在上海的梁实秋去青大执教。为了帮助二人下决心，他劝他们先去游览一次。

在他的游说下，二人决定先去体验一下。梁实秋后来回忆说，他和父亲一到青岛，立刻被这里的旖旎风光及淳厚民风吸引住了。二人边观光边为祖国的大好河山感叹不已，当时就决定接受聘请。

在信步街道时，他们还逛了日本商店，在一家吴服店里各自选购了一件宽袍大袖，饶有古意的和服。梁实秋记得，父亲选了一件浑身花蝴蝶的，准备回家送给母亲。

这件和服，后来在昆明我听母亲说起过。当时，她床上有一床被子，被面十分好看。蓝、白、红为主的浓重色块和独特的艺术风格特别吸引人，我下学回来常爱跑去抚摸几下。母亲告诉我，这床被面原先是一件和服，是父亲从外地买给她的。这一定是梁实秋所说的那一件了。我当时还小，也不知问问她，是否穿上它和父亲一起在家中共赏过，那时候她一定是十分快乐和俏皮的。只可惜这件精美的作品，在日军侵华的战火中带到昆明后，为生活所迫，不得不改成了被面！

在青岛的先期体验，使两位文人十分满意。八月，父亲便携眷来到青岛，就任了青大教授兼文学院院长、中文系主任。

青岛三面临海，最美的也当是海景了。在大学路学校斜对面的一幢楼房住了不久，父亲便在海边离汇泉浴场不远处租了一栋小房。

听母亲说，这儿出门便是沙滩，推开窗户可望见无垠的大海和海上点点帆船，海浪声在屋里听得十分真切。据梁实秋回忆，潮涨时海水距门不及二丈，父亲曾对他说，夜间听潮一进一退的声音不能入寐，心潮起伏，不禁忆起英国诗人安诺德的那首《多佛海滩》。

这处住所，据现青岛画院教授、雕塑家徐立忠先生（现青岛海洋大学、原青岛大学旧址内闻一多塑像的作者）说，应该就是现在市公安局市南分局八大关派出所用的那栋房。二〇〇七年六月他曾带我们去看过。

这是一栋石基红瓦、别具风格的德国老式建筑。就在汇泉海水浴场近旁，面向大海。据说它原属德军占领青岛时所建的俾斯麦兵营。现在的门牌是文登路二号。

青岛汇泉浴场近旁的故居。现为八大关派出所

青岛市政府很重视老城区的保护。据所内民警和房后邻居说，此屋因是老建筑，多年来一直没有遭到破坏。除几扇窗户略经改造，屋内格局、门、窗，甚至窗上的插销，都是原先的老样子。

房子建在坡上，由于地势较高，进门要上好几级台阶。距大门约两丈远处，现在建了一宽一窄两条平行的马路，中间隔有绿化带。但从窗内望出去，仍能望见海水和沙滩，感受到扑面的大海气息。据在青岛土生土长的徐先生说，门前这条马路，原先就是海滩。想来就是梁实秋所说的“涨潮时海水距门不及二丈”之处了。

父亲十分喜爱青岛的自然风光。他曾写过一篇充满诗意的散文《青岛》，里面生动细腻地描绘了这儿海上的万种风情：

> “……在晚上凭栏望见海湾里千万只帆船的桅杆，远近一盏盏明灭的红绿灯飘在浮标上，那是海上的星辰。沿海岸处有许多伸长的山角，黄昏时潮水一卷一卷来，在沙滩上飞转，溅起白浪花，又退回去，不厌倦的呼啸。天空中海鸥逐向渔舟飞，有时间在海水中的大岩石上，听那巨浪撞击着岩石激起一两丈高的水花。那儿再有伸出海面的栈桥，去站着望天上的云，海天的云彩永远是清澄无比的，夕阳快下山，西边浮起几道鲜丽耀眼的光，在别处你永远看不见的。”（《古今名文八百篇》，一九三六年九月上海大众出版社出版，转引自《闻一多全集》）

海边的生活也别有情趣，沙滩尤其是儿童的乐园。母亲常带着哥哥们在沙滩上玩耍，堆沙子，拾贝壳，有时候还捡了海菜，拿回去做汤吃。父亲有空，也常兴致勃勃地加入进来，他让母亲把孩子们的衣服脱掉，

闻一多当年自海滨寓所迁入的小楼，现名“一多楼”

自己也脱了鞋一起下海去踩水浪，那时，一家人的欢笑声会随着海风飘荡到很远，很远。

母亲生长在长江边，她爱悠悠的江水，而这浩瀚的大海更令她倾倒。海边的生活情趣，她讲起来能把我也带到那天堂般的美景中。

青岛气候宜人，父亲周日也常带家人到公园去欣赏花的海洋，到崂山等名胜去游览。

在海边住了约一年，一九三一年暑期，由于母亲即将分娩，父亲不得不送她回老家去。

送走妻儿后，父亲也搬离了海边，住进了学校的宿舍，据说就是现在海洋大学内辟为闻一多纪念馆的那栋小楼，独自一人整天与古籍为伴。

在青岛大学，父亲讲授《中国文学史》、《唐诗》、《英诗入门》、《名著选读》等课程。此时他对古典文学的研究范围已由杜诗扩展到全唐诗，同时，还展开了《诗经》、《楚辞》的研究。梁实秋曾回忆他沉浸于《诗经》研究的情况：“我当时兼任图书馆馆长，他和我商量研究《诗经》的方法，并且索阅莎士比亚的版本以为参考，我就把刚买到的佛奈斯新集注本二十册给他看，他浩然长叹，认为我们中国文学虽然内容丰美，但是研究的方法实在是落后了。他决心要把《诗经》这一部最古的文学作品彻底整理一下，他从此埋头苦干，真到了废寝忘食的地步。我有时到他宿舍去看他，他的书房中参考图书不能用‘琳琅满目’四字来形容，也不能说是‘獭祭鱼’，因为那凌乱的情形使人有如废墟之感。他屋里最好的一把椅子，是一把老树根雕刻成的太师椅，我去了之后，他要把这椅上的书搬开，我才能有一个位子。”（《谈闻一多》）这把椅子，母亲也常对我讲起：“紫檀色的，是他最心爱的。”他摆在书房里，不是为了人坐，而是为了观赏。母亲每天进书房去收拾整理时，都要把它擦得一尘不染。

父亲忘我的研究果然走出了一条新路。梁实秋赞赏地说：“他的研究的初步成绩便是后来发表的《匡斋尺牍》。在《诗经》研究上，这是一个划时代的作品，他用现代的科学的方法解释《诗经》。……清儒解诗，王引之的贡献很大，他是得力于他的音韵训诂的知识之渊博，但是一多则更进一步，于音韵训诂之外再运用西洋近代社会科学的方法。例如《匡斋尺牍》所解释的《芣苡》和《狼跋》两首，确有新的发明，指示出一个崭新的研究方向。”（《谈闻一多》）

海城情缘与长诗《奇迹》

在古籍中的孜孜耕耘，给父亲带来了无穷乐趣。但他此时的情感世界却在品尝着另一番滋味——多时平静的内心泛起了涟漪。情形虽不严重，但这涟漪不久仍漾及了母亲。

这年(一九三一年)十月,母亲在浠水老家生了我的三哥闻立鹏(由于立鸿早夭，立鹏便成了老三)。产后不久，她突然接到老友方重先生的一封来信。方先生令人意想不到地劝她赶快回青岛去，说青大有位女士(母亲后来听说叫方令孺)正在追父亲，做东西给他吃，做好了用罐子装着给他送去，两人还一起到外面去散步。方重当时在武汉大学任教，之前在南京时，两家就过从较密，他的话绝非捕风捉影。

这突如其来的讯息，扰乱了母亲平和的心态。多年来，与丈夫之间巨大的文化差距就一直是她内心最大的痛楚。她不止一次听说过时下发妻遭丈夫遗弃的悲剧,有的男方就是文化很高且有社会名望的人。现在有关丈夫的传闻竟连身在武汉的方先生都听说了，她不禁有些惶恐而凄凉。但回想多年来的共同生活，所感受到的又都是真诚关爱和帮助，是理解和尊重，并没有丝毫冷淡歧视。她又怀着期望与信心不愿过多去揣测、去猜疑。

正当母亲心乱如麻时，父亲也来信了。她拿着信战战兢兢展开信纸，热泪止不住夺眶而出——方重告知的果真是事实！但自己的期望也并不是幻想！父亲在信中真诚地坦露了实情,并要她赶快回青岛去。信中还告诉她，此事已去信告知爹爹。

母亲的心被深深感动了，万般滋味此时都汇成了一种感受：“他真好！我这样的人，什么也没有，算个什么啊！”

她此时自然不知道这封信背后的一切，也想象不到父亲经历了何等内心冲突。如果知道这一切，恐怕更要激动得夜不能寐了。

其实，早在她回老家之前，父亲的内心已不平静了。

梁实秋曾回忆：“他和我一起来到青岛……这期间他有一段恋情，

因此写了一篇相当长的白话诗，那一段情没有成熟，无可奈何地结束了。”（《酒中八仙》，收入《雅舍杂文》）

梁实秋说的这“一段恋情”应该就是指的父亲与方令儒的关系。

父亲是诗人，对新诗的发展，特别是对新人的成长一直十分关注，一旦发现了人才，总是欣喜若狂，热情扶植。当年他的几个爱好诗歌的学生，如青大的臧克家，南京大学的陈梦家、方玮德、费鉴照等，都是在他的亲切关怀和细心培植下成长起来的。他喜爱这些青年，甚至在书桌上都摆上了陈梦家、方玮德的照片，后来在北平闻知方玮德不幸因病早逝，他还含泪写下《悼玮德》一文，为新诗坛失去一位难得的人才而深深惋惜。

青岛大学中文系女讲师方令儒，是方玮德的姑母，也是一位颇具才情的教师，她热爱新诗，和父亲来往较密。父亲也很看重她的才华，在给朱湘、饶孟侃的信中曾谈到她的情况：“此地有位方令儒女士，玮德的姑母，能做诗，有东西，有东西，只嫌手腕粗糙点，可是我有办法，我可以指给她一个门径。”他还欣赏地说：“做诗的，一天天的多起来了，是不可否认的事实。”

方令儒在系里也教古代文学。据我的一位远房表叔林斯德（当时由父亲介绍在青大图书馆工作）说，她当时讲授《昭明文选》。备课中遇到问题时，也爱到父亲这儿来讨教。

由于共同的爱好和志趣，二人颇为相投。朋友们宴饮娱乐时，父亲也不忘邀其参加。据梁实秋回忆，那时，几个相投的朋友有感于青岛缺少文化气息这一美中不足，常常聚在一起豁拳豪饮，从酒兴中寻求雅趣，父亲戏称之为“酒中八仙”。这酒仙原本是七位，是父亲提

议又加进一位女仙——方令儒的。（《方令儒其人》）

诗境与学海中的交往与共鸣，使两颗心灵逐渐相通。父亲早就羡慕“别人家里灯光像是泼溶银，吴歌楚舞不肯放天明”。现在，在书香缭绕中纵论古今，在海滨月下漫步诗境，这更是何等美好和快意！生活中能有这样一位异性知音相伴，是他饥渴的灵魂长期渴求的。他感到了前所未有的心灵享受。而这种美好感受从母亲那里是不可能得到的。

方令儒据说也是由父母包办婚姻，成为被“求福者供在礼教龛前的鱼肉”，只是二人之间并无感情。也许是命运相似，更拉近了她与父亲之间的距离。

一九三一年七月，母亲回老家后，父亲独身一人，生活上多有不便，方令儒以其女性特有的敏感和细腻备加体贴，送菜送饭悉心关照，更往二人关系中注入了微妙色彩。

所有这一切，都带给了父亲蜜样的感受，他内心怎能不泛起层层涟漪？

只是父亲一向重品德，他渴求灵魂上的慰藉，而作为已有妻室，且夫妻感情十分融洽的人，内心又始终充满矛盾痛苦，行动上也万分拘谨，并未作出热烈的回应。正如梁实秋所说，情形并不太严重。

尽管如此，男女关系向来是人们所敏感的话题，尤其在那个年代。不久，校园中就有了议论，表叔林斯德也有所耳闻。据他说，父亲听到流言，曾对其谈及要接回一嫂的事。可以看出，父亲这时已决定了断这番情缘了。然而，流言的速度超过了他的行动，它已飞出校园，也引起了老友方重的重视。

千里之外毫不知情的母亲，在数天之内接连收到方重及父亲的来信，内心也随之经受了一番痛苦的跌宕起伏。

这对鞭丝抽拢的伴侣，各自都承受了最重的一次鞭击，再一次尝到了“红豆”的苦涩！

梁实秋在谈到父亲这段恋情时还说：“他因此写了一首相当长的白话诗……”这首诗自然是指父亲的力作《奇迹》。

在上一年，一九三〇年的十二月，父亲搁笔三年之后，又作出一首长诗《奇迹》。写成后，他高兴地给朱湘、饶孟侃去信说：“足二三年，未曾写出一个字来。今天算破了例。……花了四天工夫，旷了两堂课，结果是这一首玩意儿。……毕竟我是高兴、得意，因为我已证明了这点灵机虽荒了许久没有运用，但还没有生锈。”这首诗在诗坛深受赞赏，徐志摩认为它是“一多‘三年不鸣，一鸣惊人’的奇迹”（《诗刊弁言》）。在刚刚听到诗成的消息时他还万分兴奋自得地写信给梁实秋说：“……一多竟然也出了《奇迹》，这一半是我的神通所致，因为我自发心要印《诗刊》以来，常常自己想，一多尤其非得挤他点儿出来，近来睡梦中常常攥紧拳头，大约是在帮着挤多公的《奇迹》！……”

然而对于这首诗的成因，梁实秋却有自己的看法。他后来在《谈闻一多》一文中这样说：“志摩误会了，以为这首诗是他挤出来的……实际是一多在这个时候在情感上吹起了一点涟漪，情形并不太严重，因为在情感刚刚生出一个蓓蕾的时候就把它掐死了，但是在内心里当然是有一番折腾，写出诗来仍然是那样的回肠荡气。”

如前面所引，在《酒中八仙——忆青岛旧游》一文中，他也谈到同样的观点。二十世纪八十年代初，他又发表了父亲当年未刊的一首情诗，并附了说明：“这是他在青岛时一阵感情激动下写出来的……”

再一次印证《奇迹》的感情背景。这首未刊诗题为《凭借》，用的是“沙蕾”这个化名。全文是：

你凭借什么来和我相爱？
假使一旦你这样提出质问来，
我将答得很从容——我是不慌张的，
凭着妒忌，至大无伦的妒忌！
真的，你喝茶时，我会仇视那杯子，
每次你说到那片云彩多美，每次，
你不知道我的心便在那里恶骂：
怎么？难道我还不如它？
（梁实秋《看云集》）

关于长诗《奇迹》的题旨，当时在青大上学的臧克家后来也持有类似看法，他说：“这篇《奇迹》是他教我的时候写的，当时我不懂，但也没问他，现在我一连读了几遍，我看闻先生写的是他认为的‘美的化身’。像是以女性为代表。这与《红烛》里的《红豆》篇所追求的、所热情歌颂的对爱人的爱情，似有相通之处，但又决然不同，一抽象，一具体。一现实，一象征。”“这是我个人的猜想，也不一定猜得对。”（臧克家《闻一多先生创作的艺术特色》）

对于这首诗，叔叔闻家驷也有同样的理解，他认为“奇迹”是指浪漫主义爱情的高度体现。

由于《奇迹》一诗蕴意幽深、隐晦，甚至玄秘，多年来，人们对它的理解也各不相同。有人认为是追求光明和真理，有人则认为诗人是在寻求诗歌艺术创作的“理想形态”。

那么，究竟长诗透露的是什么？又是什么触发了作者那“荒了许久没有运用的”灵机呢？

通过母亲的回忆和梁实秋的数次披露，以及父亲最亲近的胞弟闻家驷和青岛时的学生臧克家等人的理解可以看出，梁实秋的看法应该是符合实际的。正是与方令儒交往中的感受，激发了父亲长期压抑在内心的，对那“最高、最真的情感”的强烈向往，触发了那荒了许久未运用的灵机。长诗《奇迹》不是具体有所指，它追求和歌颂的是一种神圣的、高洁而纯美的爱情，是幻象化了的一种至高无上的情感。但，它确是源于当时生活中的触动，反映出作者心灵深处的那番折腾。

最美妙的音乐享受

父亲写《奇迹》时，母亲还在青岛，但这种深奥微妙的情感是单纯老实又无法逾越虫书鸟篆界石的她难以觉察到的。

一九三二年初，母亲回到了青岛。夫妻团聚后的生活仍然幸福而和美。母亲深知，父亲为她作出了巨大牺牲，她满心只有那发自肺腑的感受：“我其实有个什么啊，他这么喜欢我。”

母亲的感受并不是自作多情，父亲作出痛苦的牺牲，并不完全如梁实秋所说是“无可奈何”的。其实，梁实秋自己也说：“事实上，他的家庭生活的情况，我也所知甚少。”

青岛时期的父亲和母亲，已不像刚被鞭丝抽拢的时刻，也不像海外归来前夕，没有“自己的歌”好唱的时期，经过这些年的共同生活，他们已谱写出“自己的歌”，正超越夫妻伦理情而拥有真挚的爱。这爱情虽有着缺憾，却仍然是美好的，散发着温暖和馨香。

对于父亲来说，他从中确实难以获得心灵上的满足。这不是他理想中的那种情感，它带着“瘿肿的疤痕”，不会闪出“舍利子似的宝光”，也没有“吴歌楚舞不肯放天明”的丰富色彩。但妻自有她独特的魅力，并不像她自我感觉那样，“什么也没有”。她身上那些中国妇女的传统美德，那同时具有的新女性的一些潜质——对自由解放的渴望和顽强进取的毅力等，都在闪着光芒，特别是那颗纯洁的灵魂，很早就打动过他的心，激发过他的诗的灵感，甚至幻化成了“一个通灵澈洁的裸体天使”，一只圣灵“彩凤”的优美形象。

经过这些年的共处，他不仅深深感到生活中“另一半”的不可或缺，就是心灵上也从她那儿获得了一种无形的力量，一种温馨而甜蜜的、不能离弃的幸福感，并渐渐地从内心生发出了相依左右的需求。正是在青岛这里，他曾充满诗意地对梁实秋说：“世上最美妙的音乐享受莫过于在午夜醒来静听妻室儿女在自己身旁之轻轻的均匀的鼾息声。”（见梁实秋《谈闻一多》及《鼾》）没有深情和真爱，哪里来的这样甜美醉人的感受？

青岛的那些日子，当他陷入情感涟漪时，内心那番折腾恐怕不只是感情与道德二者之间的冲突，其中也定夹杂着情感上的矛盾。因为他原有的那枝伤茎并未枯萎，上面的花朵也正在绽放呢！

十多年后在昆明，有一次父亲同他的学生彭兰谈到青年人的感情问题，他语重心长地说：“一个人要善于培植感情，无论是夫妇、兄弟、朋友、子女……经过曲折的人生培养出的感情才是永远回味无穷。”他当时还提到他的研究生季镇淮，说：“镇淮对他糟糠之妻感情一直是忠实的，只有对感情忠实的人，才能尝到感情的滋味，他未来的家庭一定是比较幸福……”（彭兰《风范长存——纪念闻一多师八十诞辰》，载于《北京大学学报》哲学社会科学版一九七九年第五期）。这不也正是他对自己感情历程的回忆和总结吗？

父亲也曾对母亲夸过季镇淮，说：“季镇淮品性好，在农村有妻子，自己在外面不乱搞。”而对另一个抛弃发妻另寻新欢的学生则大不以为然。季镇淮的家庭生活，也果然如他所说，一直和睦幸福。

父亲这种爱情观与道德观，是有着他深厚的思想基础的。其中不仅有对个人的责任感，更有一颗博爱之心。他身处男尊女卑的半封建社会，出身于崇尚礼教的封建大家族，对中国妇女悲屈的社会地位及凄惨遭遇，不仅耳闻目睹，且有切身体会。家中姐妹及女辈们的遭遇，妻子的境况和女儿的夭折都强烈地刺激着他。他痛恨这吃人的礼教，深为女性奴隶般的命运痛苦而不平。他自己在处于情感的波荡中时，当然不愿，也不能只顾个人追求而造成一个无辜的纯洁妇女的终生不幸，更不能因此而使一个和美家庭支离破碎，伤害到孩子们。

在《红烛》一诗中，他就表白过燃烧自我、造福世人的心志。这里何尝不也体现了这样一种大爱和襟怀呢？

一九三一年九月十八日，日本帝国主义经过长期蓄谋公然侵占我国沈阳，进而又大规模入侵整个东北。而国民党政府却采取不抵抗政策，步步退让。面对帝国主义侵略及日益严重的形势，全国人民怒火万丈，反日浪潮不断高涨。学生们更义愤填膺，纷纷罢课并结队赴南京请愿，要求抗击日本侵略者，青大学生也登上了南下的火车。

父亲满怀爱国激情，对日寇的侵略万分义愤，他曾是五四运动的积极分子，对于学生的爱国热情自然是理解的，因此在校务会议上完全赞成酌量增加军训钟点，组织青大青年义勇军等，以后又批准十三位学生投军的请求，并保留他们的学籍。但他以为当前形势和五四时期不同，不希望出现纷乱局面，因此不主张采用罢课、请愿等方式，甚至忍痛同意开除为首的几名学生。在校务会议上还慷慨陈词，“认为这是‘挥泪斩马谡’，不得不尔”（梁实秋《谈闻一多》）。结果站到了学生的对立面。

“九·一八”前后，学校还发生了两次学潮，一次是由于处理持假文凭的学生引起矛盾，一次虽起因于学生反对修改学则，实质仍是南下请愿的继续。

父亲作为学校领导成员，几次学潮都站在校方立场，从而成了被攻击的主要对象。一项罪名是新月派包办青大。学生甚至发表了《驱闻宣言》。他当时对于国家危急的形势下学生无法安心学习理解不够，只觉得自己满腔爱国热忱，一心想把学校办好，却遭到如此攻击，满心委屈和沮丧。一九三二年六月十六日在日益高涨的学潮中，他给饶孟侃写信说：“现在办学校的事，提起来真令人寒心，我现在只求在这里教书，混碗饭吃，院长无论如何不干了。”就在这个月，他辞去了青岛大学的职务，离开了学校。

清华园里的诗人学者

一九三二年八月，父亲应聘回到母校清华担任中国文学系教授，他谢绝了中文系主任的职务。有过武大和青大的经历，他再也不愿担任这类职务了。

学校还在扩建，房子不够。父亲暂时只身住在西门外的达园，半年后才搬进新建的西院教职员宿舍四十六号。

一九三四年十一月，新建的教授宿舍“新南院”落成。父亲分得了其中最大的寓所之一——七十二号。这里有大小房间共十四间。电灯、电话、冷热水、卫生设备一应俱全，环境也十分幽静。宽敞的庭院由矮柏围成院墙，一条甬道直通居室。这是父亲一生中住过的最好的居所了。他十分高兴，再一次施展了艺术家的才能，对新居进行了精心的设计和布置。母亲说，新南院的住户大多在院内栽种各种花卉，父

一九三二年八月，闻一多应聘为清华大学中文系教授。图为当时在清华园内的住宅——新南院七十二号。现已拆除

亲却在甬道两旁植上碧绿的草坪。草坪上只各点缀一个鱼缸，里面几枝淡雅的荷花，几条金鱼在其间悠然游弋。放眼望去，别人家院里五彩缤纷，我们院中却满目青翠。晚饭后，人们出来散步，走到我们家院前，常禁不住停下脚步来欣赏这清新逸雅、别具一格的情调。

最令父亲自己满意的，大概要算他亲手在书斋窗前栽种的那几丛竹子了。他爱竹如宝，精心侍弄，使它们生长得枝繁叶茂，后来在昆明还时常念起来呢！

这潇潇翠竹、茸茸绿茵，透过书斋纱窗，与斋内满壁的古书、根雕的太师椅浑然一气，构成了一幅清新高逸、充满诗意的画面，人在其中，不由不勾起无穷的雅兴。

回到母校，父亲倍感亲切。这里是哺育他成长的地方，他曾“饿着脑筋，烧着心血，紧张着肌肉”（《园内》），像灵芝一般在这里茁壮开放，由一个天真的少年成长为一个热血青年，也曾怀着赤子深情在大洋彼岸为她热情讴歌：“你是东方华胄的学府，你是世界文化的盟坛！”（《园内》）

阔别十年，学校在军阀混战的动乱局势中几经波折。如今在校长梅贻琦的主持下正走上励精图治的道路，延揽了不少人才。中国文学系的师资阵容也较强大。教授有朱自清、俞平伯、陈寅恪、杨树达、刘文典等著名学者。父亲功底雄厚，但他仍觉得自己是半路出家，立志加倍奋进。

清华园学术气氛浓厚，校内环境清静，父亲埋头书案潜心治学，正如他在《园内》一诗中所写的那样，像苍松一般“猛烈地”，像西山一般“静默地”工作：

这里万人还在猛烈地工作，
像园内的苍松一般工作，
伸出他们理智的根爪，
挖烂了大地的肌腠，
撕裂了大地的骨骼，
将大地的神髓吸地，
好向中天的红日泄吐。

这里万人还在静默地工作，
像园外的西山一般工作，
静默地滋育了草木，
静默地迸溢了温泉，
静默地驮负了浮图御苑；
春夏他沐着雨露底膏泽，
秋冬他戴着霜雪底伤痕，
但他总是在静默中工作。

当然，这工作并不是书呆子似地全无目的，是要为“他们四千年来的理想”，为弘扬祖国伟大灿烂的文化而努力：

这里努力工作的万人
并不像西方式的机械，
大齿轮绾着小齿轮，
全无意识地转动，
全无目的地转动。

但只为他们的理想工作，

为他们四千年来的理想，

古圣先贤的遗训，努力工作。

自武大以来，父亲便潜心古典文学。回清华后，对新诗虽仍然关注，但已不再写诗，而完全沉迷于古籍并乐而忘返了。这种痴情自然源于他自幼对祖国历史文化的热爱，但也和他近年来内心的苦闷矛盾不无关系。他对当前复杂多变的政治生活感到迷茫，对文学界的复杂斗争感到困惑，尤其不能适应的是那无处不在的宗派人事纠葛，到清华的第二年，他在给老友饶孟侃的信中倾诉道："……我近来最痛苦的是发见了自己的缺陷，一种最根本的缺憾——不能适应环境。因为这样，向外发展的路既走不通，我就不能不转向内走。在这向内走的路上，我却得着一个大安慰，因为我证实了自己在这向内的路上，很有发展的希望。因为不能向外走而逼得我把向内的路走通了，这也可说是塞翁失马，是福而非祸。"

在信中，他还踌躇满志地谈了自己宏大的学术研究计划：列出了《毛诗字典》、《楚辞校议》、《全唐诗校勘记》、《全唐诗补编》、《全唐诗人小传订补》、《全唐诗人生卒年考（附考证）》、《杜甫新注》、《杜甫（传记）》八大课题。

"向内"的路果然越走越宽，他的研究不断拓展、深化，新的成果也不断涌现。除许多唐诗研究的成果，从青大开始的楚辞研究，这时也多有所获；而诗经研究也硕果累累。

冯友兰与叶公超后来谈起当代文人，都认为"由学西洋文学而转入中国文学，一多是当时的唯一底成功者"（转引自《闻一多年谱长编》）。

父亲自己也十分自信。他在对臧克家谈到陈梦家的考古成绩时说：“他也是受了我的一点影响。我觉得一个能写得出好诗来的人，可以考古，也可以做别的，因为心被磨得又尖锐又精炼了。”（臧克家《我的老师闻一多》）

唐亮所绘油画《闻一多的书斋》

这颗诗人的心用在学术研究上，的确非同一般。郭沫若在父亲遇难后编《闻一多全集》时，曾惊叹父亲治理古代文献“那眼光的犀利、考索的赅博，立说的新颖而翔实，不仅是前无古人，恐怕还要后无来者的”。他在列举了《新诗台鸿字说》一文和《天问释天》里解释“顾菟”的一条后，说：“像这样细密而新颖地发前人所未发的胜义，在全稿中触目皆是，真是到了可以使人瞠惑的地步。”（《闻一多全集》·郭序）全稿这些满篇胜义的成果，有不少（包括郭序所举的以上二例）就是在清华园这时完成或已经着手的。

朱自清后来在谈到“学者中有诗人的闻一多”时，也特别指出了他治学的特色和独到之处。在盛赞父亲的学术散文“简直是诗”时，他说：“当然，以上这些都得靠学力，但是更得靠才气，也就是想象。

单就读古书而论，固然得先通文字声韵之学；可是还不够，要没有活泼的想象力，就只能做出些点滴的饾饤的工作，决不能融会贯通的。这里需要细心，更需要大胆。闻先生能体会到古代语言的表现方式，他的校勘古书，有些地方胆大得吓人，但却是细心吟味而得；平心静气读下去，不由人不信。校书本有死校活校之分；他自然是活校，而因为知识和技术的一般进步，他的成就骎骎乎驾活校的高邮王氏父子而上之。”

朱先生还说：“他研究中国古代，可是他要使局部化了石的古代复活在现代人的心目中。因为这古代与现代究竟属于一个社会，一个国家，而历史是连贯的。……现代的我们要能够在心目中分享古代的生活，才能认识那活的古代，也许才是那真的古代——这也才是客观地认识古代。”（《中国学术界的大损失——悼闻一多先生》）

这里无妨读一读《匡斋尺牍》中的《芣苡》一篇，来从中领略朱先生所说的这种独特魅力。

文章先从训诂入手，认为芣苡即车前子，本意为“胚胎”，具有“宜子的功用”。原始女性都藉以表现“结子的欲望”。

又从生物学和社会学观点指出，宗法社会“一个女人是在为种族传递并繁衍生机的功能上而存在着的”，如果她不能生育就要被侪类贱视，被男人诅咒以致驱逐，甚至还要遭神——祖宗的谴责。因此对已婚女性来说，采芣苡的风俗所含的意义“严重而神圣”。

再对几个有疑义的字作了解释之后，便拨动了想象的齿轮，把读者带进了古代社会生活和古代女性的内心世界：

> ……现在请你再把诗读一遍，抓紧那节奏，然后合上眼睛，揣摩那是一个夏天，芣苡都结子了，满山谷是採芣苡的

妇女，满山谷响着歌声。这边人群中有一个新嫁的少妇，正捻那希望的玑珠出神，羞涩忽然潮上她的靥辅，一个巧笑，急忙的把它揣在怀里了，然后她的手只是机械似的替她摘，替她往怀里装，她的喉咙只随着大家的歌声啭着歌声——一片不知名的欣慰，没遮拦的狂欢。不过，那边山坳里，你瞧，还有一个伛偻的背影。她许是一个中年的硗确的女性。她在寻求一粒真实的新生的种子，一个祯祥，她在给她的命运寻求救星，因为她急于要取得母的资格以稳固她的妻的地位。在那每一掇一捋之间，她用尽了全副的腕力和精诚，她的歌声也便在那“掇”“捋”两字上，用力地回应着两个顿挫，仿佛这样便可以帮助她摘来一颗真正灵验的种子。但是疑虑马上又警告她那都是枉然的。她不是又记起已往连年失望的经验了吗？悲哀和恐怖又回来了——失望的悲哀和失依的恐怖。动作，声音，一齐都凝住了。泪珠在她眼里。

采采芣苡，薄言采之！采采芣苡，薄言有之！

她听见山前那群少妇的歌声，像那回在梦中听到的天乐一般，美丽而辽远。

这里展现出的是一幅栩栩如生的几千年前初民生活的图景。你看到的是满山谷妇女采芣苡的生动画面，听到的是那“惊心动魄的原始女性的呼声”。而不再是纸面上简单的几行字。随着想象齿轮的转动，你的感情移入到了那遥远的古代，分享到了那个历史时代的社会生活；也清楚地触摸到了连接着它和今天的那条血脉的脉动。而诗经里那几个简单的、单调的句子从此将融化在这难忘的画面和歌声中，深深印入你的脑海，感动着你的心灵！

有这样一颗诗人的心，讲课也非同凡响。这个时期，父亲开的课有《诗经》、《楚辞》、《唐诗》、《国学要籍》、《中国古代神话》（为研究生设）等。这些课都成了最受欢迎的课程。他的学生王瑶回忆说：“我们现在读《匡斋尺牍》中讲《芣苡》和《狼跋》的文字，看到他是如何把诗讲得活灵活现，妙语解颐，其实在课堂讲授中对每一篇都是如此。”（《念闻一多先生》）

当年的《清华暑期周刊》（一九三四年第八、第九期合刊）上，就有位同学在一篇《教授印象记》里风趣地写道：“闻先生讲《诗经》《楚辞》是决和那些腐儒不一样的。《诗经》虽老，一经闻先生讲说，就会肥白粉嫩地跳舞了；《楚辞》虽旧，一经闻先生解过，就会五色斑斓地鲜明了。哈哈！用新眼光去看旧东西，结果真是‘倍儿棒’哪。二千多年前的东西不是？且别听了就会脑袋痛，闻先生告诉你那里是 metaphor，那里是 similes，怎么新鲜的名词，一用就用上了么，你说妙不妙？不至于再奇怪了吧？还有一句更要紧的话得切实告诉你：闻先生的新见解都是由最可靠的训诂学推求出来的，证据极端充足，并不是和现在

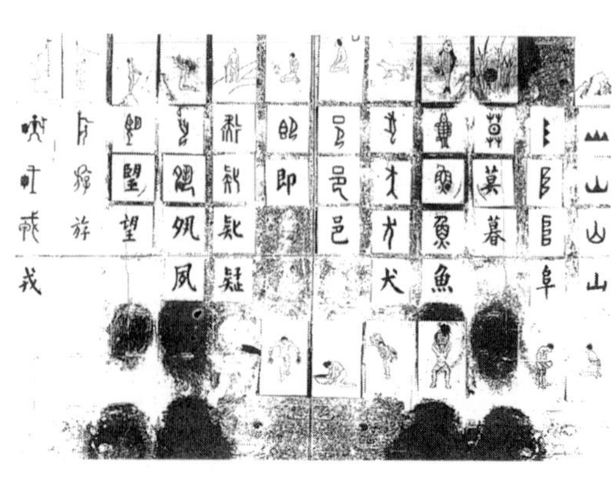

闻一多为教学绘制的《文字变迁示意图》

的新曲解派一样的一味的胡猜。”（转引自《闻一多年谱长编》）

赵俪生还曾生动地描述了老师对讲授气氛和意境的追求：“记得是初夏的黄昏，马樱花正在盛开，那桃花色绒线穗儿似的小花朵，正在放出清淡的香味。七点钟，电灯已经来了，闻先生高梳着他那浓厚的黑发，架着银边眼镜，穿着黑色的长衫，抱着他那数年来钻研所得的大叠大叠的手抄稿本，像一位道士样地昂然走进教室里来。当同学们乱七八糟地起立致敬又复坐下之后，他也坐下了；但并不立即开讲，却慢条斯理地掏出自己的纸烟匣，打开来，对着学生露出他那洁白的牙齿作蔼然地一笑，问道：‘哪位吸？’学生们笑了，自然并没有谁坦真地接受这 gentleman（即“绅士”）风味的礼让。于是，闻先生自己擦火吸了一支，使一阵烟雾在电灯光下更浓重了他道士般神秘的面容。于是，像念‘坐场诗’一样，他搭着极其迂缓的腔调念道：‘痛——饮——酒——，熟读——离骚——，方得为真——名——士！’这样地，他便开讲起来。显然，他像旧中国的许多旧名士一样，在夜间比在上午讲得精彩，这也就是他为什么不惮烦向注册课交涉把上午的课移到黄昏以后的理由。有时，讲到兴致盎然时，他会把时间延长下去，直到‘月出皎兮’的时候，这才在‘凉露霏霏沾衣’中回到他的新南院住宅。”（冯夷，即赵俪生，《混着血丝的回忆》）

赵俪生后来在回忆当年清华的老师们时还说：“真正讲出东西来的，找到了，是闻一多。……他也搞考据，搞训诂，但他比所有的训诂家都高明之处，是他在沉潜之余，还有见解、有议论，这些议论对我们学生来说启发很大。于是，我们一下子就爱上闻先生了，大家争着选修或旁听他的课，闻先生一下子在清华园内走了红。”

他又深怀敬佩地写道："晚年，我不知不觉回到'先秦文化史'上来。在闻先生死后若干年，又一次'受教'于他，感到他的研究实在太精湛了。可惜死得太早，若是活个大寿数，他会写出惊动几个世纪的东西来。我既然受教于他，我就得立志，以期无愧于称做他的学生。"（以上摘自《赵俪生、高昭一夫妇回忆录》）

新南院七十二号的"女神"

从一九三二年八月回清华，直到一九三七年暑期抗战爆发，父亲在清华园整整住了五年。这五年是他生活中最安定的时期，也是学术上收获丰硕的时期。这丰收，无疑得自于他那苍松般猛烈、西山般静默的努力。但也和他有一个温馨、幸福的家庭，有一个同样"猛烈"而"静默"努力着的贤内助密不可分。

在清华园住时，我们家已是一个大家庭了。一九三六年一月小妹闻翮出生后，家中人口增至七人。听母亲说，由于孩子多，怀上小妹时本是不打算要的，但后来父亲又舍不得，他说："万一要是个女孩，不更好吗？两个女儿！"他就是喜欢女儿！后来果然如愿时，高兴得不得了。但孩子多，又都幼小，母亲一人累不动，只得多雇人帮忙。当时除了请来赵妈带我和三哥，请她丈夫赵秀亭担任大司夫（即厨师，我们称为大司夫），还请了吴妈专门照看小妹。另外，父亲的手稿多，抄写太费时，又请了一位叫戚焕章的先生来帮助誊抄。这样，家里的常住人口就有十一人之多了。加上父亲有几个侄儿在北平上学，时而回来或小住几天，家里平时的人总有十好几口。

闻一多（正中坐者）、夫人高孝贞（后排右一）及三个儿子闻立鹤（二排左一）、闻立雕（右一）、闻立鹏（前排幼者），与闻家驷（后排立者）、闻立勋（左蹲者）合影。一九三五年摄于清华园新南院七十二号

抗战前，清华大学的教授待遇颇丰。父亲每月工资三百四十元，后来又增至三百八十元。可是这么大一个家，开销自然也大。况且，当时除日常用度，每月还得给祖父母及外祖母家寄去一些费用；还得周济在法国留学的弟弟及在本市上学的侄儿们。父亲一向热心助人，不时还需一些额外的开支，用来接济困难中的友人，如画家唐亮等。这样一来，经济上就免不了常陷入捉襟见肘的境地。

在这种境况下，要把这么大一个家管理好，生活安排得舒适安逸，实在是一件非常不易的事。家中重大决策固然由夫妇共同商定，但全家日常生活——吃、穿、用及一切家务琐细的操持调度，自然全都落在了主妇头上。

母亲为了使父亲专心治学，全家人生活安适，日日不厌其烦地料理着每一件“烦事”。还处处细心体察，对家人关爱备至。尤其对于日夜辛劳的父亲，更加体贴入微。

父亲回清华后，所授课程除唐诗，还上溯至先秦文学及古代神话。但作为一个诗人，“半路出家”讲授古代文学，学生中最初不免有怀疑目光，有的甚至认为他是个诗人，教不了古典文学。这种怀疑父亲当然能感觉得到。一段时期以来，他的心境本不大好，正如给饶孟侃信中所说，“在苦痛中”“独自闷着”。数年来痛苦的记忆，以及青岛时期的阴影一时尚难以挥去，眼前的情况又是一种刺激，他心中未免郁积着一股火气，在课堂上遇到不愉快情形时就会发脾气。母亲说，这时他在家里也有脾气。母亲不大了解他的工作详情，但能理解他的心情，从不和他吵嘴，总是尽量以自己的关爱来舒缓他的心境。

多年来，父亲在工作时，就总喜欢母亲伴在身旁，这已成为一种精神上的需求了。

“他是真离不开我，工作时总要我陪着他。”母亲说：“要我坐在他身边，要什么东西好叫我给他拿。工作时怕耽误了时间，一分两分的时间都是他最宝贵的。”“他装订稿子都是我给他订的，也是他指导的。工作非常仔细，有一点不整齐就得拆了重订。”

在清华园，母亲虽然家务繁重，但并没有忽略来到书房陪伴丈夫。她时常拿着针线活坐在他身边，温暖着他的心，也为他节省了不少宝贵的时间，帮了不少实在的忙。她不懂丈夫研究的那些学术内容，但却是他最知心的助手。

由于长期伏案和熬夜，父亲患了胃病，时常疼痛，饭量也很小，早餐只在牛奶中兑一点红茶，最多加上两片饼干。母亲十分心痛，为了给他调胃口，抓空便亲自下厨，她说：“他就爱吃我炒的菜！”

父亲休息时，也常拉上母亲一起到院中修剪他钟爱的竹子，到草坪上清除杂草。在那铺满庭院的青翠中，常能见到两个亲密的身影在兴冲冲地忙碌，乐滋滋地欣赏劳动成果。母亲回忆起那一刻，仍仿佛置身在那难忘的情景中：

“他下课回家休息时，要我陪他去拔野草，把野草拔掉后，再用推子给草地理一次发。看罢！绿油油的草地真美呀！就像两块地毯一样！”

在这融注着浓浓亲情的绿意中，父亲的身心也得到了松弛和良好的调养。

清华园离城较远，进一趟城不易。城里一些老字号，如瑞蚨祥等，时常带着货物进园来销售。母亲知道父亲最不爱上街购物，也最不喜欢做衣服，便买来料子悄悄请人给他缝制。有一回，父亲出门没有合适的衣服好穿了，母亲笑了：“哈哈！我这里可是有一件！”说着拿出刚做好的一件绸夹袍来，肥瘦长短正合适！父亲从未穿过绸料的长衫，穿在身上见人就说：“这是我太太给做的！”夹袍是古铜色的，色彩庄重典雅。母亲说：“后来他步行去昆明，穿的就是这一件。”在昆明的那几年，它更成了父亲的主要服装，穿得褪了色，还十分珍爱。父亲遇难后，我记得，似乎把它也放进衣冠冢了。

以前在南京时，父亲曾说母亲是个神仙，他没有开口她就知道他需要什么。现在，新南院七十二号又成了一个惬意的安乐窝。父亲从他的“女神”那里，不仅得到了生活上的细心呵护，而且获得了温暖的精神滋养。正是沐浴在如此幸福舒心的环境中，他才得以专心致志地教书、治学，毫无后顾之忧地在古籍中畅游！

当然，神仙也有自己的苦恼，母亲为了丈夫，为了这个家尽心尽力，自己却没有时间再坐下来学习了。丈夫此时埋头学术，争分夺秒，她更不可能像以往那样跟他学唐诗或英文。然而，对文化知识的求索一直是她最大的心志，从来就没有任何困难能阻挡这一执著的追求。这个时期抽不出大块时间，她便在日常生活中点点滴滴积累。不仅自己如此，还帮助家中保姆这样做。她从小深受封建礼教的戕害，从心里深深同情和爱惜有同样命运的妇女。当年带小妹的吴妈在几十年后还满怀深情地对我们回忆说："你妈可是个好人，人缘好啊！都喜欢她。""我那时带小妹，整天没什么事，你妈就教我认字，她说：'没文化要吃亏的。一天认一个，一年还认得三百多个呢！'她还教我打毛衣，瞧！"她掀起外衣，露出里面的毛衣："这是我去年拆了又打起来的！"

吴妈当年才二十五岁，自从抗战爆发，我们全家离开北平后，她便回到了老家宝坻县的农村。一九九四年，得知她在宝坻，我们几兄

一九九四年与吴妈在其住宅院内合影。中坐者为吴妈。前排左一闻翺，左三闻名，后排左一闻立鹏，左二闻立雕

妹一起赶去看望她。世道沧桑，几十年过去了，她已是八十多岁的老人，但一见面仍激动万分，两眼泪汪汪，抓住小妹的手不放。她女儿说，得知我们要去，好几天前她嘴里就直念叨：“这可是个规整人家，这可是个规整人家！”村支书和生产队长告诉我们：“老人家可不一般，村里像她这么大年纪的老太太，没人认得字，只有她老人家认字。”吴妈当时笑得合不拢嘴：“还是认得点字痛快啊！”

“一天认一个，一年还认得三百多个字呢！”母亲自己就是这样坚韧顽强地在知识阶梯上攀援！这种执著，不仅在清华园，而且贯穿了她的一生。

对于母亲求知的刻苦顽强和持家的勤俭辛劳，父亲自然深有感受，他除了欣喜，只有满心的疼爱。不过，此时他终日沉迷古籍，满脑袋装的都是古文字，甚至半夜里正睡着，也会突然爬起来：“我又搞清了一个字！”而对身旁女人的内心感受，却常有忽略不顾之时。

清华园里常有一些社会活动，教授们大多携夫人一起参加。父亲却不带母亲同去。母亲后来对我们提起，还是很不快，她委屈地说：“你爸出去老是一个人，不带我去。人家都说闻太太架子大，其实哪里是我不愿意去？”纯朴的母亲并不热衷于社交活动，就是去了，也不一定能适应，她不是一个爱交际的人。或许父亲就是这样想的，也或许，刚从青岛的涟漪中平静下来的心，一时还不能适应一些敏感的场合。总之，父亲没能了解，母亲所希求的不是那些活动，而是对她的尊重。他从未歧视过妻子，但在这一点上，当时却体察得不深，伤了爱妻的心——一颗本就充满“文化差距”之痛的心。

炮声中离平

在清华园住的这一时期，正是中华民族危机日益严重之时。日本帝国主义在侵占了我国东北后，又企图进一步鲸吞我国华北。一九三三年初，日军占领了山海关及热河省会承德，接着又控制了长城各口和冀东，严重威胁着平津。为达到控制华北的目的，一九三五年，日方又以武力相逼制造华北事变，策动华北五省脱离中央，实行自治。面对日寇的侵略扩张，蒋介石仍采取“先安内后攘外”政策，一再妥协退让。十二月国民政府决定在北平设立冀察政务委员会，实际已把冀察置于中央管辖之外，华北危机已达到了顶点。真是华北之大已安放不下一张平静的书桌了。

父亲此时虽潜心学术研究，对政治活动不感兴趣，但他的爱国热情仍异常炽热，面对日帝的疯狂侵略、成片国土的沦丧，他满腔激愤，积极参加教授会对时局的讨论；为东北难民和受伤将士捐款；一九三三年应届毕业班编纪念刊来约稿，当时正是前方将士在长城一带艰苦搏斗之时，他怀着一腔义愤写了《败》，以反讽投降妥协的笔调热情歌颂了不怕失败的战斗精神。第二年，又在自己参加主办的《学文月刊》上率先刊登了纪念牺牲将士的《华北军第五十九军抗日战死将士公墓碑》（胡适执笔）碑文。

但和当时大多数教授一样，他对形势还缺乏全面认识，还寄希望于蒋介石的国民政府。因此，当反日救国的“一二·九”运动爆发时，他一方面支持和赞赏同学们的爱国热情，另一方面又担心学生的安全，不主张采取示威游行的方式。当时，我的堂兄闻立恕和表兄陈文鉴都在清华上学，另一位堂兄闻立勋在辅仁大学读书。他们都积极参加了“一二·九”的上街游行，身上也全被水龙头浇湿了。父亲出于爱护，事先就打电话去劝阻，事后还责备了他们。不过，尽管如此，当国民政府大肆逮捕爱国学生时，他仍不顾安危，在家中藏匿了被追捕的民先队员学生。

和当时大多数知识分子一样，他对“西安事变”蒋介石被扣也不理解，认为大敌当前这样做是破坏统一，害了中国。他这时是把蒋介石视为中国统一的象征和国家的代表的。

一九三七年暑期，叔叔闻家驷在辅仁大学谋得一教职，准备回武汉去接家眷。母亲多时未回乡，十分想念外祖母及家人，希望和他一起回去探望，也想就便带上两个大孩子让家里人看看。当时北平局势已十分紧张，但父亲考虑母亲思家心切，想利用暑假机会来满足她的心愿，还是同意了。他说：“住两个星期就回来吧，北平家也离不开你。”接着又深情地望着她，笑着补充了一句：“我也离不开你，三个小的也离不开你！”

母亲动身时，外面已传言要挂日本旗了，城门也时开时关。大家心里都有些不安。但立勋二哥在城里打听，说没什么。父亲送母亲进城时，也打听了一下，都说是谣言，没什么事。父亲长期埋头书斋，对全面局势缺乏了解，和当时许多人一样，他以为战争不会打起来，还对母亲说：“过去中日冲突都是五分钟的热度。”尽管如此，他心里毕竟有些不安，送母亲上车时，又再一次叮咛早点回来。

父亲对形势的估计显然是错误的。母亲刚离京，“卢沟桥事变”就爆发了。清华园气氛万分紧张，人们纷纷议论时局的走向。有些人已开始作搬迁的准备了，还有的人则急急把家里的东西先搬进城里。父亲一人独自面对国家危难以及主妇缺席的一个偌大家庭，心里万分焦虑。

远在武汉的母亲，从报上见到事变的消息，更是心急如焚："平汉线已不通车，我又回不了北平，丢下他和三个小孩在北平怎么办呢？"她说："我最担心的是怕他不想离开清华，我知道他的性格，看起书来一心就在写作上，你不催他，他不动！"她急得一封封电报打去，催他赶快带着孩子们回武汉。当听说城门已关闭，形势已火烧眉毛时，更是坐立不安："你等城门开放时就走！东西拿不出来不要拿，人先进城，你再不走，被困在城外，一旦日本人占领了清华，怎么办呢？"

为了让父亲下决心，她又让他和赵秀亭夫妇商量，能否请大司夫暂时照看一下七十二号的财物书籍，请赵妈暂随着一起赴武汉。这样路上可帮助照看小妹，也多一人手帮忙。当时大家都以为战事可在短期内结束，不久即可返回北平。赵秀亭夫妇无子女，又多年在我们家帮工，也都同意了如此安排。

最了解父亲的莫过于母亲了，父亲这时果如她所说，正处在两难之中。他心中有多少工作想在清华园里完成啊，特别是从这年暑假开始，他刚刚获得一年的休假[※]，原想利用这一年时间彻底完成学术研究计划中工程浩大的《诗经词典》，学校也派给了他一位助手。不想卢沟桥的炮声打断了他的计划。他望着满室的图书真割舍不掉啊！吴妈后来对我们说："他就是特别爱书，满屋子的书，都是好书啊！他不肯走，

※ 清华规定工作满五年可休假一年。

说是舍不得这些书啊！”

父亲仍期盼着“最好时局能好转”，母亲短期内能回北平。但身边响起的阵阵炮声和飞机声，又逼得他不得不做走的打算。可是一个男人带着三个幼儿和一个保姆上路，他又几乎不敢想象。走还是不走？此时此刻，他是多么思念日夜相依的爱妻！怀着纷乱不定的心情和对母亲的强烈思念，他连连不断地给她去信。

十五日，在灯下对她倾诉道：

> 贞：如果你们未走，纵然危险，大家在一起，我也心安。现在时常想着你在挂念我们，我也不安了。……这一星期内，可真难为了我！在家里做老爷，又做太太，做父亲，还要做母亲。小弟闭口不言，只时来我身边亲亲，大妹就毫不客气，心直口快，小小妹到夜里就发脾气，你知道她心里有事，只口不会说罢了！家里既然如此，再加上耳边时来一阵炮声、飞机声，提醒你多少你不敢想的事，令你做文章没有心思，看书也没有心思，拔草也没有心思，只好满处找人打听消息，结果你一嘴、我一嘴，好消息和坏消息抵消了，等于没有打听。够了，我的牢骚发完了，只盼望平汉一通车，你们就上车，叫我好早些卸下做母亲的责任。你不晓得男人做起母亲来，比女人的心还要软。

第二天，又禁不住大敞心扉，掏出自己那颗诗人滚烫的心，倾吐着火样的情思：

> 亲爱的妻：这时他们都出去了，我一人在屋里，静极了，静极了，我在想你，我亲爱的妻。我不晓得我是这样无用的人，

你一去了，我就如同落了魂一样。我什么也不能做，前回我骂一个学生为恋爱问题读书不努力，今天才知道我自己也一样。这几天忧国忧家，然而心里最不快的，是你不在我身边。亲爱的，我不怕死，只要我俩死在一起。我的心肝，我亲爱的妹妹，你在哪里？从此我再不放你离开我一天，我的肉、我的心肝！你一哥在想你，想得要死！亲爱的：午睡醒来，我又在想你。时局确乎要平靖下来，我现在一心一意盼望你回来，我的心这时安静了好多。

十六日

辗转一夜清晨醒来，独自来到庭院，对着满目青翠，思念之情愈深，又在信尾继续着那道不完的情：

妹：今天早晨起来拔了半天草，心里想到等你回来看着高兴。荷花也打了苞，大概也要等你回来开，一切都是为你。

十七日早

给母亲的信自然不仅这两封，这只是珍存下来的两封。

在国和家的患难中，他似乎是第一次体验到了爱情的“魔力”，体验到了与心上人离别的滋味。他从未像此刻这样，深深感到两人已成为一体，互为依存，不可分离。而一贯享受妻子清福的他，在兼任起妻和母的角色时，也亲身体验到了为妻为母的不易，真真切切地感到了女性的崇高和伟大。如果说过去对于妻子的付出他是心安理得地享受，那么从现在开始，恐怕不会再“心安理得”了，他体味到了这付出背后的艰辛，也体察到了付出者内心的苦与乐。也就在这重重感受之中，对她的爱无形中升华到了一个更新、更浓的高度！

在隆隆的炮声中，父亲最终做出了走的决定。七月十九日，他带着三个幼儿和赵妈离开了清华园，离开了他心爱的满室图书。主妇不在家，匆匆之间，除了自己急需的一些书籍，只带了一点简单的衣物。在车站碰见了臧克家，他问，老师的那些书呢？父亲心酸地说："只带了一点重要的稿件。国家的土地大片地丢失，几本破书算了什么？"

由于平汉路中断，只得赶赴天津，绕道津浦路至南京，再由南京转轮船回武汉。

他们动身时情势已非常紧急，城门已关闭。有时只开半扇门，而且仅限数小时。每当城门开启，人们便潮水般涌向门洞。父亲拖儿带女，最小的孩子才一岁多，还得赵妈抱在手上，幸好有大二哥来送行。但要挤进城门，不伤孩子，只好少带东西，有些书、手稿、衣物都无法拿了。到了火车站，又是人山人海，卖票窗前一只只高举的手臂，一声声"买票！买票！"的叫喊，人人都在争先恐后，向前拼挤。父亲好不容易买到票，拉上两个孩子奋力登上了车，又急忙挤到车窗前去接过由大二哥从窗口塞进来的小妹，孩子哇哇地哭着，鞋和袜子全挤掉了。

这惊心动魄的逃难经历，是父亲到武汉后亲口对母亲讲述的。母亲听着，心里庆幸他们能平安抵达，但又感到十分难过。

"我最痛心的是他的手稿。他日夜辛劳用心血写成的稿子，完全丢掉了！"她后来对我们说："现在想起来心里还非常难过，后悔我当时不该走，我要是在北平，见形势紧张，学校教职员他们都离开了清华园，连人带东西都搬进了城。我会告诉他，催他早点离开清华，也许他的书和手稿可以多少搬点出来吧！"

至于首饰衣物，母亲说她要是在北平，也会早些清理好，多带些出来。她尤其难受的是后来在昆明，教授们经济困难时，别人家都变卖带出来的衣物以补贴生活，而我们家则空无所有。为了糊口，父亲还把他仅有的那件身上穿的狐皮大衣送进了当铺，自己却因此而冻病了一场！

父亲离开清华园不久，北平就沦陷了。日军数千人占领了清华园，幽美的校园成了日寇的伤兵医院，教职员宿舍也都变成了侵略军的兵营。听母亲说，新南院最先被划出一半给日本人，正好我们的房子划给了日方。父亲的书籍、手稿，家里的财物除由赵秀亭抢着寄出一小部分，全都损失殆尽。潘光旦夫人后来告诉母亲，她听留守清华的毕正先先生说，还看见我们家的冰箱被扔在了外面。

战乱中的别离

北平沦陷后，清华大学奉国民政府命与北京大学及南开大学在湖南长沙合组国立长沙临时大学。开课日期定于十一月一日。十月，父亲接到学校来函，请其暂缓休假一年，于是立即收拾行装赶赴长沙。

由于校舍不够，文学院暂时设在南岳一所圣经学校内，这里距长沙有百余公里。

战争爆发以来，物质条件已大不如前，无论长沙还是南岳，食堂饭菜都较清苦，比起清华园的优越生活，落差很大。但父亲觉得苦虽苦，

“这样过着国难的日子于良心甚安”。（一九三七年十月二十六日《致高孝贞信》）

圣经学校坐落在衡山的山腰上，环境清幽，“脚下是南岳镇，后面往山里走，便是那探不完的名胜”（闻一多《八年的回忆与感想》）。在这仙境似的地方，报纸要隔两三天才能看到。父亲后来回忆说：“真有恍如隔世之感。”教授们在这“世外桃源”里，生活又逐渐安定下来。上课之外，各自摆开满桌的书，继续自己的学术工作。父亲每日入夜，“自燃一灯置其座位前”，“勤读《诗经》《楚辞》；遇新见解，分撰成篇，一人在灯下默坐撰写”（钱穆《师友杂忆》）。

大家仍如战前一样认真备课、讲课。父亲信中告诉母亲：“这次所开两门功课，听讲的人数甚多，似乎是此间最大的班，我讲得也很起劲。可惜大局不定，学生不能安心听受耳。”

教授们有机会身临“秀冠五岳”之地，工作之余自然都忘不了去逛山，尽情享受这中华五大名山之一的永恒秀美与清逸。父亲是诗人，眼前的胜景更撩动着他的心，也不断激起他思念亲人、渴望与他们共赏的激情。孩子们都还小，最大的才十岁，但他仍禁不住给他们做了散文诗一般的描述：

> 鹤、雕、鹏、名：我们现在住的房子，曾经蒋委员长住过，但这房子并不好，冬天尤其不好。这窗子外面有两扇窗门，是木板做的，刮起风来，噼噼啪啪打的响声很大，打一下，楼板就震动一下，天花板的泥土随着往下掉一块。假使夜间你们住在这样一间房里，而且房里是点着煤油灯，你们怕不怕？这就是现在我所住的房子。但是这里风景却好极了。最

有趣的是前天下大雨，我们站在阳台上，望着望着一朵云彩在我们对面，越来越近，一会儿从我们身边飘过去，钻进窗子到屋子里去了。中国古时，管五座大山叫五岳，中岳嵩山在河南，东岳泰山在山东，北岳恒山在河北，西岳华山在陕西，南岳衡山在湖南，就是我现在所住的这地方。古人说游山若游遍五岳，便足以自豪。我从前游过泰山，现在又住在衡山上，五岳中总算游了两岳。

十一月八日父字

这封信，鹤、雕两人看得懂吗？如果你们喜欢这样的信，以后我可以常常这样写。可是这些信，你们要好好的保存。

这次战乱中离家，父亲分外想念亲人，上封信中他曾说："小小妹※未取名，可名叫'湘'，以纪念我这次离开，特别想念她。"若是一岁半的小小妹能听懂，他这会儿一定也要给她讲讲这座大山的故事呢！

然而日寇侵略不断扩大。继平、津被占领后，上海又失守。一九三七年十二月南京沦陷，武汉日渐危急，长沙遭到的轰炸也日益加剧。学校几经考虑，决定再西迁至远离前线的云南昆明。

此时由于形势紧张，母亲已返回乡里。父亲担心此去路途遥远，回家不易，一月初，趁文学院迁回长沙之际，急忙请了探亲假，赶回浠水老家。

※ 小小妹即小妹，以后取名为闻翺。

“七七事变”后，全家人在武昌家门前合影

途中在武汉羁留时，老友顾毓琇来访。他刚从学校被征调到汉口国民政府教育部担任次长，正筹组战时教育问题研究委员会（这是最高当局的咨询机构），此时特来邀请父亲出来共事。但父亲谢绝了。据当时与父亲同住磨石街宅院的立勳二哥回忆说：“顾毓琇来找他，他不愿意去，后来，又找他到扬子江饭店，是汉口当时第一流的饭店，请了好多清华老同学吃饭、洗澡，谈了一个晚上。一叔后来说：‘我被包围了一个晚上，还是没答应。’”

回浠水后，父亲给顾毓琇去信诚挚地解释说：

> “承嘱之事，盛意可感。惟是弟之所知，仅国学中某一部分，兹事体大，万难胜任。且累年所蓄著述之志，恨不得早日实现。近甫得机会，恐稍纵即逝，将使半生勤劳，一无所成，亦可惜也。老友中唯我辈数人，不甘自弃，时以事业相砥砺，弟个人得兄之鼓励尤多，每用自庆。但我辈作事，亦不必聚在一处，苟各自努力，认清方向，迈进不已，要当殊途同归也。”

对于父亲这一决定，母亲心中是不快的。她明白，他是做学问的人，迷恋自己的学术事业。但这是战争时期，若能应了顾毓琇之邀，可留在武汉。一家人在兵荒马乱之中也能相互有个照应。去昆明现在自然不可能带家眷，而那里地处边疆，隔山跨水，远隔数千里，写信只怕也得好久才能收到；至于相见，更不知要等到何年何月。此外，她还有一桩沉重的心事——老家虽好，叔伯妯娌之间相处也很和睦，但家里那森严的纲常礼法实在难以忍受。现在自己刚从武汉回来，就已被紧紧束缚住了。就在前几天还有过这样一件事，赵妈抱着小妹到大门外去玩耍，被祖父撞见了，当时就被赶回了屋里！老人沉着脸跟在屁股后面直催："快回去，快回去！"进了屋又满脸怒气地赶过来责问母亲："你怎么让她抱着孩子出去？！"在他看来，那是男人的天下。一个女人，何况还是个"下人"，抱着一个女丫儿到处溜达成何体统？

在这个"天下"不仅行动受限，就是经济上也没有自由，母亲曾有过这方面的痛苦感受。当年父亲在上海、南京等地，每月寄回来的生活费用就都被扣留"代管"了。母亲独自带着几个孩子，手中却无分文可调度！她也曾被逼得"反抗"过，曾想出一个办法，让父亲把钱寄到武汉的家婆家去中转。但谁知有一次父亲给母亲和祖父母分别寄款的汇单邮差一齐拿在了手里，正巧被祖父看见！结果倒惹来一场"风暴"——一个女人怎么可以掌握经济大权！风暴过后，一切仍如既往，她仍被紧紧困在铁链中！

想到今后丈夫远在边陲，自己将独自带着五个孩子在这樊篱中度日，不知何时才是个头，母亲的一颗心就如同被压上了千斤重石，透不过气来。

父亲深知母亲的苦衷，他也不愿离开家，也想和她一起分担困难和忧愁，但又实在不能舍弃自己的事业和志向，而且，他一向厌恶官场，不愿为官，也的确不是做官的人。在家的十多天，他只能不断地说服和抚慰爱妻。

此次回乡假期很短，却恰值阴历年底。一心盼望时光慢流的母亲多么期望丈夫能在家过个团圆年！然而时间紧迫，父亲不得不在年前匆匆与家人作别，离开亲爱的故乡。

这是一次不同寻常的战时离别，双方心中都拥塞着万千滋味。

父亲刚到武汉，就给母亲写来一短信，开头便说：

> 贞：此次不就教育部事，恐又与你意见（不合），我们男人的事业心重，往往如此，你得原谅。……

回长沙后，他日夜盼望家信，却一直不见只字资讯。他明白，妻还在委屈生气，心中不觉万分难过。赴滇前夕，怀着满腔苦楚又给她长长地写了一封信，对她倾诉道：

> 贞：……你或者怪了我没有就汉口的事。但是我一生不愿做官，也实在不是做官的人，你不应勉强一个人做他不能做不愿做的事。我不知道这封信写给你，有用没有。如果你真是不能回心转意，我又有什么办法？儿女们又小，他们不懂，我有苦向谁诉去？那天动身的时候，他们都睡着了，我想如果不叫醒他们，说我走了，恐怕第二天他们起来，不看见我，心里失望，所以就把他们一个个叫醒，跟他说我走了，叫他再睡。但是叫到小弟，话没有说完，喉咙管硬了，说不出来，所以大妹我没有叫，实在是不能叫。本来还想嘱咐赵妈几句，索性也不说了。我到母亲那里去的时候，不记得说了些什么话，我难过极了。出了一生的门，现在更不是小孩子，然而

> 一上轿子，我就哭了。母亲这大年纪，披着衣裳坐在床边，父亲和驷弟半夜三更送我出大门，那时你不知道是在睡觉呢还是生气。现在这样久了，自己没有一封信来，也没有叫鹤、雕随便画几个字来。我也常想到，四十岁的人，何以这样心软。但是出门的人盼望家信，你能说是过分吗？到昆明须四十余日，那么这四十余日中是无法接到你的信的。如果你马上就发信到昆明，那样我一到昆明，就可以看到你的信。不然，你就当我已经死了，以后也永远不必写信来。

别离的那一刻，母亲的确没有起来送别。眼前的现实她一时接受不了，也改变不了。一肚子苦水同样也没有地方可诉，只能独自闷在被窝里赌气，暗自吞咽着泪水，忍受那万千滋味狠狠咬噬自己的心！

这满腹苦楚与闷气好长时间也消散不了，父亲如何能盼得来书信呢？

战火中的别离是如此沉重，双方的心一时都无法平复。

三千里步行

怀着沉重、郁闷与期待的心情，父亲踏上了远赴昆明的长征路。

临大迁滇，路线有三条：一是由粤汉铁路取道香港，转海防入滇；二是乘汽车经桂林赴滇；三是步行经贵阳入滇（这一路主要由身体健好的男同学组成）。父亲几经考虑，决定同学生一起步行。这样“一则可得经验，二则可以省钱”。当时教职工的薪水由于战争关系已开

旅行团全体教师合影。中坐者为闻一多

始拖欠了。

步行人员共三百二十余人，组成了湘黔滇旅行团，实行军事管理。湖南省政府派了一位师长黄师岳中将来担任团长。随团的十一位教师则组成辅导团，由黄钰生教授领导。团中教授除父亲，还有曾昭伦、李继侗、袁复礼。

旅行团一九三八年二月二十日启程，一路上，这群常年在学校、书斋中生活的知识分子备尝辛苦。尤其是进入贵州境内，崇山峻岭，道路崎岖，加上天时多雨，遍地泥泞，跋涉相当艰难。至于途中的饮食起居，父亲在开始步行时给双亲的信中就说："至投宿经验，尤为别致……在农舍地上铺稻草过宿，往往与鸡鸭犬豕同堂而卧。"（《致双亲大人》）

这是抗战中的迁徙，行军虽艰难，大家的精神状态却很好：一路上常常唱起《义勇军进行曲》、《游击队队歌》、《打长江》等歌曲。

二十世纪八十年代，我和克私去天津看望黄钰生先生时，他对我们忆起当年，还沉浸在那种气氛中，情不自禁地唱了起来：

你哟你打桩啊！
我哟我拉绳哪！
我们不靠天哪，
我们不求神。
只靠大家一条心哪！
只靠大家一条心。
…………

（《打长江》田汉词，聂耳曲）

旅行团虽说是军事编制，但考虑到路途遥远，又是一群知识分子，并没有硬性规定队形，启程不久，便“只不准超前，落伍者听便”，由着大家三五成群自由掌握。这样，一路上大家得以饱览大西南的壮

树下歇息。席地者为闻一多

险渡盘江。船上前面第三人为闻一多

丽风光。湘西的青山绿水、贵州的险峰峻岭、滇境的蓝天绿野，还有沿途无数的名胜古迹……祖国山河的壮阔和美丽深深震撼着师生们的心。休息时，大家常常不顾疲劳跑去名胜景点观赏。父亲也摆脱了先前的郁闷心情，为眼前的胜景激动不已。诗人总是敏感的，有时一块石头的形象也会引起他极大兴趣。在贵阳西参观野中洞时，他由衷地惊叹道："在这样好景观面前，我发现了文字的无力！"（林宗基《湘黔滇旅行团》，载于张寄谦编《中国教育史上的一次创举——西南联合大学湘黔滇旅行团纪实》）

也许是感到文字的无力，又迫不及待想去捕捉这大自然的美，他不由地捉起了画笔。多年不作画，这时却画兴大发，沿途作了许多写生画。大自然的鬼斧神工，人间创造的各式美，如建筑、装束等，都不断地给他以惊喜，激发着他创作的冲动。光是三月二十三日至二十九日这一周就画了十六幅速写，而三月二十三日这一天只飞云崖速写就画了三幅。在后来到达昆明后给母亲的信中，他兴奋地这样谈道："至于沿途所看到的风景之美丽、奇险，各种的花木鸟兽，各种样式的房屋器具和各种装束的人，真是叫我从何说起！途中作日记的人甚多，我却一个字还

闻一多在途中重新拿起画笔

没有写。十几年没画图画，这回却又打动了兴趣，画了五十几张写生画。打算将来作一篇序，叙述全程的印象，一起印出来作一纪念。画集印出后，我一定先给你们寄回几本。”

可惜画集后来没有印出，速写如今也只保存下来三十六幅。但从中可以看出父亲艺术造型的功力。它们“以线造型，辅以光影，既有西方艺术的透视结构的严谨，又有中国艺术的点线穿插，大写意抒发的意味和对境界的追求。艺术写生的功力已到了炉火纯青的境界”（闻立鹏《追寻至美·闻一多的美术》）。

从这些画中同时也能深深感受到父亲面对祖国大好河山时的兴奋心情和他那热烈的爱国情怀。

沿途的民俗文化、歌谣、神话传说等也都引起父亲极大兴趣。早先他就曾在《诗经》课上说：“有价值的诗歌，不一定在书本里，很多是在人民的口里，希望大家到民间找去！”途中他不仅指导学生刘兆吉采集民歌，而且自己也从民间的原生文化中汲取着营养，丰富了学识。据马学良回忆：“记得在湘西的一个苗寨，我们发现路旁一座与汉族相似的土地庙中，有一个人首蛇身的神像。石像造型优美，栩栩如生。闻先生见到后，久久在石像前徘徊，他神采飞扬，兴奋不已。……他说，多年来，他曾从各种古籍中查稽到一些古老的神话传说，但从未得到过实物的佐证。想不到，如今居然从眼前这座苗族石雕中找到了真实的印证。”（马学良《记闻一多先生在湘西二三事》，载于张寄谦编《中国教育史上的一次创举——西南联合大学湘黔滇旅行团纪实》）

行程中师生们在惊叹祖国大自然美的同时，也亲眼目睹了这美丽山河间底层人民的疾苦。尤其在贵州地区，生存条件贫穷落后，鸦片

速写．链子桥

速写．金凤山

之毒又遍地蔓延，人民生活极端贫苦。父亲后来告诉母亲，他们见到过十六七岁的大姑娘无衣可穿，只能用芭蕉叶围着下身；还有的女孩子衣不蔽体，见他们去便赶紧躲到了柴堆后！沿途他们还亲耳听到地方官吏的黑暗腐败状况，也听到了百姓对红军爱民事迹的“口碑”。这一切，使多年在书斋中生活的知识分子除了对锦绣河山的惊喜赞叹，也多了一份沉重的思考和一份社会责任感。这些见闻和感受对父亲日后的思想转变无疑有着不可忽视的影响。

随着行军里程的增加，离目的地越来越近，而离战火中的家却越来越远了。远行人对亲人的思念哪能不越来越重呢？父亲在出发不久给祖父的信中就流露出“离家愈远，系念愈切”。到贵阳后，听说昆明校舍不敷，文、法二院要设在蒙自，心里更有一种说不出的滋味，在信中写道：

> 蒙自距昆明铁道一日路程，地近安南，此行本如投荒，今则愈投愈远矣。（一九三八年四月二日《致双亲信》）

沿途能寄信的机会不多，更不可能收到家信，他只有在心里盼望亲人平安、健康；幻想着到昆明后能一眼见到他们的来信，特别是妻子的笔迹。这一路他始终在惦念着她和孩子们，他们生活得如何？她转过弯子来原谅他了吗？临别时的情景还时时在脑中浮现，正如后来抵昆时他在信中对她说的：“路上做梦总是和你吵嘴，不知道这梦要做到何年何月为止！”

亲人们的身影一路萦绕在心间，不过，有沿途的体验与想象不到的趣味，加上与同学们相处“童心复萌”，他已彻底摆脱了出发时的郁闷和沉重，心境一直很好。黄钰生先生后来告诉我们，他走得很快，和他的两个助教边走边互相背唐诗。一路谈笑风生，还常幽默地和人打趣。有一次，到了一个大城市，黄先生戴上领带照相，父亲在一旁笑他："黄子坚就是这么布尔乔亚！"黄先生立即回了一句："你也不普罗！"两人当即相对大笑。

步行的同学不少人也都记得父亲那谈吐风趣、妙语连篇的风采。有的同学还记得在旅行团抵达昆明前一天举行的文艺晚会上，父亲取途中趣事即兴编成的"七绝"："其中'倪副官玉体演捉放（凶绝），许骏斋凝视诸葛洞（憨绝），曾叔伟白吃五碗酒，又夜唱松花江'两绝都很有趣。"（杨式德《湘黔滇旅行日记》，载于《中国教育史上的一次创举》）徐长龄同学在回忆中也这样说："一多先生即兴抓了团内两件事编了一段单口相声，题目是'倪会计玉体（裸）演捉放，曾教授高歌松花江'。一多先生惟妙惟肖的演技和高超的幽默感，使全场同学无不捧腹喝彩。"（《徐长龄来信》，载于《中国教育史上的一次创举》）

父亲本是个风趣幽默的人。他的幽默感甚至体现在学术研究上。朱自清在谈到他的学术成就时就曾说："他是有幽默感的人；他的认识古代，有时也靠着这种幽默感。看《匡斋说诗》里《狼跋》一篇，便知道他能够体会到别人从不曾体会到的古人的幽默感。"（《中国学术界的大损失——悼闻一多先生》）这次三千里长征，大概也是他幽默感的一次充分展示吧！

经过六十九天三千余里的艰苦行程，四月二十八日旅行团终于抵达了目的地——昆明，这儿等着父亲的果然有妻的手笔和孩子们的信！两个多月长途跋涉的疲劳一扫而光，他立即给妻写了一封长信，报告一路上的体会与收获，得意地说：

……全团师生及伙夫共三百余人，中途因病或职务关系退出团体，先行搭车到昆明者四十余人，我不在其中。教授五人中有二人中途退出，黄子坚因职务关系先到昆明，途中并时时坐车，袁希渊则因走不动，也坐了许多次的车，始终步行者只有李继侗、曾昭伦和我三人而已。我们到了昆明后，自然人人惊讶并表示钦佩。杨今甫在长沙时曾对人说：‘一多加入旅行团，应该带一具棺材走。’这次我到昆明，见到今甫，就对他说：‘假使这次我真带了棺材，现在就可以送给你了。’于是彼此大笑一场。途中许多人因些小毛病常常找医生，吃药，我也一次没有。现在我可以很高兴的告诉你，我的身体实在不坏，经过了这次锻炼以后，自然是更好了。现在是满面红光，能吃能睡，走起路来，举步如飞，更不必说了。途中苦虽苦，但并不像当初所想像的那样苦。第一，沿途东西便宜，每人每天四毛钱的伙食，能吃得很好。打地铺睡觉，走累了之后也一样睡着，臭虫、革（虼）蚤、虱实在不少，但我不很怕。一天走六十里路不算么事，若过了六十里，有时

长途跋涉中，闻一多与李继侗都蓄起胡须，相约抗战不胜利不剃须

八九十里，有时甚至多到一百里，那就不免叫苦了，但是也居然走到了。

他还告诉母亲途中画兴大发，连续作画的情况。接着幽默又神秘地说：“还有一件东西，不久你就会见到，那就是我旅行时的相片。你将来不要笑，因为我已经长了一副极漂亮的胡须。这次临大搬到昆明，搬出好几个胡子，但大家都说只我与冯芝生的最美。”

从来没有哪封信像这封信一般使母亲如此高兴和欣慰！两个多月来，分别时那股怨气早已被惦念所取代，她只日夜牵挂着他的健康与平安。在这战火弥漫，中华大地横遭日寇践踏之时，丈夫他们虽是往大后方去，但要长途步行，要经过土匪频繁出没的湘西山区，还要穿越“天无三日晴，地无三尺平，人无三分银”的贵州地区，他的身体受得了吗？一路上都平安吗？她这颗心没有一天不在高悬着。现在，总算是踏实下来了。她反复读着信，和他一同体验沿途的艰苦，一同为他的“丰收”而喜悦，也不断想象着他“满面红光，能吃能睡，走起路来，举步如飞”的样子。不过，想到那长出一副胡须的模样，不需等将来见面，此刻她已忍不住暗暗发笑了。

远方的思念和艰险逃难

旅行团抵达昆明时，学校已改名为国立西南联合大学。由于校舍不够，文、法学院暂设在四百里外的蒙自。蒙自靠近中越边界，旧日曾辟为商埠，设有海关。市内还留有大片外国人的楼房。校舍就是租用的这些房子。父亲和一部分教授住在希腊人建的歌胪士洋行三层楼上。

自法国人修建滇越铁路以来，蒙自便失去了其经济地理上的优越性，商业也日渐萧条。父亲刚去时，不少文化用品都买不着。但这里环境宁静，民风淳朴。学校附近的南湖更是景色幽美。父亲后来回忆说，这“又是一个世外桃源”（《八年的回忆与感想》）。

离开硝烟弥漫的战区，跋山涉水三千里来到了这样一个世外桃源，大家都深感这种清静的可贵，人人如饥似渴，抓紧时间治学。父亲连饭后散步的时间都舍不得付出，由此还得了一个雅号“何妨一下楼主人”。郑天挺先生曾生动地回忆说：“我和闻一多是邻居，他非常用功，除上课外从不出门。饭后大家都去散步，闻总不去。我劝他说，何妨一下楼呢？大家都笑了起来，于是成了闻的一个典故，也是一个雅号，即‘何妨一下楼主人’。”（《滇行记》）

闻一多在蒙自住的歌胪士洋行。在这里他潜心学术研究，得“何妨一下楼主人”雅号

抗战以来，战事一直不利，国土大片沦丧。身居“世外桃源”，思想却无法平静。前方战局，国家命运，身陷战区的亲人们的安危以及如何才能与家人团聚等等都成了每个人心中的重负。

父亲对抗战前途向抱乐观态度，他在给一位同学的信中说：“素性积极，对国家命运只抱乐观，前方一时之挫折，不足使我气沮，因而坐废其学问上之努力也。”（《给秉新同学信》）但时局严重，战区里家人的状况及安危仍令他焦虑不安。

武汉作为当时抗日战争的中枢，一直是日军进攻的目标。学校迁移以来，形势日益危急，浠水乡下也并不安全。父亲本有心等学校宿舍建好后接母亲来滇。但五月中旬，徐州失陷，战事越发吃紧。父亲深知，祖父母年事已高，此时尤需照料。母亲如仍留家中，一家七口依附于谁都将成为其一大系累，必须马上把他们接出来。但自己远在边陲，课程结束前不可能离校，老家中的人自顾不暇也无人可护送。他苦苦思索，想了好几个办法，却又都无法实现，不禁心急如焚，寝食难安。

当时，南来的教授眷属已日多一日。父亲想到母亲被困战区，独自带领五个幼儿面对这紧张、严重的局势，心中不觉十分后悔。他去信说：“这几天战事消息不好，武汉不免受影响，乡里情形如何，颇令人担心。万一有移动的必要，你们母子一窠实是家中之大累，想至此，只悔当初未能下决心带你们出来。”（一九三八年五月二十六日）

六月中，日军对武汉发起了筹划已久的攻势，形势迫在眉睫不容拖延，但办法想尽又都实现不了。父亲一筹莫展，如坐针毡。无奈只得对祖父母掬泪陈词：

鹤等前次未随男来滇，致今日为一大系累，使大人分心，男自认无识，死罪死罪。然事已至此，无可如何，万一彼等无人护送，全家复决定迁移，仍祈在可能范围内附属任何部分，暂避至一较安全地带。一俟男功课结束，即当归来接至云南，决不至久为系累也。男本不敢存此非望，固在另函中未提及此层，然倘蒙大人主张，并诸兄弟念及半世骨肉之情，使男室家免于离散或死亡，则感恩戴德，没齿不忘矣。搁泪陈词，倘有语涉质真，然决无丝毫意气存其间，诸兄弟见此，幸勿误会也。（六月十三日夜）

当夜又给妻写道：

贞：这回是我错了，没有带你们出来。我只有惭愧，太对不住你们。

在绞尽脑汁又拟出几条希望渺茫的办法后，他甚至祈祷上苍保佑：

无论如何暑假中我定亲自回来接你们，什么危险也管不着。……万一你们暂时走不动，也不要害怕，我一生未做亏心事，并且说起来还算得一个厚道人，天会保佑你们！

大概是父亲的真情果然感动了上苍。正当他焦虑万状时，最理想的一个解决方案——联大聘任叔叔闻家驷的事落实了。北平沦陷后，叔叔也离开辅仁大学回到老家。父亲十分关心他的前途，一直在为他争取西南联大的教职。他多么希望此事能成功，这样母亲也便可与他一同来滇了。现在这个两全其美的最佳方案终于能实现了！

不过，母亲一天没有离开武汉，他的心还是一天不能安定下来。那里是炮火纷飞的战区啊！他天天盼望着她报平安的笔迹，恨不得能马上见到她的面：

你答应我每星期有一封信来，虽说忙于动身，也不应连写信的功夫都没有。在你没来到以前，信还是要写的。天气热，怕你生病或孩子病了，不得你的信，我如何不着急呢？

又说：

前些时，为你们着急，过的不是日子。两个星期没有你的信，心里不免疑神疑鬼。今天大舅信来，稍稍放心了。但未看见你的笔迹，还是不痛快，你明白吗？……（六月二十七日信）

不等她的回信，三天后就又写去一信：

现在计划已经大致决定，我想你心里可以高兴点，只再等一个月，我们就可见面，这次你来了，以后我当然决不再离开你，无论如何，我决不再离开你一步。我想，你也是这样想吧？（七月一日）

七月中旬，母亲终于带着一家大小离开武汉，踏上了赴滇的行程。父亲的心也紧紧伴随着登上了这艰苦之旅。

母亲入滇的路线，就是先前父亲自己步行的路线。虽说是乘坐汽车，但沿途的艰辛仍能体会得到。当初在步行途中师生们也常遇到逃难的汽车，那情形是十分艰险的。想到她拖儿带女，最小的才一岁多，千辛万苦日夜颠簸，他的心就疼。沿途无法通信，他几乎是掰着指头在计算日期，等不及母亲到达，就先往贵阳给她去了一信，那里有清华同窗聂鸿逵，他已事先拜托帮助照顾。

贞：武汉轰炸两次，心里着急，不知你们离开武汉否，

> 接到你们初到长沙的电报才放心，后来见报长沙也被轰炸，又急了好几天，直到前天二次电报来了，才知道全体动身，更是感天谢地。现在只希望路上不致多耽搁，孩子们不生病。这些时一想到你们，就心惊肉跳，现在总算离开了危险地带，我心里稍安一点。但一想到你们在路上受苦，我就心痛。想来想去，真对不住你，向来没有同你出过远门，这回又给我逃脱了，如何叫你不恨我？过去的事，无法挽救，从今以后，我一定要专心事奉你，做你的奴仆。只要你不气我，我什么事都愿替你做，好不好？

湘黔一路，疟疾流行，他又细细叮咛：“天热易得疟疾，须先吃金鸡纳霜预防。”连服法都写得十分细致：“每次吃三颗。隔一天吃一次，小儿减半。”为使母亲安心和高兴，他还告知在昆明已找好了住房，“现在只要慢慢布置，包你来了满意，房东答应借家具，所以钱也不会花得很多”。信尾不仅画上了房间的位置示意图，还添了一笔“地点买菜最方便，但离学校稍远，好在我是能走路的，附近有小学”。能写的都写了，但他还觉得有满怀的情，满肚子的话说不尽，恨不得此刻自己就在她身旁！

母亲这一路的确十分艰辛，虽有叔叔结伴同行，但叔叔自己也带有眷属，相当困难。幸好父亲事先已考虑到这一层，请了我们的二舅高孝惠来帮忙，也幸好二舅能抽出身来送至贵阳。但一路的颠簸劳顿、紧张焦虑仍使母亲疲惫不堪。作为五个孩子的母亲，沿途的饮食、冷暖等等一切都不能稍有疏忽。有一天路上带的食物吃光了，离下一站还很远，小妹饿得哇哇直哭，她只有搂着一岁多的小女儿心里陪着落泪。

母亲自己本来身体较弱，在老家时又有了心慌的毛病，一路上要是没有赵妈这个好帮手，早就支撑不住了。

八月上旬，贵州省要在贵阳举办暑期中等学校教员讲习会，邀请父亲去讲学。父亲得此机会，正好前去接眷属，十分高兴。他早就等候不及了。

在贵阳，他终于见到了日夜惦念的妻和孩子们！那一刻，他心中最急于对她袒露的就是："以后我当然决不再离开你，无论如何，我决不再离开你一步。我想你也是这样想的吧？"母亲当然是这样想的，她决不会再离开丈夫，也决不会再让丈夫离开了。

一家人团聚了，但磨难并未结束。经过长时间的旅途颠簸，我们几兄妹幼小的身体消耗极大。到贵阳不几天，三哥、小妹和我就不幸染上了麻疹，很快又传给了大哥和二哥。孩子们一个个轮番病倒，只得在旅馆先住下来。大人们还没有得到喘息的身心又加上了沉重的负荷。日夜守护、辛苦照料不说，还得在捉襟见肘的费用中再耗去一大笔。听母亲说，父亲对她直苦笑："讲学的钱都吃了药了！"

我们三个小的病好后，由于叔叔需先赶往昆明，父亲决定全家分两批入滇。让赵妈带上我们三个随同叔叔一家先行。他和母亲等课程结束，大哥、二哥也痊愈后再上路。

但谁也没有想到，我们这一路的行程，竟使父母亲事后想起来后怕不已。

先前就听说，湘黔山区，特别是湘西一带土匪多。我们在湘西并没有遇到土匪，然而在贵州境内却直接遭遇到了。

那是一天夜晚，我们正在一家旅馆停宿，旅途疲劳，都早早地入睡了。忽然外面传来一片喊声，夹杂着猛烈的拍门声。不一会，我们的房门也被拍打得震天响，大家都被惊醒了。赵妈吓得一骨碌爬起来，意识到情况不对，慌忙搂着我们钻到桌子下，大家屏着呼吸不敢出声。半晌，才听得外面的喊声渐小，打门那些人似乎也走开了。原来这是一帮土匪在抢劫，大概以为我们这里是空房，没有破门而入！这夜土匪不仅劫掠财物，而且杀死了人！被害人的尸体第二天就放在了我们这辆车上！

我们当时太小，又有赵妈庇护，不知道什么，但这次匪情对赵妈刺激很大，她到昆明后还惊魂未定。听母亲说，她讲起当时情形时，还闪着泪花，为那个无辜的受害者感到十分难过。

母亲他们一路也并不平静。贵州多山，公路也多是盘山而行，十分险要。特别是以险著称的“二十四拐”，坡度很陡，转弯又急，汽车上下来回盘绕，需转急弯二十四次，稍不小心就会葬身深谷。从车上往山谷下望去，就时而能见到出事汽车的残骸！尽管如此，在那战火连天的年代，老旧的木炭汽车载着逃难人群仍络绎不绝。母亲说，他们过“二十四拐”时，心都提到了口里！然而就在这全身神经绷紧到极点的时刻，他们偏偏亲眼见到了最害怕也最不愿见到的人间惨剧——就在他们车前爬行的那辆车不幸翻下了山谷！

…………

不管怎样，九月间，历尽艰险的一家人总算平安抵达昆明。父亲望着这团圆的一大家人，百感交集。他眼里闪着欣喜的光芒转向母亲，心里又在说：“以后我当然不再离开你，无论如何，我决不再离开你一步！”

母亲抵滇不久，老家巴河沿线就成了血战战场。十月下旬，传来了武汉弃守的消息。

空袭受伤

昆明是大后方，抗战以来，逃难至此的人日渐增多，住房也越来越紧张。租金昂贵，条件也高，有的房东要求甚至很苛刻，坐月子的不租、孩子多的不租。多亏了陈梦家的帮助，父亲才为我们和叔叔一家在小西门内武成路福寿巷三号租得楼上的七间房。我们家住三间正房和东侧厢房，叔叔家住西厢房。

这里居住条件不错，房间和院子都较宽敞，还有一个跨院。只是离联大较远，父亲说，有了三千里步行的锻炼，这点路丝毫不在话下了。

经过前一段“过的不是日子”的日子，好不容易重新安下家来。父亲决心好好给母亲当一回“奴仆”，让孩子们住得身心舒畅愉悦。室内的主要家具都是房东借给的，但他仍用心作了设计。听母亲说，墙上那副对联以及那两张黑漆描金的太师椅都是他亲自从市场细细挑选来的。他步行途中购得一把藤拂尘，藤柄自然天成，上端盘成了一个“龙头”，古色古香，他爱不释手，现在也挂在了墙上，想要让母亲来共赏。

福寿巷的定居，暂时终结了动乱不定的生活。父亲很珍惜这一时光，日夜埋头书案。他给这儿取了个室名，叫“璞堂”。在这里的著述，以后发表的时候都冠以“璞堂”的名号。这学年，除讲授《楚辞》、《尔雅》

及大一国文，还兴致勃勃地进行着上古文学史的研究，为新开这门课作准备。一九三九年六月发表的《歌与诗》一文，便是他计划中的《上古文学史》讲稿的一章。

但战前那种宁静的书斋生活已不可能有了。日寇并不放过中国的大后方。一九三八年九月二十八日，敌机首次轰炸了昆明，给平静的边城带来了惨重灾难！这一天，也成了我们终身难忘的日子！

上午九点，一阵长长的稍带起伏的汽笛声突然惊破了平静的昆明上空，这是预情警报！昆明人第一次陷入面临敌机入侵的惶恐之中。母亲从战区来，已习惯了躲警报，忙把我们几个孩子拉到桌子下并在桌面上铺上厚厚的棉被。可是这时，大哥已上学去了，她又忙让赵妈去学校接他。赵妈去了不一会儿，空袭警报就响了，很快便是那急促起伏的、声声直刺人神经的紧急警报！大家万分着急，父亲顾不得危险，匆匆跨出了门，亲自跑去寻找二人。

闻一多与三子闻立鹏、长女闻名在昆明小西门内福寿巷三号院内

街面已鸦雀无声，惊慌混乱的人们都已找地方躲避起来。父亲出了小西门，正遇见往回赶的赵妈，知道大哥已由老师领着疏散了，便和她急忙返回，但这时城门已关闭，二人只得又折往城外。

走到一个木材厂时，传来了敌机临近的沉重轰隆声。赵妈这时已迈过墙边的小土沟进入斜对面的小树丛中，父亲临时靠到厂墙下，抬头往空中望去，只见九架敌机已飞临头顶！就在这一刻，一颗炸弹呼啸而落，在木材厂院内爆炸，巨大的冲击波中墙头的砖瓦石块纷纷迸落，一块砖头不巧正砸在父亲头上！

硝烟还未散尽，赵妈就看见父亲血流满面！她急忙冲过来，哆哆嗦嗦掏出手绢替他捂住，手绢很快被染得通红！

幸好不久街头的红十字救护队赶来，为父亲作了紧急包扎。

这时的母亲，在家里真如热锅上的蚂蚁。只听得敌机的轰鸣声、疯狂的炸弹爆炸声，却不见出去的人回来！解除警报刚拉响，她就飞快拉上我们直奔巷口。叔叔也紧跟着跑出来了。

那一刻的景象是永远难忘的：我们站在巷口，街上已出来了不少人，个个都还惊魂未定。我们踮起脚尖，睁大了眼睛盯着每一个惊惊慌慌从城外往回赶的人，生怕漏掉了自己的亲人。忽然，只见远处一辆洋车[※]拉着一个受伤的人跑过来。车上的正是父亲！他头上缠着纱布，衣服前襟上都是血！父亲看见我们，直冲我们摇手，意思是不要紧，别害怕。我们却忍不住哭叫起来："爸！"

车子经过巷口，直奔医院去了。叔叔也立即跟随车后奔去。

父亲的伤幸好不重。在医院里只缝了几针。由于伤员太多，医生让回家休养。不多一会儿，他便回到了家。迈进家门，他不觉满眼委屈朝

※ 当时都称人力车为洋车。

话剧《祖国》上演时留影

母亲怨道:“你好狠心啊,不来看看我。”

母亲顿时难过得要落泪，她哪里不想去他身边？只是赵妈随父亲赶回来时，由于过度惊吓，浑身颤抖不止，连小便都失禁了，一时动弹不得。见叔叔已跟随去医院，她想安顿一下赵妈再赶过去。想到父亲还空着肚子，又利用这时间匆匆为他熬了点稀饭。谁想还是错过了他最需要她的时刻!

这一天，昆明人遭难惨重，赵妈回来就对母亲诉说，她亲眼看见被炸得血肉横飞的尸体，连树枝上都挂着胳膊、大腿！年过五旬的赵妈平素善良慈爱,哪里能受得了如此强烈的刺激！这一天,国仇家恨,不仅我们难忘,它也带着伤痛和仇恨深深种在昆明人心中。我至今仍记得，此后不久学校里教唱的一首抗日歌曲，开头两句便是“‘九二八’，敌机来轰炸……”

“是感动、是燃烧”的戏剧活动

祖国遭受侵略者的残暴蹂躏，每一个有爱国心的人都不可能不激愤，不奋起。内心始终燃烧着一团火的父亲更不会只耽于古籍，沉迷于几千年前的昨天！面对日寇的疯狂侵略和战事的连续失利，他深感唤起民众、鼓舞抗战热情和斗志的重要性。他见当前的抗日宣传尽是些标语口号式的文字，很不得法，认为在文字方面，应“能激发我们敌忾同仇的情绪”，“它的手段不是说服，而是感动，是燃烧！它必须是一件艺术作品”。“不过真正能读懂一篇文艺作品的人究竟太少，在我们特殊情况之下，文字宣传究不如那‘不落言诠’的音乐图画戏剧等来得有效”（闻一多《宣传与艺术》）。

伤愈不久，他就满怀热情参加了抗日话剧《祖国》的演出活动，亲自担任舞台设计与制作。

自从当初“国剧运动”梦想破灭后，多年来他再没有接触戏剧，但对戏剧、舞美的兴趣一直未衰。当前的国难又重新激起了他对戏剧的热情。这年十一月“联大剧团”成立后，他更成了一位极受欢迎的指导者。转年二月他将自己对当前抗日宣传的观点写成了《宣传与艺术》一文发表。七月又和凤子、吴铁翼联名邀请曹禺来昆亲自导演话剧《原野》。他自己在《原野》及宋之的等编的《黑字二十八》中均担任舞台设计。

那些日子，我们家里也成了他的“试验场”。平时当凳子坐的装美孚石油的废木箱，都被他放倒了当做舞台。他用硬壳纸制作成各种颜色的布景及人物模型，在“舞台”上摆来摆去，变换搭配，时而近前仔细端详，时而后退远观沉思，还不时回头征求母亲和孩子们的意见。方案定下后，又亲自动手制作。在三转弯岑公祠内空地上，撩起长袍生炉子熬胶水，平铺起大张布，在上面绘布景。

除舞台设计，他还热情地与担任服装设计的雷圭元先生共同研究、琢磨人物的服装。凤子后来回忆说："为了《原野》的演出，闻先生自告奋勇担任服装设计。金子着的一件紧身红棉袄，还是他自己去跑估衣铺买了来的。仇虎的那件大褂，他坚持要黑缎面子、红缎里。我们只知他是位学者，是位诗人，却不知道他也是位画家，对于着色，对于情调的把握，他有高人一等的鉴别力。"（《哭闻一多先生》）

父亲的一位学生曾生动地回忆起他那"诗人的设计"："仇虎在森林中的那一幕，他用了许多黑色的长条的木板在台的后半，一排排大小错综地排列起来，叫人提了小红灯笼，穿来穿去，在台下看起来就显得这片森林多么幽黑深远。"（何孝达《闻一多先生的画像》）

《原野》公演时，父亲还亲自撰写了说明书，指出它"蕴蓄着莽苍浑厚的诗情。原始人爱欲仇恨与生命中有一种单纯真挚的如泰山如洪流所撼不动的力量。这种力量对于当今萎靡的中国人恐怕是最需要的吧！"

前后几部话剧的演出轰动了整个昆明城。《祖国》公演时，全场观众激动得振臂高呼："打倒日本帝国主义！"《原野》虽然演出时连日大雨，但仍连日满座；在接连演出九天后，又应各界要求加演了五天。朱自清先生当时就欣喜地著文说："这两个戏先后在新滇大戏院演出，每晚满座，看这两个戏差不多成了昆明社会的时尚，不去看好像短了些什么似的。……这两个戏的演出确是昆明一件大事，怕也是中国话剧界的一件大事。"（《〈原野〉和〈黑字二十八〉的演出》）

几个戏正如父亲所追求的那样，以它那独特的艺术手段，用感动，用燃烧，激发了敌忾同仇的情绪。在这感动和燃烧中，也自然包含着那出色的诗人的布景、灯光及服饰的震撼力！

这几部戏，父亲都带我们去看过。那时年纪太小，还不懂得什么，更不能理解其间的深远意义和作用。但那气氛，特别是那布景、灯光、服装留给了我们深深的印象。仇虎那身穿短褂、充满仇恨的刚强形象，那盏在幽黑深远的森林中时隐时现的小红灯笼，还有窗户上出现的牛头马面，给我的印象至今仍鲜明生动。

清贫晋宁和难忘的诗化生活

一九三九年春以后，日寇开始大规模轰炸中国后方城市。昆明遭到的空袭日益频繁。各校都调整了上课时间，不少教师疏散到郊区农村居住。这年暑期，父亲获准了为期一年的休假研究（这次休假是因抗战爆发而推迟至今的），为了不受空袭干扰，全家决定搬往距昆明四十公里的晋宁县。

家中物件不多，但一家八口搬迁起来并不轻松。大人们免不了又是一阵辛苦操劳，而我们小孩子照例快活又兴奋。不过，谁也没有料到，这次搬家还遭遇了一次惊险！搬家途中，司机大烟瘾发作，竟将汽车开进了路边的壕沟里！幸好沟不深，汽车侧翻在沟坡上。我们一个个惊慌失色地从车窗爬出来，只有赵妈不幸被一件重物压住了脚，动弹不得，疼得直哼哼。父亲带领大家费了半天劲才将她救出来，幸好还没有伤到骨头。

晋宁环境清静，又没有空袭骚扰。我们住在北门街六十七号楼上，虽然临街，但车马稀少，颇有远离尘嚣之感。父亲在这里搭起案板，摆满了一桌书，他又获得了一个比较安定的治学环境。

这个时期，由于没有课，其他活动也较少，他工作之余常能和我们在一起，兴致勃勃地教我们唐诗，继续那久已顾不上的“诗化家庭”的工程。

每当月亮冉冉升起，月光透过敞开的宽大窗户泻满大半个房间时，他就把我们叫到身边，开始给我们讲唐诗。他半靠在床头，耐心地讲，动容地吟诵，同时要求我们把所学的诗都能背下来，有时还闭目聆听我们的背诵，细心纠正每一个错误，他还像当年教侄子们那样，风趣地立下了规则：谁要是背不下来，就得罚给他捶一百下腿！我们就在嘻嘻哈哈的笑声中给一时背不下诗来的二哥数过数。

月色中围坐在父亲身边，跟随他在唐诗世界中遨游，成了我们最美妙的一种精神享受。这时刻，一切都沉浸在溶溶的月色中，沉浸在月色下的浓浓诗意里，听着“春江潮水连海平，海上明月共潮生……”这样的诗句，只觉窗外幽蓝的夜空和那高悬的明月也渐渐幻化成了闪烁着月光的春江和那江天一色中的“皎皎空中孤月轮”了。而自己渺小的身躯也渐渐融入了那充满诗意的无垠宇宙之中。读到“空里流沙不觉飞，汀上白沙看不见”时，真仿佛自己就置身在那一片如霜的空灵之中。父亲这时提醒我们，这里的“看”字，不念（汉语拼音）四声，要念成一声。月色中的这个字音，令我永生难忘。

映着月色我们学了《长恨歌》、《琵琶行》、《春江花月夜》以及长篇乐府诗《孔雀东南飞》等许多名篇。父亲十分推崇杜甫，还选讲了杜甫的《茅屋为秋风所破歌》、《兵车行》等及白居易的《卖炭翁》等篇。

所有这些诗，我那时虽年幼还不能完全理解，但它们却是平生所学唐诗中印象最深的。它们融在那难忘的月色中，永远滋养着我们的心田。

有时，父亲也零星给我们讲一些古代神话和传说，我还依稀记得，晚饭后在大门口的石板路边，我们坐在蒲团上，沐浴着月儿的清辉，听他讲洪水遗民把葫芦当作船的故事。这一定和他正致力于上古文学史、整理古代神话等的兴趣有关。要不是那时我们太小，一定会从他那里听到更多的传说，获得更多知识的。

天气好时，父亲在工作之余还常常带上全家外出去享受大自然的绝美和神奇，也让我们缺乏营养的身体从大自然中寻找一点补偿。每逢这时，母亲都要为他泡上一壶苦茶（父亲爱喝浓得发苦的茶，我们便称这茶为苦茶），再抱上一床线毯。大家说说笑笑来到郊野的草地上，我们开始和蓝天绿野亲热，而父亲和母亲则并肩坐在线毯上，喝着茶，边欣赏云南高原那动人的美，边甜滋滋地享受着儿辈绕膝的天伦之乐。太阳和煦地照着，深远的蓝天下一片宁静，只有几只美丽的蝴蝶在草地野花中飞舞。我们仿佛走进了一幅诗意盎然的图画中。那可恶的战争、轰炸，似乎都从生活中消失了。

然而这时，日寇正践踏祖国大地，第二次世界大战也已全面爆发。真正的和平与安宁已成为人们的美好梦想。

随着局势发展，战争给民众生活带来的影响日益凸显。不断高涨的物价使百姓苦不堪言，教师们的生活也日渐窘迫。我们家人口多，就更感艰难，从这时起，家里的许多生活必需品都不得不由买成品改为“自制”了，就连面粉也是买来小麦自磨自筛。父亲吸的香烟也开始自制了。母亲从市场上买来旱烟叶子，喷上黄酒及少许糖水，稍经揉搓切成丝，再用大张烟叶紧紧包卷起来，一支支漂亮实惠的烟卷就制成了。父亲抽着这“独家制造”，还倍觉有味呢！后来，他干脆用这种自制的烟丝抽起烟斗来，既经济又简便，还别有一种情趣。

为了节省开支，母亲开始制作腌菜。记得有一种仿当地人制的，里面放有八种作料，十分美味。我们楼下大门口两旁的石沿上，常常铺有大床草席，上面晾满了切好的苦菜，那就是她用来制作这种腌菜的原料。有时，竹席上还晒着一些萝卜条，是准备腌制萝卜干的。我们放学回来，常常禁不住跑去抓上几根解馋。腌菜不仅节省了菜钱，也成了我们难得的零嘴。

最费力的自制品,大约要算是一家大小的“穿”了。母亲常无奈地说，大人还好对付，可孩子们都小，正在长个儿，又禁不住要玩耍跑跳，衣服鞋袜都特别费。买不起新衣服，她便整天缝缝补补，拆旧翻新，即使是破衣烂衫，也留着糊袼褙做鞋用。平日里连一丝布条、一截毛线她都攒起来备用。

作为众口之家的主妇，母亲的角色本来就不易。但战前，尤其在清华园,生活条件比较优越,主要还是累心。现在,虽有赵妈这个好帮手，却为生活所迫，不得不累心又劳力。母亲原本体质较弱，在老家时又有了心慌的毛病，这种转变更增加了她的身心负担。不过在她的生活中似乎从来没有克服不了的困难，从来没有唉声叹气、怨天尤人的时候，在这国难时期更是如此。无论是面粉一箩箩地筛、青菜一刀刀地切、衣服一针针地缝，都默默地、不厌其烦地从容面对。这个时期，如何在开支上节流，维持住一家八口的温饱，使丈夫能安心治学，已成为她全部的心思，也占去了她全部时间，就连那美好月色，月色下孩子们随父亲学唐诗的诱人时光，也难得抽出空来“旁听”享受。而那一直埋藏在内心的学习欲望，只能让它更深地埋藏在心底。

对于生活上的困难，父亲一向豁达乐观，他总是说：“前方将士在流血，我们吃点苦算什么？”母亲知难而进自力更生的态度与他的生活态度正相契合。妻子的贤惠勤谨他早有体会，而面对困难的这种心态与精神只有此时，在患难中，才感受得更深。他心中暗喜有这样一位贴心的伴侣，也不由对她越发疼爱。休息时的“郊游”，总要拉上她一起去，让她劳累的身心在大自然中获得养息。生活上的计划统筹也尽量自己来承担，有空时还坐下来和她一起“制造”烟丝，甚至挽起袖子帮助推石磨，筛面箩，真有“专心事奉你，做你的奴仆”之心。在给友人李小缘的信中，他写道：“弟家口过多。弱妻稚子，事事皆须弟亲身将护。”（一九三九年十月十六日）这是他的真心话，其间除沉重的家庭负担、对家的责任感，还能体味出与爱妻共患难的那颗心。

生活负担是沉重的，但父亲的学术研究仍然硕果累累。他的研究范围更加扩大，在给赵俪生的信中说：“除略事整理诗经、楚辞、乐府、神话诸旧稿外，又从易经中寻出不少古代社会材料。下年将加开《上古文学史》一课。故对于诗歌、舞蹈、戏剧诸部门之起源及发展，亦正在整理研究中。”

这个时期，他发表和完成了多篇具有创见、学术价值很高的论著。季镇淮在《闻一多全集》的年谱中特别谈到其中的《易林琼枝》，说：“从易林这部书里，发现了‘诗’似的东西，是一个新发现。”

父亲这时更加注重在考据的基础上把文学放到整个文化史中去考

察研究。在给学校的《上古文学史研究报告》中，他列举了两项旨趣：一是了解文学作品，遵从旧法训诂考证，同时采用新出材料，作进一步探索。二就是考察时代背景。他说："文学史为文化史中之一环，故研究某时期之文学史，同时必须顾及此时期其他诸文化部门之种种现象。今拟以若干问题为中，就其社会背景，或思想潮流等方面，详加分析，求其相互的关系，庶使文学得成为一种有机体的历史，而非复一串账簿式的记载而已。"贯通中国文学史和文化史的意愿早已在他心中孕育着了。

一九四〇年暑期，父亲休假期满，我们也搬离了晋宁。

晋宁的这一年虽然短暂，但在我的记忆中却是永恒的。

一九八六年我回昆明参加父亲遇难四十周年活动，期间偷空回了晋宁一趟。阔别四十七年，想不到故居一点没有变！那绿色油漆的墙面，宽大的花格木窗，大门边我曾偷嘴萝卜条的石沿……老远就紧紧抓住

晋宁故居。这是一九八六年拍摄的，现在已面貌全非

了我的心。登上楼梯，不觉又进入那满室月光的诗境——父亲正靠在床头，我们围坐在他身旁，月色中荡漾着抑扬顿挫的读诗声，也不时静悄悄地闪过母亲忙碌的身影……不知是巧合还是什么原因，在当年父亲靠在床头讲诗的地方，竟发现墙上写有几个铅笔小字“洗衣歌”！莫不是那写字的人（孩子？）会在这里有了什么感应？那月夜、那诗情实在是太美妙、太感人了。

当年的房东已经离世。他的侄儿苏鸿祥闻讯赶来，还带我们去看了后院。他热情地指着一棵大树，说：“我跟闻义和就在这儿打雀鸟呢！那阵子树还没得这么高哩！”一九四六年父亲遇难当时，大哥扑上去救他，受了重伤。新闻报导中误把他的名字写成了云南话中读音相似的“闻义和”。看来，晋宁人当时就已从报纸上得知父亲遇难的消息了。

流连在故居中，当年那种美好、甜蜜的感觉又充满了心间，但其中已伴随着无尽的思念与悲愤！

死里逃生与隔帘而居

我们搬回昆明后，在小东门华山东路节孝巷暂时与叔叔一家合住。

这个时期，日军对中国大后方城市的轰炸越发猛烈，昆明人已时时在警报声中度日。我们回昆明不久，便在轰炸中又经历了一次巨大的惊险，这一次简直是死里逃生！九月三十日这天上午，紧急警报又响了。大家急急忙忙躲进后院防空洞。冯至先生一家也来了。不一会儿，就听见敌机逼近的轰隆声，紧跟着是炸弹爆炸声！大家屏住声息，四岁的小妹也偎在赵妈怀里默不作声。突然一声巨响，洞壁上的泥灰被震得纷纷抖落！这声爆炸太近了，就在洞旁！大家陡然紧张万分，可敌机还未离去，谁也不能出去看究竟。好不容易捱到警报解除，冲出洞外一看，果见院中一个大深坑，四周满是被掀翻的泥土，一旁的芭蕉树叶也都被烧焦了。原来，一枚炸弹正落在院中央却没有爆炸！

情势万分危险。它是否会爆炸？什么时候爆炸？会不会是定时炸弹？大家一会儿跑到坑旁去看，一会儿又赶忙远远地避开。附近一些大胆的邻居也闻讯赶来，人们围在院中议论纷纷。不一会儿，警察也赶来了，说可能是定时炸弹，又说很可能在二十四小时之内爆炸，千万要提高警惕。大家的心更紧缩成了一团。

这一夜，全家人都提心吊胆，大人们都不敢入睡。我们也睡不踏实，眼前总是那个大坑、那烧焦的芭蕉叶，还有旁边那一棵棵叶缘被烧得焦黄、艳艳红花上也落满了泥土的美人蕉！

炸弹被起出运走了，但昆明市内显然不宜再居住。父亲决定疏散到乡间去。

十月，我们和叔叔一家搬到了西北郊的大普吉镇。住房很紧张，两家合住十分拥挤，我们小孩子不得不晚间打地铺，白天再卷起来。不久，父亲在距大普吉半里路的陈家营找到了一处住房，于是全家人再次迁移。这次搬迁因路途不远，行李本也不多，父亲带头，大人小孩肩扛手提往返几次也就完成了。

陈家营离城约二十里。联大同仁有好几家已搬迁至此，有黄子卿、高崇熙、余冠英等。父亲在一杨姓的农民家租了楼上的三间正房及东厢房，他很高兴又有能摆下书案的地方了。这里楼下就是牲口房，终日散发着扑鼻异味，房东家烧灶时更满院烟雾弥漫。父亲住的东厢房（后来也兼书房），正在房东的厨房楼上，每当他们烧火做饭，大缕浓烟就从宽大的楼板缝中往上窜，人在房间里如同坠入烟海，两眼流泪，喉咙干呛，大家都坐立难安，只有父亲仍不离书案。

一九四〇年十月，闻一多全家迁往昆明北郊大普吉镇。图为与长子闻立鹤、长女闻名在大普吉桥头留影

一九四一年早春，华罗庚先生也在轰炸中遭遇险情，他们躲避的防空洞被炸垮了，华先生大半个身子都被埋在了土里。一家人急欲疏散乡间，却又一时找不到住房。父亲见状，立刻热情地腾出一间正房给他们家。原来的三间正房是通透的，两家便在当中隔上一块布帘。华先生后来动情地回忆说：“我

一九四〇年秋，闻一多移居陈家营。在这里闻一多一家曾与华罗庚一家隔帘而居

大普吉镇清华科学研究所师生及家属合影。前排站立者左二为闻一多，左四为夫人高孝贞

们一家走投无路，也来到这里。一多先生热情地让给我们一间房子，他们一家则住在连通在一起的两间房子里，两家当中用一块布帘隔开，开始了对于两家人都是毕生难忘的隔帘而居的生活。”

就在这隔帘而居的陋室里，在猪圈牛棚楼上，两位寒士埋头书案，勤奋治学，兴致盎然。华先生回忆说：

> 在陈家营闻一多一家八口和我们一家六口隔帘而居期间，我伏案搞数学，他埋头搞“槃瓠”※。先生清贫自甘的作风和一丝不苟的学风都给我留下了难忘的印象。在他埋头“槃瓠”期间，无论春寒料峭，还是夏日炎炎，他总是专心工作，

※ 原文注：这里“槃瓠”泛指闻一多当时从事的古代神话传说的再建工作。“槃瓠”本身属于古代神话中关于人类产生的传说这个内容里。

一九四〇年联大中文系教授在大普吉镇合影。左起朱自清、罗庸、罗常培、闻一多、王力

晚上在小油灯下一直干到更深，陶醉在古书的纸香中。……通过这一段患难之交的共同生活，一多先生严谨的治学态度，对我影响很大，成为我毕生学习的榜样。

有感于这段生活，华先生还写了一首诗：

挂布分屋共容膝，
岂止两家共坎坷。
布东考古布西算，
专业不同心同仇。

（《知识分子的光辉榜样——纪念闻一多烈士八十诞辰》）

父亲埋头的“槃瓠”，是他正在撰写的《伏羲考》。这是他神话学研究的重要内容。自从二十世纪三十年代由《诗经》、《楚辞》研究而涉足神话以来，他已更有意识地要通过神话来探求中华民族文化的源头。他将传统的训诂考据方法和现代科学方法结合起来，利用人类学、语言学、历史学等方法，取得了一系列显著成就。朱自清先生后来多次谈到他的神话研究，指出：“他研究神话，如《高唐神女传说》和《伏羲考》等等，也为了探求‘这民族、这文化’的源头。”（《闻一多全集》·朱序）在谈到他神话研究的独创性和成就时，朱先生说：“闻先生研究伏羲的故事或神话，是将这神话跟人们的生活打成一片；神话不是空想，不是娱乐，而是人民的生命欲和生活力的表现。这是死活存亡的消息，是人与自然斗争的记录，非同小可。”“他的研究

闻一多绘制的伏羲女娲图

神话，实在给我们学术界开辟了一条新的大路。”他又怀着剧痛惋惜地说：“关于伏羲的故事，他曾将许多神话综合起来，头头是道，创见最多，关系极大。曾听他谈过大概，可惜写出来的还只是一小部分。”（《中国学术界的大损失——悼闻一多先生》）

在隔帘而居的陋室里，父亲还发表了《怎样读九歌》、《道教的精神》、《贾岛》(《唐诗杂论》之一)、《周易义证类纂》以及《宫体诗的自赎》(《唐诗杂论》之一)等论著，并开始撰写《九章》。这些都是极具创见之作。其中《周易义证类纂》更一反传统，“以钩稽古代社会史料之目的解易，不主象数，不涉义理”，在易学史上独辟蹊径。

这学年，他除讲授《中国文学史分期研究(一)》(即上古文学史)、《中国文学专书选读（诗经）》（上学期），寒假后，还为文学组四年级讲授《古代神话》一课。

乡间环境安静，避免了轰炸的干扰，但每周授课，仍得赶去昆明市内。于是教授们“八仙过海，各显神通”，各自想出办法来解决这一难题。父亲请准将他的课集中在一两天之内。头一天进城，授完课在城里住一宿，第二天上完课再返回。附近的大普吉虽有马车通城里，但他为了节省，每次来回都是步行。他说：“三千里都走下来了，这点路不算什么。”

在断炊的威胁中

由于战争和国民党政权日益专制腐败，大后方物价暴涨不已，人民生活水平急剧下降，教师们的生存也受到了严重威胁。父亲这时的月薪已仅够维持一家八口半个月的开销，我们家生活陷入了极端艰难的境地。饭桌上已很少见到一点荤腥，几乎顿顿是清水熬白菜。就连豆腐，平时也难得吃上一两回。偶尔买来几块，大家都高兴地称之为“白肉”。母亲见父亲每周要步行进城去授课，回来又伏案到深夜，而每天的饮食却只是清汤寡水，心中十分难过。她又担心孩子们在发育时期过度缺乏营养，于是绞尽脑汁想“改善”一下伙食。村里老乡们喂猪，常掺进一些豆渣。她知道，豆渣是好东西，便常从他们那儿买来一些放到白菜里一起熬，既增加了营养又能调剂口味。这道“一锅熬”也便成了我们日常的主菜。有时还能再“改善”一下，把豆渣加点油和葱花炒一炒，配上一盘自制的腌菜，全家人还都吃得津津有味。父亲爱吃辣椒，煎、炒费油，母亲就让赵妈把它直接放在火上烤，烤得喷香，再蘸上一点盐巴，父亲也觉着十分可口，从此，烤尖椒也便成了他日常必备的佐餐美味。

我们也开过几次特别的荤，但那肉食不是从市场上买来的，而是从田野里获得的。有一天，母亲听余冠英太太说，蚂蚱也可以吃。于是我们便跑去田间尽力搜索。抓到的蚂蚱为了省油，只能放在锅里干焙，可却既营养又能解馋。我们还捉回几只田鸡来煮汤喝过，那更是难得品尝到的佳肴。

大自然是慷慨的，赐给美味的同时还让我们享尽了美妙的野趣。

晚饭后，映着夕阳来到收割过的稻田里，那金色的田野，那银铃般的笑声真是如诗如画，令人永生难忘。偶尔，父亲出来散步，也带我们来到田间，吸引他的当然不只是那蚂蚱的美味，而是大自然的美景和夕阳中扑捉的乐趣。

昆明的冬天虽没有冰天雪地，却也寒气袭人。寒冬腊月的早晨，为节省几个炭钱，父亲带着我们到村头的小河边，用冰凉的河水洗脸。母亲这时已患有贫血，仍不时随赵妈一起冒着瑟瑟寒风到河边去洗衣服。听她说，有一次端着洗好的衣服起身时，竟一下晕倒在地。父亲一听说吓了一大跳，扔下手中的笔便直奔河边来搀扶。

当时，有些教授家已开始变卖衣物来补贴生活。而我们家，却连可卖的东西也找不出几件。入冬时，父亲悄悄将自己的狐皮大衣送进了当铺，回来却因身上单薄患了重感冒！母亲含着眼泪责备他，又让大哥赶去城里把大衣取了回来。这一刻，她越发后悔不该在“七七事变”前离开北平。她不止一次地怨自己：“我要是不走，有些东西，像首饰什么的，多少可以清一些带出来啊！”

为了避免断炊，父亲无奈，只好破例去向学校预支薪水。

母亲拿着这点钱费尽心思反复盘算，除了在吃、用上绞尽脑汁，一家人的穿更不知耗去了她多少心血和劳力。

我们的鞋，以前还可以做好鞋帮拿出去绱底。而现在，为节省开销，连鞋底她也一双双亲手做了，从一层层糊袼褙、一层层铺垫，到一针针地去纳！往坚硬的千层底上锥针时，手上不知扎破过多少回。从这时起，桌上那只竹编的针线笸箩旁，又多出了一摞摞大大小小已做好的、尚待完成的鞋底！

偏偏母亲又是个一点不肯含糊的人，做起活计来，不仅要求精细、结实，而且要求美观。“美”，是她不可动摇的标准，残旧毛线偏要织出色彩和谐、构图优美的毛衣，破旧衣服却力求不露缝补痕迹。赵妈一件月白色的短褂破了洞，她巧妙地在洞面上织上了一朵半开的白菊，倒给褂子增添了一分清丽。为了使父亲走长路时舒适一些，她想方设法把他那几双从北平穿来、已破洞百出的袜子，缝补得双双平整而又绵软。我们穿鞋，最费的是前脸，她便在那儿设计出波浪形或燕形图案，在上面密密地纳上针脚，既耐磨又别致。鞋底一般都要包边，她有时却细细铺垫，留出毛边，穿在脚上不仅舒适耐穿，还有点时髦的感觉呢！热天给我们做的布凉鞋，更是样式美观、朴素大方。

母亲年轻时就有一双巧手，那时女红是女孩子的必修课，但那是在绢、绸上刺绣。而现在，面前却是一堆破烂！面对这堆破烂，她也并不为难，只尽量因陋就简在上面修补改造，开拓天地。看她缝补衣服，一点没有对付破烂的烦躁，反倒像是在完成一件件令人神逸的手工艺品。一样样破烂在她手中很快就变成一件件面目全新、富有美感的“作品”。不过，这些作品都是给我们的，她自己却连一双像样的鞋都没有！

在父亲心中，母亲一直是他早年笑称的“神仙”，多年来，多亏了这位守护神，他才能毫无后顾之忧、心情愉快地专于学术，也亏了这位神仙，家，才成了幸福的“乐窝”。现在女神不仅以自己的勤俭和坚韧缓解着贫穷饥馑带来的压力，还以自己的灵巧与智慧努力美化着生活，使清苦中能品味到甜美，贫寒中还获得享受。

美本是一种传承，尤其是女性永远不变的追求。母亲的追求也十分朴素，是纯粹的“原生态”。但父亲作为诗人和艺术家，对任何一点灵性的火花都是敏感的。早年他就为此而十分欣喜。现在，见她在困境中仍如此坚持，心中更不知又生出多少甜蜜的爱意！

他无法减轻她的负担，也不可能像在晋宁休假时那样“事事躬亲”。但显然在心里时时惦记着为她效点力，哪怕只做一点点令她高兴的事。

寒假前母亲随父亲进了一趟城。这天，我们正在楼上玩耍，等待着他们归来。忽然听见父亲在楼下叫：“你们几个快下来啊，扶你妈妈上去！”我们忙跑下楼，母亲正坐在楼梯上，揉着脚，脸上却洋溢着幸福的微笑。父亲站在她身旁，一脸的疼爱又一脸的得意。我们一眼就发现了母亲脚上的新皮鞋！浅棕颜色，圆口斜绊，十分素雅大方！原来，这是父亲刚刚在城里为她选购的。回来时，母亲舍不得坐马车，随同父亲一起步行走来，大概是穿着新鞋还走了一截路，迈进院子刚到楼梯口就一屁股坐在楼梯上动弹不得了。

这件事给我的印象很深。这还是亲爱的妈妈抗战以来第一次穿上新皮鞋呢！在我的记忆中，直到抗战胜利，她再也没有买过皮鞋。而这双难得的皮鞋，在我长大一些后，还成了我和母亲的共用品！

母亲平时省吃俭用，是绝不肯为自己花钱的，何况在如此艰难的时刻。这次她能进城买皮鞋，显然是父亲的功劳。

早先在北平时，父亲曾亲手为母亲修剪过服式，亲自为她选购过旗袍、为她选择过色彩，以后又从外地为她购回过工艺精美的日本和服。谁都知道，当这些看似普通的生活关怀出自一位热情的诗人和艺术家，出自一个平时从不爱上街购物的学者时，它们的分量有多重！梁实秋曾回忆说：“一多在私生活方面是个懒人，对于到市内购买什物是视若畏途的，例如我们当时都喜欢穿千层底的布鞋，一多怕去买鞋，时常逼到鞋穿破了之后，先试穿他的厨师的鞋子，然后派遣他的厨师代他去买鞋！”（《谈闻一多》）现在，尤其是在抗战的艰苦年头，这双普通的皮鞋，该承载着多么深厚的情意啊！

艰苦贫穷动摇不了母亲对美的追求，更影响不了父亲的乐观和生活情趣。

陈家营附近有一口窑，二哥他们常跑去玩耍，有时还抓回一把窑泥来捏玩具、做手枪。大概是窑泥和孩子们的手工激起了父亲的艺术创作冲动。当时家里天天吃“一锅熬”，总觉缺少一只便于搬动的、小巧一点的炉子。忽然有一天，父亲向二哥要了点窑泥，兴致勃勃地挽起袖子，亲自造起炉子来。他一投入，就不单纯是做炉子了，那是严肃的艺术创作！反复揣摩，细细雕琢，牺牲了休息，甚至侵占了不少伏案的时间。小火炉塑好后，他又用竹片仔仔细细把外表抹得乌亮。乍一看，简直令人又惊又喜，那不就是一具古雅的青铜器吗？可惜，还没等大家欣赏够，炉子一点上火，就裂开了大口子！艺术家创造出了艺术美，却缺少制炉的技术，炉子最终没有用成！不过，作者的一番劳作倒给生活增添了不少情趣，也令母亲的心暖意融融。

临近年关时，父亲又一次给了我们一个惊喜，这次不是诗情雅趣的“精神大餐”，而是实实在在的口福。大约是除夕的前一天，我们正在屋里玩耍，那时没有玩具，我们几个就脱了鞋在床上蹦跳，把枕头堆起来，拿着窑泥捏的手枪“打游击”。我们玩腻了忽然想到父亲教的唐诗《长恨歌》里，有“忽闻海上有仙山，山在虚无缥缈间……”的诗句，又把枕头当做仙山，在其间翩翩起舞。正在这时，忽然从窗户中望见楼下，父亲正兴冲冲迈进大门，后面跟着一个挑夫，挑篓沉甸甸的。再仔细一看，不禁又惊又喜，里面装的全是橘子！自从来到昆明，我们就很少吃到水果，虽然此地气候温和，盛产果蔬，尤其是橘子、桃子等，但那是别人的享受。我们当时高兴得连鞋也顾不上穿就跳下了地。

原来，父母亲见孩子们平日太苦，决心把这个年过得好一点。母亲早好多天就和赵妈一起开始采办“年货”，除了鸡蛋、豆腐等，还买了一些黄豆、绿豆，她知道父亲想吃家乡味，决心自己来磨制一点豆糕。父亲大概是刚刚支到了薪水，也一下狠心，买来一挑橘子，从城里步行十多里赶了回来！

这次吃橘子，真是终生难忘，直到如今，每当吃到橘子，眼前总浮现出父亲迈进大门时的情景，以及我们剥开橘子时他那充满慈爱的快乐眼神，还有那亲切的声音：“橘子里的筋也可以吃，能助消化，莫丢掉！”

我们的房东是位中农，略识文字。早年拉炭赶脚积下些钱，盖起了这栋楼。他家的遭遇很悲惨，大儿子十五岁时就被拉去当壮丁，随国民党六十军到蒙自驻防后又失去了音讯。但房东本人自有了这栋楼后便不思进取，不再下地干活，并且抽上了大烟。家里的农活也全扔给老婆一人干，还时常对她打骂交加。

父亲很同情他们的遭遇，但对房东好逸恶劳、虐待老婆十分不满，休息时好几次把房东请上楼来，让他坐在自己床边，耐心地加以劝导。母亲说，他对房东讲了许多做人的道理，劝他要勤劳，要好好劳动，也责备他不该打骂老婆。他说：“男女要平等，女人不容易，担子很重，要干活，还得带孩子。要尊重和疼爱她。”在父亲多次语重心长、不厌其烦的劝导下，房东渐渐醒悟，不仅重新下地干活，还戒掉了大烟，对女人的态度也开始转变了。

“后来，夫妻俩还常上楼来坐呢！”母亲讲起来十分高兴。

她大概不会意识到，房东的转变除了父亲的苦心劝导，他和母亲本身的生活态度，他们的相知相惜、患难与共以及整个家庭的温暖和睦，恐怕更是一种无言的感染力呢！

文研所的书香和学术园地的开拓者

在陈家营住了将近一年，我们搬到了附近的谷堆村。新居是一座新盖的小楼。同住楼上的还有联大教师吴乾就一家。

谷堆村不大，但环境清幽。我们门前有一个池塘，近旁是一片小树林，枝间栖息着各类鸟儿，还不时有可爱的小松鼠上下蹿跃。松林里流淌着一条潺潺小溪，溪水清澈见底，可以望见里面游动的小鱼小虾。我们蹲在溪边玩耍时，常用自制的小网捞着玩。捕上来的小鱼虾不久就在母亲的“神通”下变成了天赐的美食，她和赵妈将它们和在面糊里烙成软饼，专门来犒劳劳苦功高的父亲。父亲自然舍不得独享，我们也总能跟着解解馋。

在谷堆村住的时间不长，但有一件事却永久留在了记忆里。这是村里发生的一次灾难。

这天半夜，我们突然被一阵紧急的锣声惊醒，只听得外面人声鼎沸，不断有人喊："着火啦！着火啦！"大家急忙披衣起床。水塘对面正火光冲天，半边夜空已染成了红色。火光中还闪动着不少影影绰绰的人影。父亲没等扣好衣服，就急奔下楼提起水桶往外跑。母亲急问："你到哪里去？""救火！"母亲跟在后面喊："这大半夜的！你去了又有什么用？""不是你家，你就不着急？！"父亲气急地甩了一句，匆匆跑出了大门。这天夜里，父亲参加救火，很晚才回来。

第二天清晨我们醒来，只见楼下堆稻草的隔断里聚了不少人，有的坐着，有的靠着，有大人也有小孩，一个个蓬头垢面，惊恐未消，满脸悲痛愁苦，原来这是村里安置来的一些遭难村民。他们奋力逃出了火海，但家中的一切，包括粮食，均已化为灰烬。母亲见他们衣食无着，心里万分难受，立即和赵妈熬了一大锅稀饭送下去。

一九四一年十月初，清华大学文科研究所在昆明北郊的龙泉村（即龙头村）司家营成立。文学部的工作由父亲主持，我们也随迁到所内居住。

研究所租用的是一栋新建不久的二层楼房。房东司荣是位朴实敦厚的中农，他们一家不住在楼内。我们的住房是楼上的东厢房和它的拐间——一间阁楼似的小南屋（我们称之为外屋和里屋）以及楼下的一间小东屋。

老师们治学及住宿主要在二楼。那里的正房未经隔断，相当宽敞，是大家的工作室，我们习惯叫它大楼。大楼里摆了许多书架，除靠墙的一大溜，还有几架书横放着，把房间隔成了几个小空间。老师们就在这书海的空间里埋首伏案，潜心治学。我们后来常利用大人们午休

位于昆明东北郊龙泉镇司家营的清华大学文科研究所

的时间悄悄去书架间玩捉迷藏。那高大的书架，那满架的古书，似乎永远在静静地散发着一种庄严神圣之气，吸引和震撼着我们幼小的心灵。我们在书架间穿梭，也都不禁悄声悄息，放轻了脚步。

二楼西厢房是朱自清、浦江清、许维遹、李嘉言（后离去）、何善周诸位先生的卧室。那里我们没有进去过，但晚饭后常听到从里面传出笛声和一种轻柔婉转的戏曲声调，听大人们说，那是浦先生在哼昆曲呢，那还是我第一次听到昆曲，觉得它是那么新奇美妙。

司家营离城约二十里，不受敌机干扰，村内常年绿荫掩映，花香飘逸，抗战中能有这样一个宁静美丽的处所治学，十分难得。这里与龙泉镇相距仅四里，镇上有南迁来的北平研究院史学所和北平图书馆。联大冯友兰、王力等先生也住在附近，这些都无形中赋予了这里较浓的学术气氛。

所内的老师们都十分珍惜这儿的时光，终日专心致志，沉潜书海。当他们埋头书案时，整个研究所静谧得一点声响也没有，连麻雀落下的动静都听得真真切切。

父亲这时更是努力，他用一张长方的大案板当作书桌，“各种大小手稿分门别类地排满一案板。他精力充沛，研究兴趣最大，范围最广，努力著作，常至深夜不睡。《楚辞校补》、《乐府诗笺》、《庄子内篇校释》、《从人首蛇身到龙与图腾》、《唐诗杂论》等专著和论文，都是在这里写定并发表的”（季镇淮《闻一多先生事略》）。此外，《管子校释》也是在这时参校的。

这些论著都极具创见和学术价值，比如《楚辞校补》，它于作者对楚辞的整个研究“可以说达到了当时的最高学术水准，在‘五四’以后的《楚辞》研究史上具有开拓性的地位”（王瑶主编《中国文学研究现代化进程》）。但这只是父亲的初步成绩，他在《楚辞校补》的引言中针对读古书的困难给自己定下了三项课题：（一）说明背景，（二）诠释词义，（三）校正文字。他说：“三项课题本是互相关连的，尤其（一）与（二）、（二）与（三）之间，常常没有明确的界限，所以要交卷最好是三项同时交了。但情势迫我提早交卷，而全部完成，事实上又不可能。我只好将这最下层、也最基本的第三项——校正文字的工作先行结束，而尽量将第二项——诠释词义的部分容纳在这里，一并提出。这实在是权变的办法，我本心极不愿这样做。”

但他最终没来得及完成自己的计划，就被反动派夺去了生命！

在司家营，父亲勤奋治学的精神和对青年人的热情关爱、指导，给他们留下了深刻印象。他当年的一位学生郑临川后来这样回忆：

> 我们几个外来写论文的同学，就在楼下饭厅靠右边的屋角头搭上临时铺位住定。白天，大家都在书库看书，翻检或抄写资料，有时困倦就下楼去外面四周田坝散散步，等精神复原了再干。可是先生却在他的书桌旁端坐，很难见他上下走动。每天夜晚，我们几个把楼下白天的饭桌当成书桌，在

暗淡的油灯下抄抄写写。深夜我们已灭灯就寝，只见先生的窗户还亮着灯光，大清早我们还未起身，先生窗里的灯光早已亮了。这样，先生晚睡早起的勤奋用功生活，又纠正了我们平时对他的误解，以为先生讲课精彩动人，只是由于头脑特别聪明，现在才知道他在教学和学术上的成功，完全是从踏实用功、孜孜不倦得来的。

他接着又动情地写道：

在乡下住了好几天，先生像平常一样不作具体指导，还是让我自己在书库中乱翻，看看快半个月，收获仍然有限，心头不免焦急，打算回校另想办法。……先生再没说什么，只在吃饭时告诉我，叫午休后到他楼上去一趟。我到楼上的时候，先生已坐在桌旁边等我，桌上堆满着大小厚薄的手抄本。先生叫我坐下，一面指着这些手抄本对我说："这是我多年抄集下来关于唐代诗人的资料，好些是经过整理的，里面有不少是你需要的东西，你就拿去抄些吧！将来你如果研究唐诗，我可以全部拿给你。"对这意外的厚赐，我非常激动，先生却继续说下去："为什么不早拿给你，要等到半年后的今天呢？我是有意让你经过一番困苦探索的过程，使你懂得做学问的艰难。你嫌自己半年来搜集的太少，就该知道老师这些丰富资料是付出了多少年的心血吧。要知道，做学问当像你们三湘的女儿红（指湘绣），是成年累月用一针一线辛苦织成的，不是像跑江湖的耍戏法突然变出来的。你能懂得做学问的艰难，才会自己踏实用功，也不至信口批评，随意否定别人的成绩。”我以无言可表的感激心情，噙着热泪双手接过先生交给我的几大叠抄本，更在心灵深处铭刻下了这些有关治学的箴言，终身奉为典范。

（郑临川《永恒的怀念》，载于《闻一多论古典文学·代序》）

长时间伏案后，父亲总喜欢在晚饭后靠在床上小憩一会儿，他也常在这时检查我们的作业。但就在这短暂的休息时间里，他脑袋里盘旋的也多是研究的那些内容。一九四三年暑期，我和三哥小学毕业，考上了联大附中。父亲怕我们在入学前的长假里荒废了学业，给我们布置了一些作业，还要求每天写一篇日记。我如今还保存有一本当时的日记，里面就记着这样一件事：

八月二十日　星期五

爸爸躺在床上说："这几天，你们看见田里有男女各一人在唱山歌吗？你们猜这是为什么？"我们都猜不出。爸爸便说："是在恋爱呀！"我们都很奇怪。

孩童时，我一直以为那是父亲觉得新奇，顺口说给我们听的。许多年后才渐渐明白，这不是随意闲聊，而是他学术研究有所得的一种兴奋流露。这也是借此在为我们长知识。父亲研究古代文学，从不局限于具体的作品，而是将它们摆在历史发展的长河中从宏观上去认识。正如朱自清先生所说："他研究中国古代，可是他要使局部化了石的古代复活在现代人的心目中。因为这古代与现代究竟属于一个社会，一个国家，而历史是联贯的。"（《中国学术界的大损失——悼闻一多先生》）因此，他不仅运用前人的考据方法，也运用近代的社会学等方法。比如研究《诗经》，便在考据的同时也采用民俗学的方法。

为了正确理解《诗经》所反映时代的人民生活及思想感情，在依据古代文献资料的同时，也十分注意寻找现实生活中与《诗经》时代文化状态略同的有关材料来加以印证。在步行入滇途中，他就曾十分关切沿途的民间风习和文化。现在司家营田间的男女对歌，也正可以印证《诗经》等古代作品中男女对唱传情这一原始风习，难怪他竟兴奋得忍不住要对我们这几个小孩子一吐为快了。

深夜里的两盏灯和桥头接送

父亲对古籍的沉迷，母亲早就深有体会，她已习惯他那为了一个字或一条新发现而半夜三更跳起床来的痴迷劲儿，现在她更不止一次在睡梦中被他惊醒，但朦胧中也按捺不住为他高兴——她的心和他是相通的。

在研究所的小楼里，每当深夜父亲在大楼里挑灯耕耘时，东屋窗下也总亮着一盏灯，那是母亲在灯下与他做伴。她一边忙着活计，一边等候着父亲，还不时往大楼里给他送去热茶。乡下的蚊子很多，夜晚常围着人转，母亲在做针线活同时，还从事一项抓蚊子的“副业”，她就用手抓，一晚上能抓住一小堆。我们在灯下写作业享尽了福，父亲回屋后更能少挨不少叮咬。夜深了，我们都已入睡，母亲还在煤油灯下守候着。这时，大楼里的父亲埋头书案，喝着热腾腾的茶，感受着东屋那盏灯送来的温暖与安定，心里不知有多么踏实愉悦；思路又不知有多么敏捷而清晰！他是任何时候也离不开母亲的，就像一棵茁壮的大树，不能离开甘甜雨露的滋润，在艰苦的年代里更是如此。

母亲深知这颗心，也总是以自己赤热的心来温暖着它。龙泉镇上有公共汽车通城里，但父亲为了节约，每周进城上课仍是步行。每逢他上完课回家时，母亲就带着我们去桥头迎接。

那是多么暖人心扉的时刻，它给父亲带来多少甜蜜的享受和慰藉啊！两年后他还对一位学生深情地回忆："从前，我在龙头村，每回走进城，上完了课，又走着回家去；我的太太总是带了小孩到半路上来接我。回到家，窗子上照着的已是夕阳了。孩子们围在身边，我愉快地洗完脚，便开始那简单而可口的晚餐，我的饭量总是很好的，那一天也总是过得很快活。"

那甜美的时光也深深印入了我们幼小的心田，我后来曾在一篇纪念父亲的短文中深切怀念那一刻：

> 桥头的那条土路，穿过田野蜿蜒通向城里。路边有青翠的小树，油绿的灌木丛，还有比我们高的仙人掌；繁茂的草丛中开满了色彩斑斓的小野花。我们站在路中间，翘首张望着小路的远方，寻找着父亲那一领长衫、一根拐杖的身影。有时，父亲走近了，我们才发现，他那根手杖不是拄着，而是扛在肩头，拐脖那头勾着母亲为他缝制的蓝布书包。……父亲看见我们，微笑地加快了脚步，长袍在微风中摆动着。当我们高兴地喊着"爸！"扑向他的怀抱时，他那炯炯的眸子闪露出多么欣喜的光芒啊！我们接过父亲的书包，偶尔，他能掏出一些糖果来——那是别人送给他的。但使我们更高

兴、更觉甜蜜的，其实倒是接着了爸爸。

回来的路上，父亲牵着我们的手，一边和母亲说笑着。天空是那么蓝、那么高，上面浮着悠悠的白云，我们在蓝天白云下慢慢走着。微风轻轻吹拂着大地，辽阔的田野上时而有一两只白鹭低低掠过，宇宙仿佛融成了一片温馨。经过蝴蝶飞舞的草丛时，我们不时停下来摘採一些五颜六色的小野花。父亲站在母亲身旁微笑着，赞赏地看着我们选择色彩。他显得很快活，刚才长途步行的疲劳似乎已消失了大半。我们攥着花束走回村庄时，村舍已被夕阳染成了一片金红。

有一回，母亲因为事忙，没有带我们去接父亲，他沮丧地独自走回来，一进家门就抱怨母亲："你好狠心啊！"……(摘自《从人间走入地狱》，载于一九九五年十月六日《光明日报》)

父亲一刻也离不开亲情的温暖，他最受不了的也就是离开亲情的孤寂了。母亲还曾好几次笑谈起这样一件事：

你爸爸他有一次吃完晚饭靠在外屋床上休息，我在里屋收拾东西，你们都围着我。不一会儿，他就在那边敲起了鼓皮※，抱怨说："我不是和尚啊，你们都围着你妈妈，把我一人丢在这里！"

研究所的老师们，家眷都不在身边。我们家的幸福温馨、父母亲的相知相爱，尤其是深夜里那两盏相伴的油灯以及桥头迎接的一幕，

※ 家乡话把薄木板隔成的墙壁称作鼓皮。

就像一股流不尽的心灵甘泉，也润泽着他们的心。有时候快到接父亲时，何善周先生就学着母亲的湖北口音笑着催我们："走啊，接你爸爸去啊！"父亲的研究生季镇淮（当时是所里的半时助教）后来在《闻一多全集》的年谱中还刻意写到了这两个细节："先生整理易经、诗经、楚辞等著作，并指导研究生工作，常至深夜不睡……高孝贞女士也经常伴到深夜，为先生做茶，夫妇感情甚笃。先生进城上课回乡，夫人常带小孩到桥头去接，先生欣然。"

窘困生活　高雅意兴

昆明四季如春，风光秀丽，但农村贫穷落后，没什么文化生活，在战火纷飞、哀鸿遍野的年代更是如此。不过研究所里并不寂寞。老师们虽然生活窘困，却意兴高雅，爱好多样。晚饭后院里不仅时时传来浦先生的昆曲声腔，还有何善周先生的京剧唱段。何先生是青年教师，会唱戏，还能讲故事，我们常爱和他一起到对面的小山坡上，坐在草地上听他生动地讲飞檐走壁，甚至还从他那儿学会了几句《苏三起解》和《四郎探母》呢！茶余饭后，老师们也常互相走动，谈诗论文；或映着夕阳到村野中去散步，尽享大自然的神美。有机会时，父亲还与他们相约去附近的名胜古迹黑龙潭和金殿等地，欣赏那里盛开的茶花和宏伟的殿堂建筑。他也带全家去游玩过，去黑龙潭要经过一座独木桥，父亲不放心母亲独自过桥，让我们先过去，他最后才牵着母亲的手小心翼翼一步步移过去。常年为生活操劳、焦虑的母亲，在令人心旷神怡的美景中，身心也得到了放松。

年节假日，大家还喜欢聚在我们家里打麻将，这是当时文人们唯一的娱乐活动。大家兴致很高。当这些背井离乡、孤身在外的老师们坐在牌桌前，感受着“家”的温暖亲切时，这间小小的居室里，总是荡起阵阵轻快的欢声笑语。

所里的麻将高手是山东大汉许维遹先生。他热情豪爽，笑起来声音洪亮。母亲说，他上牌桌，赢的时候多。输了，就站起来围着自己的坐椅转上三圈，一边操着山东口音：“俺就不信，俺就不信！”再坐下时，下一圈还多半能转败为胜呢！

父亲打麻将可只够小学生水平，总需母亲坐在一旁指点，只要母亲离开一会儿，他就急着叫：“快来啊，快来啊！”不过，别看他牌艺不怎么样，雅兴却很高，上了牌桌就谈笑风生，还给几位“牌友”编了个顺口溜。母亲还记得其中的两句是：“许骏斋神通广大，朱佩弦老奸巨猾……”母亲说，他的风趣可给牌桌添了不少乐趣呢！

年节的饭桌上也十分热闹。教师们平日粗茶淡饭，过年时不仅加了菜，还有酒喝，于是一个个雅兴大发，乘着酒兴划起了拳。父亲打麻将不行，但酒量不错，以前在青岛就是“酒中八仙”之一，只见他满面红光、挥拳挽袖，洪亮的嗓音大声喊着：“八匹马呀，八匹马呀！”“五魁首啊，五魁首啊！”那欢乐的场面令我们小孩子在一旁也跟着兴奋不已。

开源节流争温饱

抗战中后期，通货膨胀越发严重。据史料记载，一九四三年大后方城市零售物价上涨高达百分之二百四十五，一九四四年竟达百分之二百五十，劳苦大众终日在水深火热中煎熬，教师们也深陷严重的生存危机。我们家更是朝不保夕，时时处在断炊的威胁之中。当时大哥、二哥已在联大附中上学，平日住校。我和三哥也即将进入中学。几个人的学杂费更每每令人焦头烂额。

一九四三年暑期后，父亲开始在中法大学兼课，但这也只能是杯水车薪。

不得已，母亲只得开口向朋友处挪借。教授们几乎都一贫如洗，自身难保，只有许维遹先生手头略微松动一点。许先生热情豪爽，不仅有求必应，还时常主动帮助分忧解难。

他有位郭姓同乡，是位有正义感的企业家，很同情知识分子的境遇，也十分钦佩父亲的学问和为人。听到父亲的境况后当即热情地请许先生转达，愿吸收父亲入干股（即不需出资，只挂个名，到时可分得红利）。但父亲婉言谢绝了。

不久后的一天，父亲生病，许先生来看望，亲切地坐在床边，又一次转达了郭先生的诚意，并说郭确是真心想为父亲分担一点负担。如果父亲愿意的话，他想接济正上中学的两个孩子中的一个，担负其全部学费，直到大学毕业。父亲很感激这热诚人士的关怀，但又一次婉拒了许先生的善意。他认为，自己的困难应由自己解决，不能依靠别人。母亲说，那天他对许先生认真地笑道：“自己的孩子实在养不起，就让他拉洋车去！”

对于眼前的困境，父亲早已认定了自力更生这条路。他已下定决心让孩子们暑假去打工，锻炼自食其力的能力。就在这个暑期里，大哥在孙毓棠先生介绍下，去三青团云南省团部临时帮助翻译电报，第一次以自己的独力劳动领回了报酬。从这时起，十六岁的大哥就已尝试着为家里分忧了。此后几年里，他都利用暑期数次去做家庭教师，直到一九四六年为扑救父亲身受重伤的那个夏天。那个血染的暑假，他正在为一位女中学生宋瑞莲做家庭英语教师。

父亲本想安排二哥去印刷厂帮助排铅字，但未办成。

在生活的重压下，不仅父亲的负荷越来越重，连十五六岁的孩子也不得不出去打工，这使母亲万分心疼。她想尽了一切办法，力图减轻一点压力，在日用开销上竭力一分一文地精简，甚至连纳鞋底的麻绳也不买成品了，只从集市上买回一些原料来自己搓捻。我们家桌上那个针线笸箩里，永远堆满了各种各样要拆改、要缝制的活计，以至于六岁的小妹给她起了个别号，叫“剪子妈”。她也给爸起了个亲热的外号，叫“胡子爸”。“剪子妈”、“胡子爸”日夜辛劳的形象，从幼时起就深深印在她稚嫩的心里。

在贫穷和劳苦中，母亲并没有放弃对美的追求，每样活计她仍尽量求得精美。连我们上学用的墨盒，为了防止弄脏衣服，她也要利用旧毛线钩出一个墨盒套，面上设计了镂花的图案，提带上还吊着两个可爱的小穗儿。我们提着它，真想到处去“显摆”。母亲还养了一些蚕，想对蚕丝加以利用，我们下学后常帮着摘桑叶，喂蚕宝宝。她深知父亲珍爱自己的手稿，在亲自帮助搓纸捻装订时，总想也给它们打扮一下。

不久，她还真用成片的蚕丝给一本手稿装上了封皮。黄灿灿的封皮倒是新颖别致，只可惜不大适用，以后也只好作罢了。

司家营时期的高孝贞

研究所独门独院，门前是一片稻田，左边有一个打谷场。院内院外都有饲养家禽的空间。这使母亲下定决心要在“节流”的同时进行“开源”。她买回了几只鸡雏来喂养。不久后，饭桌上果然见到了一点营养品——鸡蛋。再不久，父亲早餐也间或可以吃到一个鸡蛋了。记得那时我和三哥每听到“咯咯咯——嗒——”的叫声，便飞快奔向楼下那间堆稻草的隔间，爬上高高的草垛，在里面翻找鸡蛋，当翻见了热烘烘的鸡蛋时，常禁不住在草垛上蹦跳一阵。有一回正蹦跶时，房东女人进院来了，一见草垛被翻乱，我们还在上面乱跳，不禁勃然大怒，张口大骂。我们急忙攥着鸡蛋溜回了屋。她站在院中继续怒吼：“小砍头的！千刀万砍的！”我们挨着骂，边翻弄着手中的鸡蛋，心里还觉着甜滋滋的呢！

后来，母鸡开始孵小鸡，年节时饭桌上居然见到了鸡肉！除夕晚上，所里的老师们吃年夜饭时，母亲端去一碗红烧仔鸡，父亲笑眯眯地邀请大家：“尝尝吧，这是我们自己劳动得来的。”这碗鸡肉加上节日的加菜，不仅使平日难得开荤的先生们大快朵颐，还居然被写进了浦江清先生的日记！

母亲还养过小鸭，把鸭子放进门前的水田里，它们立即“呷、呷”地游开去，由于吃的多是小虫一类的天然食品，个个长得膘肥体壮。有时，小鸭也贪玩，天黑了还不回家。我和三哥、小妹就跑到田埂上去呼唤：“鸭——来来来来，鸭——来来来来！”在满天星斗下听着自己的声音，顺着银光粼粼的水田远去，我们也依恋着这田园夜色，不想回屋了。

糊口的生计对于孩子们来说，竟有着无穷的乐趣和魅力。

但天天和小鸡、小鸭相处，日子一长就有了感情。到了非把鸡、鸭当菜肴时，小妹甚至掉了眼泪。仁慈的老赵妈每当拿起菜刀，嘴里就不断喃喃：“鸡，鸡，你莫怪，你本是阳间一碗菜。”我们蹲在她身旁，心里也万分不舍。可是那时，食难果腹的我们，尤其是日夜辛劳的父亲，还就指着这碗菜来补充一点营养呢！

养鸡养鸭也给研究所带来一些麻烦。满院啄食的鸡群时而会破坏所里的宁静，有时还造成了一些不便。老师们心中有苦，但也都能体谅我们的困境。

有一回，一群鸡雏正随母鸡在院内寻食，朱自清先生正好从外面回来。穿过院子时，来不及躲闪脚边乱窜的小鸡，一不小心踩死了一只。他慌乱之至，急忙连声对母亲道歉：“对不起，对不起。”朱先生贫病交加，对于当时一只鸡的“珍贵”深有体会。他胃病严重，饭量很小，就指靠着每早一个鸡蛋来补养。穷教授吃上个鸡蛋不易，因此，每当煮这个蛋时，他必攥着怀表守候在灶旁。现在他自己竟踩死了一只鸡仔，心里一定觉着不安。

朱先生的道歉令母亲也十分不安。她回来就对我们说："其实该道歉的是咱们。咱们养鸡给他们添了多少不方便啊！"

尽管父母亲想了许多办法，但在飞涨的物价面前，我们的生活仍每况愈下。

一九四三年秋天，由于过度劳累、焦虑又缺乏营养，母亲病倒了。父亲焦急万分，几次让赵妈和我们去附近的麦地村请冯大夫。怕母亲躺在床上寂寞，又让我们多去陪陪她。我当时的日记还记着：

> 八月十四日　星期六
>
> 今天妈妈的病又比较好点了，我们大家都很快乐，并且大哥也回来了。
>
> 晚饭后，大哥替我们讲了一个电影，电影的一段刚要结束，忽然爸叫我们去陪着妈。于是我们便回屋子里来了。

母亲好些后，父亲万分欣喜，望着躺在床上的妻，心中不觉涌起无限深情。久不握画笔，这天竟兴冲冲找出一块月份牌底板，在它背面铺上纸，画起了病中的爱妻！只寥寥几笔，就勾勒出了母亲卧床的形象！

只可惜他太忙了，速写未能最终完成。但他给母亲带来的心灵抚慰，比什么药都能去病。

这幅未完成的铅笔速写，可惜没有保存下来。但那天父亲作画的情景，连同画面上母亲卧床的形象，已深深地、永久地印在了我心中。

手工业劳动者

这个秋季（一九四三年）的一天，父亲回屋笑着对母亲说：“大家都让我挂牌刻图章哩，我的图章刻得不好，你看这怎么办？”原来，朋友们在一起慨叹生活的艰辛时，有人想到父亲会篆刻，便建议他从这方面找找出路。父亲喜爱篆刻，早年曾迷恋它，还亲昵地称它为“妙龄姬人”。这时在朋友们的鼓励下，不禁又动了心，也许这位高雅的“姬人”真能帮自己解决一点困难呢！

母亲也认为这是一条出路，只担心父亲太累。经过反复考虑，八月间，父亲终于决定公开挂牌。

这可是件大事，当时也成了我们孩童的兴奋点，我在日记中就连续写到了它：

八月二十五日　星期三

妈妈的病好多了，爸爸也要挂牌刻图章了（是因为经济上的困难）。昨天爸爸进城去买纸和定做木框，好盖图章在上面。爸今天回来说，一切都快办好了。

八月二十七日　星期五

何先生※回来说，印图章的架子已经拿去做了。一个要一百元，爸爸合算起来，也不算贵。我们有四块玻璃，共要四百元。但这四百元在我们已经算（下佚）。

※ 何善周先生。

这里说的木框、印图章的架子就是用来做广告用的玻璃框，里面准备镶进印谱、启事和润例。木框做好后，父亲装进了亲自设计的印谱，又挂在床头反复琢磨了好一阵。

父亲早年专学美术，对古文字又有深入研究，他治印自然不同一般。浦江清先生为此还特意为他撰写了一篇精彩的骈文启事：

> 秦鈢汉印，攻金切玉之流长；殷契周铭，古文奇字之源远。是非博雅君子，难率尔以操觚，倘有稽古宏才，偶点画而成趣。
>
> 浠水闻一多教授，文坛先进，经学名家，辨文字于毫芒，几人知己；谈风雅之原始，海内推崇。斫轮老手，积习未除，占毕余闲，游心佳冻。惟是温馨古泽，仅激赏于知交；何当琬琰名章，共榷扬于艺苑。黄济叔之长髯飘洒，今见其人；程瑶田之铁笔恬愉，世尊其学。爰缀短言为引，公定薄润于后。

在启事上具名的有梅贻琦、冯友兰、朱自清、潘光旦、蒋梦麟、杨振声、罗常培、陈雪屏、熊庆来、姜寅清、唐兰、沈从文诸位教授。

挂牌治印并不比闲时自逸，这是一项十分艰苦的工作。尤其是昆明出象牙，当时人们都喜欢用牙章，但象牙比石头坚硬，刻起来十分艰难。父亲后来曾亲口对吴晗谈到其中的艰辛："刻第一个牙章的时候，费了一整天，右手食指被磨烂，几次灰心绝望，还是咬着牙干下去，居然刻成了。"吴晗说："他说这话时，隔了两年了，还含着泪。"（《哭闻一多》）

但不论刻石章还是牙章，父亲都不把它单纯视为谋生手段，而是

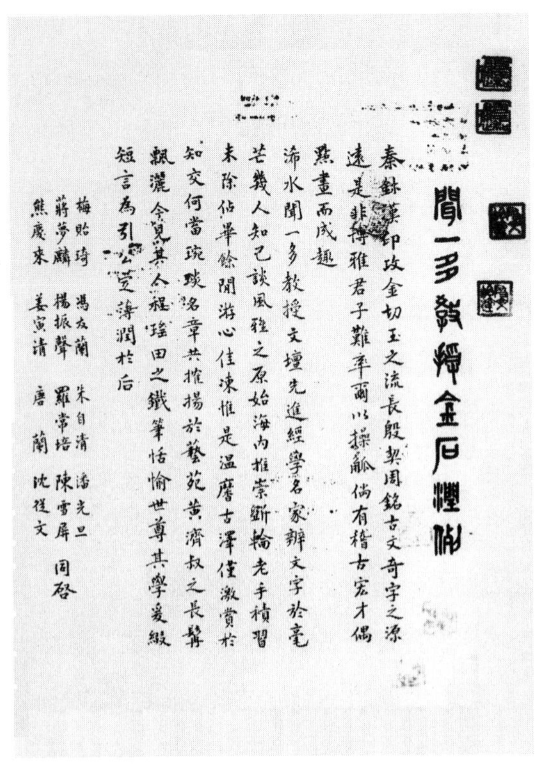

聞一多教授金石潤例

秦鉨漢印攻金切玉之流長殷契周銘古文奇字之源
遠是非博雅君子難平爾以操觚倘有稽古宏才偶
點畫而成趣
浠水聞一多教授文壇先進經學名家辨文字於毫
芒幾人知己談風雅之原始海內推崇斲輪老手積習
未除佔畢餘閒游心佳凍惟是溫磨古澤僅激賞於
知交何當琬琰名章共推揚於藝苑黃濟叔之長髯
飄灑今見其人程瑤田之鐵筆恬愉世尊其學爰綴
短言為引公定潤於后

梅貽琦 馮友蘭 朱自清 潘光旦
蔣夢麟 楊振聲 羅常培 陳雪屏
熊慶來 姜寅清 唐蘭 沈從文 同启

联大中文系浦江清教授为闻一多挂牌治印撰写的润例

作为一项严肃的艺术创作。从构思、布局、书法、用刀到润饰都一丝不苟，力求运用自己的学术和艺术造诣使之达到高度的审美要求。因此，他的篆刻能师法秦汉而又变化出新，别具匠心。挂牌不久，便陆续有人慕名而来。我们的温饱渐渐有了指望，而父亲的负担却更加沉重了，除了教课研究，指导研究生，到校外兼课，其余时间几乎都用在了篆刻上。操刀不久，他就病了一场，但甚至连生病期间也不能好好休息一下。不仅母亲心疼，就连我们小孩子心里也不好受，我当年在日记里就这样写道：

九月二十二日

父亲是感冒，今天能够起来了。可是何先生又拿了一个图章回来刻。真苦！为了几个钱累成这个样子，我们非努力不可。

现在人们都以为父亲治印是从一九四四年初开始的。其实，早在一九四三年秋他就开始挂牌，操起这项艰辛的手工业了。父亲一进入篆刻天地，就完全忘了自己。他在小小的方寸中创造着价值，也创造着艺术。每一方图章不达到完全满意是绝不罢手的，时常是刻了又磨，磨了又刻，从不含糊。不仅如此，他还满腔热情地为朋友们篆刻。就在百忙中，他还先后为所里的每位教师赠刻了名章。不少朋友、同事以及联大等校的学生，后来都陆续获得过他亲手刻的图章。

作为诗人，他在篆刻上也诗兴十足。除了印面富于美感和韵味，耐人寻味，有的章还附上了风趣生动的边款，如赠给华罗庚先生的：

> 顽石一方　一多所凿　奉贻教授　领薪立约　不算寒伧也不阔绰　陋于牙章　雅于木戳　若在战前　不值两角

他也以边款表达诚挚友情和爱国情怀，在给孙毓棠的章上就留下了这样的附言：

> 忝与毓棠为忘年交者十有余年。抗战以还，居恒相约，非抗战结束不出国门一步，顷者强虏屈膝，胜利来临矣。而毓棠亦适以牛津之邀而果得挟胜利以远游异域，信乎必国家有光荣而后个人乃有光荣也。承命所印，因附数言以志欣慰之情，非徒以为惜别之纪念而已也。

后来，参加民主运动后，篆刻也成了他表达心志、参加斗争的一种方式。在白色恐怖下民盟用的化名图章就出自他的手。

小小的方寸已成为他抒怀、寄情、言志的广阔天地。

他自然也没有忘记我们，我们每个孩子都得到了他给刻的章，我的那枚还是他最得意的作品之一呢！他自然更忘不了母亲，百忙中还那么深情地对她笑道：“我以后一定给你也刻一个。”

但这个心愿竟未能实现！母亲后来几次提起都两眼湿润。父亲早年为她写过诗，设计过服装，患难中为她作过画（虽未完成），现在，在为生计如此辛劳时，还怀着为她刻章的心愿。这诗、这画、这篆刻，作为艺术，她也许还不完全懂，但其间跳动着的那颗心，燃烧着的那腔情，她怎能感受不到，又怎能不为之心跳，为之动情呢？想到他这一心愿竟未能实现，她又怎能不伤痛？

父亲挂牌治印那个暑期，正是我和三哥考入联大附中时。学校在

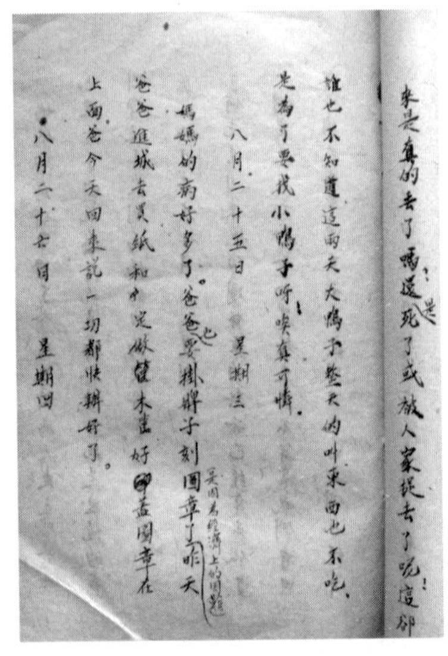
來是真的丟了嗎？還是死了或被人家捉去了呢！這卻
誰也不知道。這兩天大鴉子整天的叫，東西也不吃，
是為了要找小鴉子呀，唉，真可憐。
八月二十五日 星期三
媽媽的病好多了。爸爸也要掛牌子刻圖章了。昨天
爸爸進城去買紙和叫木匠做木牌好蓋圖章在
上面。爸爸今天回來說一切都快辦好了。
八月二十七日 星期四

一九四三年秋，闻一多为生活所迫不得已挂牌治印，孩子在日记中也记下了这桩大事

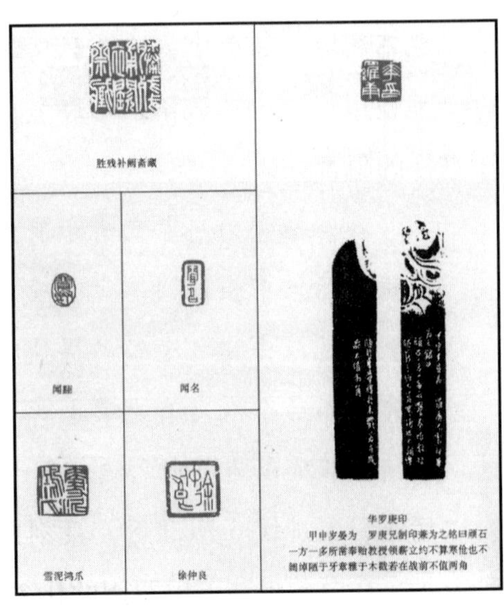

闻一多的篆刻艺术深受人们赞誉

城里，必须住校，这更加重了家里的经济负担。治印初得的那点微薄报酬，不少都贴补到我们身上了。就是这样，家里仍是十分困难。

母亲在为我们准备住校用具时，甚至连两个人的漱口杯也无力都换成新的。我和三哥只能靠抓阄来定新旧。我就曾为抓到了一个新口杯而万分兴奋，甚至把这写进了日记：

> 十月三日　星期日
>
> 十号开学，也快了。东西还没预备好，钱也没有，还好昨天爸爸带了点钱回来。
>
> 晚上，我和三哥为了要争漱口碗是谁得新的，妈便让我们来抓纸，定好了“一”字就是旧的，白的就是新的。开始了，我们一人拿了一个。危险的时期到了，咦！忽然发现了我手上的是白的，不用说，一定是我得新的了。

尽管如此，大人们对我们升入初中还是万分欣喜。父亲不顾日夜辛劳，亲自抽时间送我们去学校，亲自扛着行李把我们送到宿舍的床位前。

战时条件艰苦，加上物价暴涨，学校伙食自然不会好。不少同学都从家中带“私菜”。我们家吃的并不比学校好，只是小锅小灶油水要多一些。母亲心疼儿女，也时常炒一点腌菜或炼一小罐猪油给我们带上。红糙米饭拌进一点猪油吃起来觉得特别香。偶尔她买上一点便宜的牛杂碎，和花生米炒到一起，给我们带个“高级菜”，那就更是享受了。

学校近旁有个小牛肉馆，常年飘出肉香味。父亲挂牌治印后，有一次来学校看我们，神秘地笑着说：“今天带你们去个好地方！”我们都惊喜地睁大了眼互相望着，谁也没想到这个好地方就是这四季飘香的小牛肉馆！

进了店里，父亲让我们坐下，给我们每人叫了一碗牛肉面，他自己却不要，只坐在我们身旁，拄着拐杖满意地看着我们吃。

在昆明，我们从未进饭店吃过饭。昆明的特产，如过桥米线、汽锅鸡等，更只在饭店门口的广告上见到，从不知是什么滋味。这次是第一次下馆子，虽然它很小，很简陋，但却尝到了香醇的牛肉面！我们大口大口地吃着，有时一抬头，遇见父亲那正含笑望着我们的慈爱眼神，心里不知有多么甜蜜！

抗战以来，我们也没有穿过新衣服，尽管年龄在增长、身高在变化，但一件衣服也只能大孩子穿了缝缝改改给小的穿，小的穿了再给更小的穿。大哥、二哥上中学时，父母曾咬牙为他们各自买了一身学生装，我是个女孩子，如今也成了中学生，他们的心事可想而知。

入冬后的一个周末，父亲来附中找到我，带我走进了一个拍卖行。那真是难忘的一天！他领我来到货架前，仔细选看挂在那里的各式衣服，亲自为我选购了一件八成新的人造羊羔毛的中长外衣。全黑色的，他说我肤色白，穿黑色的好看！一时间，我简直高兴得说不出话来。本来每周回家时，他和母亲怕我们走远路太累，要我们先坐一段马车到岗头村。那天我却兴奋地和父亲一起步行走回了家，十多里的路程，一点也不觉得累！初冬的昆明，凉意已有些袭人，但我穿着它，从身体一直暖到了心里。一路上，父亲笑得那么舒心，我快乐地走在他身旁，觉得天上的太阳都特别温暖，拂面的微风也特别清柔，连路旁的小树、草丛中的野花都特别青翠芬芳。

当时我只知高兴，却不知道，就在前不久，为了我们的温饱，父亲竟把自己的狐皮大衣送进了当铺，还因此冻病了一场！更体会不到，为了我这件外衣和我们吃的“营养加餐”，他不知在坚硬的象牙和石头上又付出了多少心血和汗水！

第四章

豪气万丈与继起者

斗士的血是不会白流的。反动派！你看见一个倒了，可也看得见千百个继起的人！

——为《学生报》李公朴先生纪念特刊题词

严斥暴力教育

昆明地处边陲，民风淳朴，但抗战前比较闭塞，社会上仍残存不少封建野蛮陋习。其中较普遍的一种就是学校教育中的体罚。

在我们上过的小学里，老师们上课都备有一条教鞭或戒尺，随时用来抽打“不听话”的学生。惩罚方式不仅抽鞭子，打手板，还有拧脸蛋、罚跪等。母亲常心疼地说：“老二小时候爱淘气，在老家时爹爹就叫他跳蚤。在昆明福寿巷上昆华小学时，迟到了老师就叫他自己打自己。有时捱老师打，把脸蛋都拧破了。”

我们上课时，常常是嘴里念着“桃花红，菜花黄，村前村后好风光……”之类的优美课文，眼睛却不时睨向老师手中那根可怕的教鞭，生怕它会突然间落到自己头上！

在司家营，我和三哥最初是在附近的羊肠村小学就读。这是一所普通的农村小学，但抗日活动开展得比较活跃。我们学唱的都是抗日歌曲。记得一次大会上，学校把冼星海的《在太行山上》编成了歌舞，我还参加了演出。那次父亲也去观看了。我在台上唱着“红日照遍了东方，自由之神在纵情歌唱……”，表演着红日初升、万丈光芒的景象。父亲就坐在台下正中央，脸上溢满了微笑，眼里闪出那么欣喜的光芒，我当时心里不知有多么高兴、多么温暖。那次会后，父亲还说，将来要让我去学舞蹈呢！但就是这样一所学校，却沿袭着野蛮的体罚传统。

而一次特殊的体罚，也成了我们以后转学的原因之一。

这次体罚，虽不是对我，我却成了最大的受害者。

原来，在一次朝会上，校长在台上训话时，六年级的队伍里有人说话、玩闹。校长一时制止不了，勃然大怒，竟罚学生“烤太阳”！大概他觉得光罚个别同学不解气，还要全体高年级同学都“陪绑”。于是我们五年级也就成了陪绑者。昆明的夏天，温度虽不算高，阳光却很强烈。长时间暴晒在阳光下，确是一种惩罚。我自幼体质较差，加上营养不良，有些虚弱，晒的时间一长，就觉得头晕眼花，不一会儿，只觉眼前一黑，就失去了知觉！

父亲在家里得知我竟被晒晕，又惊又怒，忙请所里的工友李荣去把我背回家，他自己也立即赶去学校，严厉斥责了这种野蛮做法，又耐心地对校长讲了许多教育之道。

父亲从来反对体罚，在我们家里从不打骂孩子，只有过两次例外，他事后还做了自我批评。母亲对我说过，有位朋友常来串门，见我们几个从不打架、不吵骂，便问父亲：“你是怎么教育孩子的呢？”父亲笑着说：“不打不骂，只讲道理啊！”有一件事使我终身难忘，那是在西仓坡住时，有一年春节，朋友送了一只猫头形气球，这在当时可是个稀罕玩具，我们见了如获至宝。平时爱摆弄小工具小物件的二哥更异想天开，要让它飞起来。他想到在化学课上学过氢气的制造，就跑去附中实验室弄回一块钠。家里有只装凉开水的绿陶壶，他往里灌满水，盖紧盖，把气球嘴套在壶嘴上，就得意地把那块钠投进了壶里。我们几个兴奋地围在这只壶旁，只等着看气球飞起来，我趴得最近。没想到突然一声巨响，壶爆炸了！碎瓷片溅了一地！强大的气流夹着碎片溅了我一脸，顿时疼痛万分。父亲在里屋闻声急忙赶了过来。正好这时，化学系教授黄自卿伯伯来拜年，他立即让我用醋来擦脸，并且讲解了爆炸的化学原理，原来那块钠过量了。事后，我们一个个垂头丧气，都担心父母亲生气。但父亲并没有发怒，也没有训斥“罪魁祸首”二哥，只用英语说了一句：“Little knowledge is a dangerous thing！”意思是一知半解是最危险的事。这句话我们一辈子也忘不了。

父亲爱每一个孩子，尊重每个人的个性，对于家庭暴力深恶痛绝，就是对外，也是如此。在福寿巷三号住时，房东姚先生是位中医，谦恭有礼，但他家老太太却专横跋扈，严酷苛刻。姚家有个小丫鬟，叫荷花，才十五六岁，整天从早到晚干活，不得休息。老太太仍不满意，稍不如意就下手狠打。母亲说，她用鸡毛掸子打，用鞭子抽，有时甚至锁在屋里用火钳烫！我们在楼上时常听到楼下传来的惨嚎声，父亲实在听不过，常跑下楼去从老太太手中抢下鞭子或敲开门去夺火钳。回到屋里，还脸色铁青，口里不断说：“太不像话，太不像话！”

现在羊肠村这所学校摧残儿童的体罚，令父亲愤怒又痛心。不久，他就将我们转入了龙泉镇小学。这是镇上一所中心小学，规模比较大，教学质量要好一些，有利于我们考中学。他当然也希望，这儿体罚风会好一些。

但没有想到，这所中心小学虽比较正规，教育方法却同样严酷，体罚方式更是别出心裁。除了课堂上的“惩罚”，几乎每周的朝会上都有同学被揪到台上罚站，罚跪。这不是一般的站和跪，而是在站、跪的同时必须平举双臂，手掌上还要放上一块砖；有时，甚至要平举双臂曲腿站立，头顶再压上一块砖！如果被罚的同学不听话，还要再加上一块！残酷的惩罚严重摧残着少儿们的身心，每当台上有同学被罚，台底下便压抑得连呼吸都不敢出气。

一九四二年暑期，小妹到了入学年龄，她在家里太寂寞，早就盼着和哥哥姐姐一起去上学。开学头一天，一大早就背上母亲缝制的新书包，高高兴兴由赵妈伴着随我们迈进校门。谁想第一堂课就被吓得大哭着跑出了教室。原来那天迟到的同学都被老师拿戒尺狠狠抽打手心！她那颗稚嫩的心怎么受得了这一幕？一连几天，教师手中的戒尺和教鞭都发挥着无比威力，她也一到上学时就觉得肚子痛得站不起身。又过了几天，有一次，我们正在上课，突然间她大声哭喊着“姐姐！姐姐！”跑进了我们的教室！我急忙上去搂住她，只感到那小小的身躯都在抖动。原来她的老师又在怒挥教鞭了。这个上午，她就偎在我身旁，和我挤在一个座位上，直到上完我们五年级的课。我们的教室就在一年级教室对面，这里面有她的三哥和姐姐，似乎是她唯一可获得保护的地方。她自己并没有捱打，可再也不愿回到一年级那间教室了。

教育中的非人性行为极大伤害了小妹的身心，父亲不得已，只得让她暂时停学。

对于普遍存在的这种暴力倾向，父亲曾不止一次到我们就读的学校去提过意见。但他的努力除了使自己从中加深了对当时中国教育问题的认识，只犹如一颗石子投进了大海，这不能不使他对整个社会作更深入的思考。

时代的鼓手

由于国民党统治日益专制腐败，大后方贪腐肆虐，百业凋敝。达官贵人们终日花天酒地，纸醉金迷，而老百姓则无日不在水火中煎熬。司家营和其他村落一样，贫苦的农民个个面黄肌瘦，衣衫褴褛。在他们居住的残破土棚里，披着碎布片的孩子们骨瘦如柴，常常睁着两只饥饿的大眼睛拼命啜吮自己的手指。村后那些大树的枝杈上，不时见到用破布包裹着的婴儿尸体。旧历七月十五日鬼节时，从那些破土棚传来的哭嚎也特别凄惨。

父亲步行途中曾亲眼目睹沿途农民的困苦生活。近几年来，自己历经磨难，生活也陷入朝不保夕的境地，因此对昆明农村的幅幅悲惨景象更能感同身受。他深为今天还遍处存在一千多年前杜甫笔下的“朱门酒肉臭，路有冻死骨”的那种惨状而感到痛心、愤懑。

一九四二年以来，龙泉镇一带驻军逐渐增多，我们村子里也轮番驻进了一些部队。士兵们平日操练和吃饭就在我们门旁的打谷场。这些士兵大多数是从农村抓壮丁抓来的，几乎个个黄皮腊瘦。我印象最深的就是那两条缠着裹腿的腿，就像两根干枯的树干一样。他们一天只吃两顿饭，吃的是不见油水的汤菜，还时常遭受毒打。

父亲进城上课时，在路上还不止一次见到一队队瘦弱的士兵和壮丁，被长官抽打着前行。有的支撑不住，走着走着就倒下了。有的长官还要上去再加上一脚，倒下的士兵也就从此再起不来了。

母亲说，有一回她和父亲一起进城，在城墙边就看见一床破席里裹着一个人，伸出一只瘦骨嶙峋的手，边呻吟边哀求：“给点钱吧，我活不成了。”父亲过去掀开席子问：“你是干什么的？”“病兵啊，他们走了，把我扔在这里了！”父亲顿时心如刀绞，当时就把身上仅有的几个零钱给了他，母亲心里也万分难受，她想：“他这个样子，可怎么去买东西呢？”

“还有一回，”母亲说：“经过一个大坑，有半截土围子围着，坑里面据说都是被打死的国民党病兵、伤兵。有的还把衣服都剥光了。我和你爸都去看了，野狗把尸体拖到坑边，到处是胳膊、腿……”

面对如此惨状，父亲多次沉痛地对母亲说：“这不是人家的儿子？！”他想不到，在我们祖国大地上，不仅农民苦难深重，连保卫国土、为国流血的战士，境遇也如此凄惨！他无论如何也接受不了这残酷的现实，心在剧烈地疼痛，怒火在胸中燃烧！一九四二年的一次《易经》课上，他走上讲台，禁不住激愤地讲起刚刚见到的病兵惨状，大声责问起来：“我们的抗战公粮哪里去了？只喂肥了国民党的大小军官！他们荒淫逸乐，战士们却来不及见到敌人就在饥病交迫中倒下去了。……这样的军队能抗战吗？”（彭兰《风范长存——纪念闻一多师八十诞辰》，载于《北京大学学报》哲学社会科学版一九七九年第五期）

一九四三年三月，蒋介石的《中国之命运》一书在昆发售。抗战以来，父亲对蒋介石领导的国民政府一直抱有信心，认为蒋介石是一位“英明领袖”。但这本书却令他大吃一惊，原来“英明领袖”的治国理念是这样的！蒋介石公然宣传封建专制主义，鼓吹一个党、一个主义、一个领袖。不仅反对共产主义，而且反对自由主义！父亲后来说：“《中国之命运》一书的出版，在我一个人是一个很重要的关键。

我简直被那里面的义和团精神吓一跳，我们的英明的领袖原来是这样想法的吗？五四给我的影响太深，《中国之命运》公开的向五四宣战，我是无论如何受不了的。”（《八年的回忆与感想》）他渐渐明白，中国的现实为什么这么黑暗了。

太平洋战争爆发后，中国与反法西斯国家结盟，摆脱了孤军抗日的境地。抗战的国际环境有所改善。但英美实行的是“先欧后亚”方针。日本在强占我国大半国土的同时，又发动了对滇西和缅甸的进攻，我国腹背受敌，对日作战仍十分艰难，形势依然很严峻。

为了抗击日本帝国主义的侵略，中国共产党始终以大局为重，坚持统一战线，在敌后积极开展对日斗争，有力地配合了正面战场。但蒋介石时时不忘反共，不仅发动了震惊中外的“皖南事变”，而且趁一九四三年五月共产国际解散之机，调动六十万大军企图闪击延安，甚至动用守卫黄河防御日寇的部队。对于这些令亲者痛、仇者快的行径，凡有头脑的人无不在思考，在愤怒。

多年来，父亲沉迷于古籍，没有过问政治，但祖国的命运、民族的前途、国内外的形势始终和他血脉相连。他爱祖国爱得那么深沉，如今现实中的这一切，如何能让他平静？

一九四三年暑期开学前，由于应英国教授罗伯特·白英之邀共同编译《中国诗选》，他在朱自清先生从成都带回的一本诗集中见到了解放区诗人田间的诗。打开一读，不免吃了一惊：“我一看，这是诗么？再看，咦，我说，这不是鼓的声音么？”（小华（何孝达）《闻一多先生的画像》）他万分激动而欣喜，紧接着就在开学后的第一节唐诗课上朗诵了其中的几个段落，并热烈赞扬作者是时代的鼓手。他说：

“我们沉醉在软弱的弦调太久了，我们需要鼓的音乐！鼓的敲击使我们想到战斗。什么是鼓的时代？战争的时代！……”（《新华日报》“新华副刊”一九四三年十月十六日）

他又说：“抗战六年来，我生活在历史里，古书堆里，实在非常惭愧，但今天是鼓的时代，我现在才发现了田间，听到了鼓的声音，使我非常感动。”（《联大杂写》，转引自《闻一多年谱长编》）

这年十一月，他发表了《时代的鼓手——读田间的诗》一文，尖锐批判了“靡靡之音”的那种“疲困与衰竭”以及当前仍然是“疲困与衰竭”的一片潮湿而发霉的声响，热烈赞颂了“鼓的声律”和“鼓的情绪”：

> 这里没有“弦外之音”，没有“绕梁三日”的余韵，没有半音，没有玩任何“花头”，只是一句句朴质、干脆、真诚的话，（多么有斤两的话！）简短而坚实的句子，就是一声声的“鼓点”，单调，但是响亮而沉重，打入你耳中，打在你心上。……
>
> 它不是那捧着你在幻想中上升的迷魂音乐。它只是一片沉着的鼓声，鼓舞你爱，鼓动你恨，鼓励你活着，用最高限度的热与力活着，在这大地上。

文章结尾他大声呼吁：

> 当这民族历史行程的大拐弯中，我们得一鼓作气来度过危机，完成大业。这是一个需要鼓手的时代，让我们期待着更多的“时代的鼓手”的出现。至于琴师，乃是第二步的需要，而且目前我们有的是绝妙的琴师。

文章的发表，正如朱自清后来在《闻一多全集》·朱序中说的那样，“那篇《时代的鼓手》，赞颂田间先生的诗，这一篇短小的批评激起了不小的波动，也发生了不小的影响。”

一九四三年十一月二十五日，父亲在给臧克家的回信中进一步道出了自己的心声和行动决心：

你们作诗的人老是这样窄狭，一口咬定世上除了诗什么也不存在。有比历史更伟大的诗篇吗？我不能想象一个人不能在历史（现代也在内，因为它是历史的延长）里看出诗来，而还能懂诗。在你所常诅咒的那故纸堆内讨生活的人原不只一种，正如故纸堆中可讨的生活也不限于一种。你不知道我在故纸堆中所做的工作是什么，它的目的何在，因为你跟我的时候，我的工作才刚开始（这可说是你的不幸吧！）你知道我是不肯马虎的人。从青岛时代起，经过了十几年，到现在，我的文章才渐渐上题了，于是你听见说我谈田间，于是不久你在重庆还可以看见我的《文学的历史动向》，在《当代评论》四卷一期里，和其他将要陆续发表的文章在同类的刊物里。近年来我在联大的圈子里声音喊得很大，慢慢我要向圈子外喊去，因为经过十余年故纸堆中的生活，我有了把握，看清了我们这民族、这文化的病症，我敢于开方了。方单的形式是什么——一部文学史（诗的史），或一首诗（史的诗），我不知道，也许什么也不是。最终的单方能否成形，还要靠环境允许否（想象四千元一担的米价和八口之家！）但我相信我的步骤没有错。

接着他又说：

你想不到我比任何人还恨那故纸堆，但正因恨它，更不能不弄个明白。你诬枉了我，当我是一个蠹鱼，不晓得我是杀蠹的芸香。虽然二者都藏在书里，他们的作用并不一样。这是我要抗辩的第一点。你还口口声声随着别人人云亦云的说《死水》的作者只长于技巧。天呀，这冤从何处诉起！我真看不出我的技巧在那里。假如我真有，我一定和你们一样，今天还在写诗。我只觉得自己是座没有爆发的火山，火烧得我痛，却始终没有能力（就是技巧）炸开那禁锢我的地壳，放射出光和热来。只有少数跟我很久的朋友（如梦家）才知道我有火，并且就在《死水》里感觉出我的火来。

沉默了多年的火山爆发了！他的喊声越来越大。这一时期，他连续发表了《文学的历史动向》、《复古的空气》、《家族主义与民族主义》、《从宗教论中西风格》等以古论今、针砭现实的文章。

作为诗人，他也在以新的眼光审视自己，审视诗坛。

一九四四年四月，联大十多位热爱诗歌的同学组织成立新诗社，来司家营请父亲担任导师。父亲和他们一起来到村外的草地上围坐在一起，愉快地谈诗，谈心。他语重心长地说，重要的是先学做人。要做一个真正的“人”，不要做反动统治者的奴隶。诗人应该走到人民群众中去，要理解人民的痛苦，做时代的“鼓手”，喊出真正人民的呼声。他说：“当一个人对生活有了这样那样的感受，他心头在激动，他想把这种感受倾吐出来，争取别人的共鸣。他要用最好的语言去激动别人的感情。这样的诗才会真实，才会有内容。但是，这样的诗也十分危险，如其他的感受只是个人的休戚，如果他的感情只是无病呻吟，那他将糟蹋了自己，也浪费了别人的时间，欺骗了别人的同情。你们也就可以明白，过去我说过，诗是不负责任的宣传，简直是胡说！只有饱食终日无所事事的人，才有这样的闲情！事实上，也没有这样的事情！你说了话，你发表了东西，你就会这样那样地影响别人。如果说，他是出于无心和幼稚，咱们也得和他大喝一声！”（赵宝煦、闻山《闻一多导师和新诗社、阳光美术社》）

他勉励同学们，新诗社应该是“新”的诗社，不仅要写形式上是新的诗，更要写内容上也是新的诗。不仅要作新诗，更要做新的诗人。

向圈子外喊去

惊马拖着马车一路狂奔，不时暴躁地尥着蹄子，车夫的鼻子也被踢得鲜血直流！路旁行人唯恐躲闪不及，有的还吓得大声尖叫。车子上，母亲更吓掉了魂！那疯狂的马，似乎随时要把她甩下车去！

这是一九四四年初夏的一天。这天，我们家正由司家营搬回城里。

五月间，昆华中学聘请父亲去授课，并提供了住房。这个时期，由于日本在太平洋战场连续失利，海空战力削弱，加之中国空军得到美国援助，实力不断增强。大后方遭受的空袭已逐渐减少，父亲决定把家搬回昆明市内。

家里没什么大件家具，可坛坛罐罐的也装满了两马车。这天，母亲料理完善后，拖着疲惫的身子坐上了后面一辆车。谁料想，拉这车的马大约很少进城，半路上突然受了惊！

险情发生时，父亲正在新居里兴致勃勃地布置房间。对他来说，搬迁的辛劳中还另有一番乐趣。室内设计对他的诱惑并不亚于舞台美术。尽管身居陋室，家徒四壁，这种热情也丝毫未衰减过。母亲常无奈地笑道："他呀，每回搬家，总是先头里就跑走了，说是要去布置房间！"她说，就是不搬家，住上一段时间，他也总爱把屋里的摆设变动一下位置（今天人们对他居室的陈设常常说法不一，这大概就是原因之一吧）。就像治学一样，他在生活上也从不喜欢墨守成规。

母亲理解父亲这种兴味，也喜欢他设计的逸雅风格。但这回到了新居也无心去欣赏他的杰作了。

兴头上的父亲自然没有料到会出现这样的险情，一时不知说什么好，他心疼地望着母亲，心里大概在责备自己。这样的惊险，怎么让她独自承受了！幸好没伤着，她真要有个好歹，自己可怎么受得了？

昆中校长徐天祥出于敬仰，给予父亲专任教师的待遇，每月一石

闻一多住过的昆华中学小楼

米加二十块云南通行的半开（两块合一银元），住房也不收租金。楼旁还有一小块空地可用来种菜，这在物价飞涨的情况下可是个宝。母亲十分满意，旅途的惊魂很快也就消释了。入住不久，她就着手垦地种菜。晚饭后全家也一起上阵，父亲得空也来帮助锄地、浇水。汗水果然没有白流，收获的菜除了自己吃，偶尔还能送一些给邻居呢！

不过，一家八口的温饱，主要还得靠父亲的“手工业”，他仍需起早贪黑，不停地刻图章，有时连吃饭、会客时都难得歇工。

一九四三年底以来，世界反法西斯战争发生了重大战略转折。欧洲战场上，苏联在斯大林格勒决战中击败德国，转入战略反攻；太平洋战场上美军也掌握了战争主动权，日本连续失利，被迫转为守势。

为挽救军事上的颓势，确保纵贯中国大陆南北、直通印度支那的“大陆交通线”，日军从一九四四年春夏起集中强大兵力，发起了对中国豫湘桂地区的疯狂进攻。这是抗战以来敌人第二次大规模战略进攻。此时尽管盟军都在收复失地，国际形势有利，但面对敌寇的猖狂，国民党军队却连连败退，短短几个月就失地千里，数千万同胞陷入日军铁蹄之下。到当年双十节“国庆”时，郑州、洛阳、长沙、衡阳等重镇均相继失守，桂林、柳州也危在旦夕，整个大西南——抗日最后的根据地受到了严重威胁。

几个月来，父亲和大家一道，日夜关心战局进展，也经历着从期望到失望而至痛心、愤懑的内心折磨。他深深认识到，军事上这种局面是和政治上的长期专制腐败分不开的。也更加痛切地感到，这样的现实非改变不可！

这期间，他怀着满腔热忱和对国家、民族命运的深切忧虑连续写出了《画展》、《可怕的冷静》、《愈战愈强》等一系列抨击现实的犀利杂文，呼吁人们，特别是知识分子站出来尽己之责，担起改造现实的重任。在《可怕的冷静》一文中，他沉痛地指出：

“我们这里真正的饿殍恰恰就是真正的兵士。抗战与灾荒既已打成一片，抗战期中的现象，便更酷肖荒年的现象了。照例是灾情愈重，发财的愈多，结果贫穷的更加贫穷，富贵的更加富贵。”

他尖锐地抨击：

> 一部分人为着旁人的剥削，在饥饿中畜生似的沉默着，另一部分人却在舒适中兴高采烈地粉饰着太平，这现象是叫人不能不寒心的，如果他还有一点同情心与正义感的话。然而不知道是为了谁的体面，你还不能声张。

在热烈赞扬青年人的抗战热情和勇气的同时，他尖锐地批评某些中老年人独善其身的所谓“冷静”与“审慎”，大声疾呼打破这可怕的冷静：

> ……原来非常时期所需要的往往不是审慎，而是勇气。……民族必需生存，抗战必需胜利，在这最高原则之下，任何平时的轨范都是暂时可以搁置的枝节。火烧上了眉毛，就得抢救。这是一个非常时期！

在《画展》一文中，他严厉批评一些文化人开不完的、远离现实的画展，说：“艺术无论在抗战或建国的立场下，都是我们应该提倡的，……但艺术也要看那一种，正如思想和文学一样，它也有封建的与现代的，或复古的与前进的（其实也就是非人道的与人道的）之别。你若有良心、有魄力，并且不缺乏那技术，请站出来，学学人家的画家，也去当个随军记者，收拾点电网边和战壕里的‘烟云’回来，或就在任何后方，把那‘行尸’的行列速写下来，给我们认识认识点现实也好，起码你也该在随便一个题材里多给我们一点现代的感觉。……”

十五年不写诗，此时他按捺不住内心的涌动又提起了诗笔。他要写一首《八教授颂》，以八位教授（包括自己）的形象作为典型，勾勒出当时“教授阶级”的政治思想面貌，借以激励革新，鞭策守旧。这首诗后来虽只完成了序诗和第一章《政治学家》，但那犀利的笔锋、充满幽默的讽刺与责备，处处充溢着作者的热血与激情。

这一时期，在用笔的同时，他还用嘴不断喊出正义的呼声。

一九四四年五月，“皖南事变”后一度沉寂的校园内展开了纪念“五四”的大规模群众运动。父亲第一次走到群众面前，针对蒋介石在《中国之命运》中宣扬恢复传统的儒家思想，不仅否定共产主义，甚至否定西方自由民主的言论，针锋相对地提出要第二次打倒“孔家店”。他说：“‘五四’的时候做得不彻底。”“封建社会是病态的社会，儒学就是用来维持封建社会的假秩序的。他们要把整个社会弄得死板不动。……”（五月三日联大历史学会《纪念五四座谈会》上的发言）他呼吁文学“要出塔”。指出“新文学运动之所以为‘新’，它是与政治、社会思想之革新分不开的，不是仅仅文言、白话的问题。旧文学的要不得在于它代表君主这一套旧的意识，并不是它的艺术价值低”（《五四文艺晚会上讲演》）。

在《抗战七周年时事座谈会》上，他更急切地呼吁：“国家糟到这步田地，我们再不出来说话，还要等到什么时候？我们不管，还有谁管？”

八月，国民党第五军军长邱清泉邀请一些教授座谈。在会上，父亲甚至当面毫无畏惧地喊出："也没有什么讨论的，只有干，非常时期要用非常的手段干！"（《云南日报》一九四四年八月十九日—二十日）※

这个时期，现实生活中的黑暗现象更加触目惊心，令他无法平静。

秋天，一位参加学生教导团的远房侄子随部队途经昆明前来看望，向父亲哭诉了国民党军队中的黑暗腐败状况。当时，士兵们在部队里简直不被当作人！他们被任意拳打脚踢，鞭抽，打耳光。有一次，一个连长拿一根五节长的手电筒狠击一个士兵的头，电筒的玻璃都打碎了，那个士兵被打得头破血流！平时，士兵们如有一点不满，不是惨遭毒打就是关禁闭，部队开拔被关的人也就这样被遗弃。至于士兵们的伙食更连猪狗都不如。而长官们除了挖空心思层层克扣军饷，吃空名，还要时刻想方设法利用职权大发国难财！部队路过宣威时，他们竟买下大量当地名特产宣威火腿，令士兵们每人扛一只为之运去昆明倒卖！

军队里的黑暗，父亲已有所闻有所见。病兵流落街头或倒毙路旁的现象也已屡见不鲜，连报纸上都有专门的评论，但他没想到情形到了这种地步！在民族危亡的时刻，国家赖以抗击侵略者的军队竟腐败至此！抗日的热血青年不是为国扛枪去打击敌人，却被迫为贪官们扛火腿去倒卖！为国流血的男儿不能受到尊重和爱护，却被当成奴隶肆意进行身心虐待！父亲的心又一次在流血，怒火在燃烧！侄儿走后，

※ 季镇淮《闻一多先生年谱》记述为："以前我们看到各方面没办法，还以为军事上有办法。刚才听了各位长官的话，方才知道军事上也毫无办法……现在只有一条路——革命！"

他还久久不能平静。当母亲悲叹那些遭受奴役的“真正的饿殍”时，他又一次悲愤地说：“这不是人家的儿子？！”

几天后，在联大课堂上，他声泪俱下地讲述了这件事。不久，在昆华中学的作文堂上，他先后出了三个作文题目：《给蒋委员长的一封信》、《病兵》、《号角》。

这是做人的态度

父亲火一般的言行激励着广大青年的爱国热情，同时也遭到反动当局的忌恨，特务机关往重庆的汇报中开始有了闻一多的名字，社会上也不断传出他被解聘，甚至要被暗杀等流言。

许多人都在为他担心，同学们也十分焦虑。一九四四年八月的一天，联大学生许世谦带着一些同学的心意前来看望。父亲正一手拿着馒头在啃，一手在磨石章，见了他笑着说：“这是我的副业——靠小手工业过活。”这位同学后来含泪回忆道：“沉默了半天，终于我说明了来意：‘我以你的学生资格，要求你爱护自己一点，因为今天讲真理的人太少，我们经不起敬爱的长者们的损失。’他瞪着眼，半天，泪珠噗噗地掉下来：‘这是做人的态度……人总有心有血，……我不懂政治，可是到今天我们还要考虑到自己安全吗？我很感激，……可是我还要做人，还有良心……’”（王一（即许世谦）《哭闻一多先生》）

流言也传到了重庆，臧克家来信询问，父亲回信感谢他的关切，但说："此身别无长处，既然有一颗心、有一张嘴，讲话定要讲个痛快。"（一九四四年九月十一日《致臧克家》）

同事们也很关心他的安危。华罗庚先生后来回忆说："有一次，我和他谈起他身上的这种变化，他激动起来，对我说：'有人讲我变得偏激了，甚至说我参加民主运动是由于穷疯了，可是这些年我们不是亲眼看到国家糟到这步田地！人民生活得这样困苦！我们连这点正义感也不该有？我们不主持正义，便是无耻、自私！'他又认真地告诉我：'要不是这些年颠沛流离，我们哪能了解这么多民间疾苦？哪能了解到反动派这样腐败不堪？'"（《知识分子的光辉榜样——纪念闻一多烈士八十诞辰》）

在国民党专制腐败的统治下，知识界忧国忧民、不满现实的人很多，但站出来说话的人却寥寥无几。中国共产党十分关切这样的进步人士。在父亲遭解聘的传言盛传时，延安《解放日报》发表了《慰问闻一多先生》一文，文中这样写道：

> 闻先生近来忧时之念很深，一股正义的热情更使人感动。当今的学者以国家民族前途为虑的人虽很多，但能够像闻先生这样正直敢言的却还少见。闻先生主张民主，主张青年打破沉寂，这都是针对现实的正论，虽是一部分顽固者流所不乐闻，但是居然因此不容于时，却也出人意外。可见月黑天低，现在正是夜气浓重的时候，我们不仅为先生的被黜而惋惜，尤其是为社会的正义抱屈。鸡鸣不已，而风雨如晦，青年们真应该起来打破"可怕的冷静"。

当时，为了争取、团结高级知识分子，中共南方局特派员华岗及楚图南、周新民等党的人士正筹建一个西南文化研究会，他们首先邀请的成员便是闻一多。父亲也当场就痛快答应了。

研究会是秘密性质，讨论学术，也学习共产党的方针政策、分析时事。

在这里，父亲读到了不少马克思主义和毛泽东的书籍。

在这里，他也了解到解放区的一些情况。他非常想亲自去那里看看，实地体会一下那里的新生活，在一个夜色美好的秋夜里，他敞着那颗诗人热烈的心，向来探望的诗人张光年求助："我想去延安看看，你能帮助我吗？"这在当时自然不可能。不过，作为一个严谨的学者，他仍以认真求实的科学态度从多个侧面作了调查了解。他从国外的书刊、报导，如英文版斯诺的《红星照耀中国》（即《西行漫记》）等，也从国内到过那里的人士口中都得到了印证——解放区完全是另一番天地，那里确实展现出他多年所追求的"我的中华"的希望！他在后来给五伯闻家騄的信中这样写道："近数年来，弟对此类问题在学理上曾加研讨，并完全赞同，在实际状况方面，亦曾通过英美人士得到报导，结果亦皆满意。"（一九四六年三月三十日）

在这样的前景与希望鼓舞下，他的行动也更加坚定、积极。他不仅揭露现实，批评一些人明哲保身，也公开批判自己过去的清高。在纪念鲁迅逝世八周年的座谈会上，当着数千与会者襟怀坦白地解剖自己："鲁迅对，我们错了，海派为什么就要不得？我们要清高，清高弄到国家这步田地……"说着还转过身来向鲁迅的木炭画像恭恭敬敬鞠了一躬。

就在这个秋天，他经过认真思索，加入了中国民主同盟，开始走出学校的圈子，投入了有组织的民主斗争。

投入实际斗争

抗战以来军事上的连连失利，尤其是数月来豫湘桂战役的大溃退；加上经济日趋凋敝，百姓啼饥号寒，使人们深深认识到独裁政治的腐败无能，广大群众迫切要求改革以挽救时局。大后方要求民主的声浪也日益高涨。为挽救民族危亡，九月间中国共产党适时提出废除一党专政，成立民主联合政府的主张。这一主张获得广大人民群众及各民主党派的拥护与支持。

父亲深知，没有人民的民主自由，政治腐败是不可避免的，他衷心拥护共产党的主张，一直旗帜鲜明地站在民主运动第一线。

一九四四年十月，在豫湘桂战场连连败退、西南大后方情势危急、人心开始骚动不安的形势下，迎来了双十节“国庆”。民盟云南支部与文教各界决定在这天召开大规模群众纪念大会，号召人们动员起来保卫大西南。父亲是主席团成员。这是他第一次走出校门，出现在群众面前。在大会上，他发表了热烈激昂的演说。针对大敌当前，而胡宗南的精锐大军不被用来抗日，却被用来监视八路军，围困陕甘宁边区的事实，他痛心疾首地责问：

溃退和失地是真不能避免的吗？不是有几十万吃得顶

昆华女中操场——一九四四年十月十日云南各界纪念双十节大会会址。这是皖南事变后当地的第一次群众性集会。会议回应中国共产党提出的结束国民党专政、建立联合政府的主张。闻一多为这次大会主席团成员

饱、斗志顶旺的大军，被另外几十万喂得也顶饱、装备得顶精的大军监视着吗？这监视和被监视的力量，为什么让他们冻结在那里，不拿来保卫国土抵抗敌人？

他又愤怒地连连追问：

几个月的功夫，郑州失了，洛阳失了，长沙失了，衡阳失了，现在桂林又危在旦夕，柳州也将不保，整个抗战最后的根据地——大西南受着威胁。如今谁又能保证敌人早晚不进攻贵阳、昆明，甚至重庆？到那时，我们的军队怎样？还是监视的监视，被监视的被监视吗？到那时我们的人民又将怎样？准备乖乖地当顺民吗？还是撒开腿逃？逃又逃到哪里去？逃出去了又怎么办？……用人民的血汗养的军队，为什么不拿出来为人民抵抗敌人？以人民的子弟组成的队伍，为什么不放他们来保卫自己的家乡？……

随着这义正词严的呼声，台下数千听众的心潮也在翻滚——这是大家埋在心底已久的心声啊！

接着他又大声疾呼靠人民自己的力量来保卫大西南："一切都有靠不住的时候，最可靠的还是我们人民自己。"并且强调要发扬民主自由的精神："还要记住昆明在国际间'民主堡垒'的美誉……"

大会结束前，由父亲宣读了大会宣言，其中明确要求结束党治，还政于民，建立联合政府。

这样的大会自然为反动分子所忌恨，会议进程中就有特务燃鞭炮、放手枪进行恐吓，一度引起会场混乱，但父亲和李公朴在台上临危不惧，沉着镇定，显示了巨大的感召力。这天父亲回家后还兴奋地对母亲讲述了会场情况，高兴地说："大会开得非常成功。"他尤其佩服李公朴指挥有方、应对自如的能力，说"真是个人才"！

这次大会盛况空前，在大后方产生了不小影响。而与此同时在国民党上报的呈文中也又一次出现了父亲还有楚图南、吴晗、李公朴、罗隆基等人士的名字。

双十节后不久，桂林、柳州就相继失陷。十二月，日军又占领了独山，贵州全境面临沦陷。一时间，昆明人心惶惶，不少人准备再次逃难。父亲激愤地对母亲说："这次我们不跑了，我把你们送到安全地带后，要到农村，上山打游击去！"

十二月二十五日，护国起义纪念日时，云南各界召开纪念大会。在文化界的纪念大会上，父亲再次于热烈的掌声中走上讲台，当他心情沉重地大声问："三十年了，居然国家还像三十年前一样，难道袁世凯没有死吗？"台下群众也大声回答："是的，没有死！"

接着，他有力地说：“护国起义的经验告诉我们，要民主就必须打倒独裁。……”

会后，他和群众一起走在了游行队伍中。闻一多的名字自然又一次被列入了上报的黑名单。

秋天时，他在给堂弟闻亦博的信中说：

> 今日之事，百孔千疮，似若头绪纷繁，而夷考其实，则一言可以尽之，无真正民主政治是也……且真正民主之基础，即在似若无足轻重之每一公民。……故享自由若为我辈之权利，则争自由即为我辈之义务。……

尽管黑云压顶，夜色浓重，他仍继续坚持无私无畏的做人态度，满腔赤诚、义无反顾地尽着一个正直公民的义务。

一九四四年十二月二十五日云南各界纪念护国起义二十九周年，闻一多在纪念大会上作了《护国起义与民主政治》的演说，提出“要民主就必须打倒独裁”。图中讲演者为闻一多

一九四五年“五四”纪念日到来时，昆明四所院校（联大、云大、中法大学和英专）学生自治会联合组织了大规模的纪念周活动。五月四日这天下午，在云大操场举行纪念大会。父亲和吴晗、潘光旦等教授都出席了大会。到会的还有中学生、职业青年、记者及盟国友人，共六千多人。

会议开始时，不巧下起了雨，秩序一时出现紊乱。父亲在雨中站起来大声疾呼：“是青年的都过来，是继承‘五四’血统的青年都过来！”他讲了周武王伐纣出师时的故事，大声说：“这是天洗兵！”吴晗后来回忆说：“你，掀髯作狮子吼，‘这是天洗兵！不怯懦的人上来，走近来，勇敢的人走拢来！’在你的召唤下，群众稳住了，大家都红着脸走近讲台，冒着雨，开成了这个会。”（《哭闻一多父子》）

会后，举行了万人大游行。父亲和群众一起走在队伍中。队伍回到广场时，他再次登台疾呼：

> “五四”过去二十六年了，我们大半个国家还在受苦受难。我们今天第一要民主，第二要民主，第三还是要民主！没有民主不能救中国！没有民主不能救人民！

这年纪念“五四”，父亲参加了学生组织的多项活动，还写作和发表了好几篇重要杂文，如《五四运动的历史法则》、《五四与中国新文艺》及名篇《五四断想》等。他运用辩证法生动阐述了历史发展规律、革命成功的必然性，同时还指出了文艺与当前民主运动的关系及文艺到群众中去的发展方向。

面对沉沉乌云，他充满勇气和信心：“满天乌云，高耸的树梢上已在沙沙发响，近了，更近了，暴风雨已经来到，一场苦斗是不能避免的。

至于最后的胜利，放心吧——有历史给你做保证。”（《五四运动的历史法则》）此刻，他正以“民不畏死，奈何以死惧之”的气概挺立在暴风雨的前锋，迎接着这场苦斗！

从人间走入地狱

作为一位知名诗人、学者和教授，父亲本身的威望就具有巨大影响力，加上他火一般的爱国激情、无私无畏的凛然正气，更吸引着越来越多的热血青年，感染和激励着他们的爱国心。青年们喜欢围绕在他身边。有时夜晚开会，散会后，也会有不少青年自愿护送他回家。学生中的进步社团，除新诗社早已请他担任导师，其他如阳光美术社、剧艺社、悠悠体育会等的活动，也都喜欢请他参加和指导。

当时王瑶给赵俪生的信中就这样写道：

> 闻一多先生近来甚为热情，对国事颇多进步主张，因之甚为当局及联大同仁所忌，但闻先生老当益壮，视教授如敝屣，故亦行之若素也。昆明宪政促进会闻先生推动甚力，双十节召开纪念会时，闻先生朗读宣言……态度激昂，群众甚为感动，末决议召集国是会议，组织联合政府等，……现闻先生为援助贫病作家，纪念鲁迅、文协，及青年人主办之刊物等，皆帮忙不少。态度之诚挚，为弟十年来所仅见。……在联大上课时，旁听者常满坑满谷，青年人对之甚为钦敬。……（赵俪生《混着血丝的记忆》）

随着影响力的不断扩大，他也更为反动当局所不容，国民党特务机关视之为眼中钉，社会上流言蜚语一直不断。

这一切都意味着什么，父亲自己心中自然明白。他在加入民盟后不久，曾对一位来看望他的学生严肃地说：“我从人间走入地狱了。”这天他对这位同学动情地回忆了龙头村桥头接送的幸福时光※。这位同学后来回忆说：“我听着入神了，忽然他点燃起一支烟，站了起来，有力的眼睛里发着光。‘现在，这种生活也要结束了。’”（流金（即程应镠）《人之子——怀念闻一多先生》）

现在流传说，父亲闭门苦思了七天七夜，终于拍案而起。这其实是夸张的传言。他思想转变并不是一朝一夕之事。母亲说，他是有过为了思考和写作文章，让她把门倒锁起来，把茶水、甚至尿壶也准备好的时候，可并没有过“闭门七天”之事。

不过，“闭门七天”虽没有，这段时期他内心激烈碰撞的程度却可想而知。仅从对龙头村生活的那段回忆就可以窥测得到。他一个那么热爱生活、爱家恋家、离不开亲人的人；一个有着幸福温暖家庭、事业又如日中天的诗人、学者，要舍身走入地狱，该有什么样的胸怀、什么样的决心和勇气，又得承受何等剧烈的割舍之痛啊！

父亲迈出的这一步，母亲自然感受最深，因为她在和他同时经受这一步之“痛”，而且直接承受着这种牺牲——

丈夫在家的时间越来越少了；和孩子们温存的时间几乎没有了，那个耐不住孤单、敲着鼓皮抱怨“我不是和尚啊”的爸爸，怀中已不

※ 见第三章“深夜的两盏灯和桥头迎送”一节。

只是几个孩子，而是成千上万的学生、青年了。至于夫妻单独相处的时光，更加难找了，即便他在家，除了忙于学术研究，其他的时间也都被辛苦的“手工业”占去，难得坐下来休息一会儿。

母亲明白，那宁静、幸福的小家生活正在远去，她心里有说不出的疼痛，但没有怨言，没有责怪。社会的黑暗她深有体会。飞涨的物价、饥饿的农民、贫病的知识分子，还有街头流浪着的像骷髅一样的病兵，也都在刺痛着她的心，至于统治者的专制、官吏的贪腐，那是人人都为之痛心和愤怒的，她也毫不例外。这样的现实，谁不渴求改变呢？

她也明白，丈夫那热烈耿直的性格，那颗诗人灼热的心，是无法在这样的现实面前保持沉默的。多年来，她感受最深的，就是他内心那“烧得我发颤”的烈火。近年来这火被埋在了心底，但那强烈的热力从未消减。此刻，面对如此黑暗的现实，它如何能不喷发出来？

她心里也明白，一向那么爱家、恋家的他，现在几乎顾不上家了，并不是因为他不想顾、不依恋亲人，而是这个世道容不得他顾，是因为他那颗燃烧的心想要冲破这个世道，让更多的人顾上家。他在一个晚会上曾说：“个人的生活困难是可以用别的办法解决的，譬如我，学校里薪水不够养家时，我可以在中学里兼课，也可以替人家刻图章赚钱，个人的生活问题便解决了。可是你要想到大多数人，当大多数人民在被压迫、无法生活的时候，就必须，也只能用斗争来争取了。”（钟《我所知道的闻先生》）母亲并没有亲耳听到这些话，但这种博大的爱她随时都能感受得到。深知他迈出这一步，并不是出于一时激动，而是因为心里装着整个国家和人民。她肚里虽有苦，可此时除了揪着心伴随他一起面对未来风雨，还能说什么呢？

事实上,从父亲迈出这一步开始,母亲已伴同他一起走进了“地狱”。不管意识到没有,她已默默地、心甘情愿地在一同经受“地狱之炼”了。

随着父亲繁忙的社会活动和外面的各种传言，她承受的精神压力越来越大，神经也越来越紧张；看着他超负荷运转又得不到补养的身体，她的心也越来越疼痛。

夜晚，她仍像过去一样，在灯下等候、陪伴着他，但已再也不能像以往那么平静了，尤其是他外出时，一颗心就像被悬吊在半空中，那该死的心跳毛病更日夜不停地折磨着她。

灯下的时光不仅充满了紧张、焦虑，她还苦苦盘算着怎样才能周转出几个钱来，好为他添点营养。

秋天，一位外国朋友送给父亲一盒维他命丸。那个年代，这种保健品十分珍稀。我们望着桌上那小小的白色方盒及里面一粒粒水晶样的小丸，都好奇地围拢来。母亲听说它能补充营养，十分高兴，心想这回可以给他补补身子了，谁知没等她说出来，父亲便笑着对我们大家说：

“你妈妈身体不好，把一半给她吃，剩下的你们五个和赵妈分了吧！”看到我们疑惑的目光，他马上又接着说：“我吗？已经长定了的，身体也好，不用吃这个。”

母亲心里一时真不知是什么滋味，他就是这样！在外面为国为民不顾个人安危，回到家里也从不顾自己，想的都是大家！她竟奈何不了他！

他也就是这样！尽管母亲为他日夜担忧，多少人为他捏一把汗，他依然整日泰然自若，来去谈笑风生；尽管生活的担子越压越重，他仍然过得意兴盎然、妙趣无穷。

我们楼下住着联大外文系教师薛诚之一家，也是湖北人。父亲曾为薛先生的诗集《三盘鼓》作过序，因为是同乡，两家过从较密，父亲偶尔也应邀和他们一起打打麻将。薛先生还记得，有一次，他们在昆华中学一位同事家玩麻将。父亲一落座，就风趣横生。他一边搓着牌，一边笑问身边一位江西籍老师："你怕不怕？湖北人占了五十四个！九头鸟啊！"原来在座的有六位都是湖北人！接着他自己又笑道："天上九头鸟，地上湖北佬，这是湖北人的光荣啊！"接下去还兴致勃勃地讲起了历史上湖北人的故事来，特别讲了明朝副都御使湖北人杨涟上书弹劾奸臣魏忠贤的事迹。

还有一次，昆中的一位女教师买了一本《怎样驾驭丈夫》。父亲见了笑道："你还是个大学生，要驾驭丈夫！大家平等相待、和和气气，还要什么驾驭？"他转过头来，与坐在身旁的母亲相对会心一笑。的确，他反对男尊女卑，主张妇女起来争取平等权利，但也不主张极端的女权主义。像自己这样与妻子相知相惜、和睦相爱，不是世间最幸福的吗？

抗战时期，看场电影十分不易，尤其是我们这样的清贫人家。但遇上有好片子时，父亲再忙也会想尽一切办法挤出时间来，拉上母亲，带着我们去看早场。星期天的早场，票价便宜，时常是人挤人，甚至是人踩在人的肩膀上去抢购，哥哥们奋力拼搏才能得到几张票。也有搏不到的时候，只好从票贩子手中去买"飞票"，那也比平时票价便宜。就这样，父亲仍带我们去看过《魂断蓝桥》、《碧血黄沙》、《一曲难忘》，以及动画片《小鹿斑比》等影片。至今《魂断蓝桥》中那感人的主题曲，《一曲难忘》中音乐家肖邦为艺术献身、鲜血滴在琴键上的镜头，还有《小鹿斑比》生动精美的画面及呼唤声，仍深深震撼着我的心。

父亲带我们出去时，兴致总是很高的。我们也总能从他那里不知不觉地学习到如何去鉴赏艺术，提高审美水平。

记得有一次，父亲带我们出去看早场。他和大哥及我走在最后，当我们走到昆中操场上的一棵大树下时，大哥高兴地唱起了《伏尔加船夫曲》，这是父亲极喜爱的一首歌。大哥起劲地唱着，我觉得特别好听，但父亲却说唱得没有感情。他告诉我们，要想象劳苦纤夫在河边拉纤的情景，自己就是那汗流浃背、拉着纤绳奋力向前的纤夫，才能唱出感情来，也才能感动人。说着，他自己唱了起来。父亲有副好嗓子，学生时代就是学校歌咏队的成员，他那浑厚的男中音很快就把我们带去了那遥远辽阔的伏尔加河旁，似乎我们也在与纤夫叔叔们一同艰辛地用力。

一九八六年父亲殉难四十周年时，我回昆明参加了纪念活动，当又来到昆中那棵大树下时，那天的情景仍浮现在眼前，那难忘的歌声仍萦回在耳边。

费孝通先生曾回忆说，父亲“身居陋室而风趣横生，虽然饥肠辘辘，仍然意兴高逸”。这一时期，面对的已不只是贫困的物质生活，更有反动派的威胁恐吓。父亲的这种凛然正气、豁达风趣，还有那高逸的生活情趣，不仅鼓舞着大家的勇气，也极大地舒缓了母亲和家人的心理压力。

西仓坡的新居

一九四五年一月，新建的联大西仓坡教职员宿舍落成。抽签时，父亲幸运地抽到了一套住房。

宿舍离联大很近，与我们就读的联大附中也只一墙之隔，坡下就是风景秀丽的翠湖。大家都很高兴，急着想搬过去。只有母亲有些迟疑，她舍不得昆中楼旁那片菜地，再说，昆中宿舍不收费，西仓坡宿舍每月还得交七百元房租呢！当然，最后是少数服从了多数。正如搬迁时父亲笑答吴晗的："我们用民主的方式表决的啊，愿意搬家的人多，当然很快就搬来了。"吴晗也笑了："这不叫民主，叫孩主。他们都未成年，算不得公民咧！"

未成年的"公民"们搬起家来力量也不小，父亲很得意："人多做事的多，一动手，那点东西就光了。"不过，得意中也有点惋惜："可惜人多手杂，把家中唯一的一只热水瓶砸掉了！"

西仓坡西南联大教职员宿舍。右起第二个门即二十号，闻一多从一九四五年一月至遇刺逝世，一直住在这里

西仓坡宿舍建有两排平房，一色的黄墙。一排建在有几级台阶的矮坡上，与坡下的一排相对。我们家就在坡上，门牌二十号。在这排住的自右向左还有吴有训（十七号）、冯友兰（十八号）、陈达（十九号）、邱宗岳（二十一号）、杨石先（二十二号）教授家。院内还住有潘光旦、葛邦福、吴晗、陈友松、萧涤非等家。

我们这套住房共有四间，但正房只有大小相通的两间，那小间实际只是个半间，一张饭桌就几乎占满了。另两小间与正房并不挨着，在坡的北头，面积很小，每间只有几平米，是用来做厨房或放杂物的。

比起昆中的宿舍来，新居多少要宽敞一些，但八口人住，仍显紧张。搬迁之前，父亲就决定利用北头两小间前的空地另搭一间小厨房，腾出那两小间来住人。他亲自设计，又亲自跑去找来工人，用土坯建起一间小屋，又砌了一道土墙将它和那两间小房连起来。这样，不仅有了厨房，而且有了一个小院。院中央正好有一棵柏树，一树绿荫还给黄墙土屋带来了一种特殊情调。这大概是父亲这位艺术家设计者的得意之处吧！

动工期间，我们都很兴奋。有一天，我和同学趁课间休息，从宿舍连通附中的一扇破门洞钻回来跑去观看，正好遇见父亲也在工地上。他大概是从联大讲完课过来，正忙着和工人师傅谈着什么。只见地上堆着一摊待搅拌的黄土、石灰和碎稻秆，一旁码着几排新脱好的土坯，父亲的鞋上也沾着泥巴。他为了我们的温饱耗尽心血，现在不知又要为我们的栖身之所费去多少时间和精力啊！

小厨房建成后，家里多了一些空间。但父亲自己却只有那间大一点的正房可利用。这间约十三四平方米的房间，不仅是他和母亲的卧室、书房兼会客室，而且还是我和三哥的容身之处（大哥考上大学后，三哥搬到小院去，我仍和父母同室）。和它相通的外小间，则基本上用作了“餐室”。新盖的厨房太小，容不下全家人，每逢开饭，必得“长途运送”，经过二十一号、二十二号门口一路过来。记得二哥从学校回来时就常志愿“远足”去拎那只大铜饭锅。用饭时，我们小孩子全都站着，没有那么多把椅子，就是有，也放不下。尽管这样，父亲的室内设计仍使人身居斗室却心境开阔。尤其是墙上那两副对联，给整个居室带来了一种高远的意境，里屋居室的那一副，在橘红洒金的底子上是两行黑色的遒劲的隶书“遥望北斗挂南岳，常撞大吕应黄钟”。站在它下面，仿佛自己都变矮小了。这副对联我们都能背下来。外小间的那一副，是白色的，上面是小篆，我们认不得，但一迈进室内，总会感到有一股清新逸雅的气息扑面而来。

新居虽仍显狭小拥挤，但总算人人都有了安身之处。特别是那个小后院，不仅提供了做饭的地方和半数家人的住处，而且也提供了一个相对清静的处所。一九四五年夏，大哥跳班考大学，就是在他那间“小鸽笼”里日夜奋战的。在后来白色恐怖的高压下，它还给父亲的战友们当过临时“避难所”，当年赵沨和金若年先生为躲避敌人搜捕都在这里住过。

小院更是母亲舒缓心理压力的去处。它地处宿舍大院尽头，似乎“与世隔绝”，偏僻静谧，清晨，连鸟儿的啾鸣都显得分外清亮。当敌人的污蔑恐吓满天飞、空气紧张得令人窒息时，母亲到这儿来躺上一会儿，会觉得略微舒缓一些。李公朴伯伯遇刺后，特务天天上门来恐吓，日夜不断有人来报告黑名单的消息，母亲心跳得几乎支撑不住，也是这里，

闻一多在石林。这是闻一多最喜欢的一张照片

闻一多与夫人高孝贞在宅前小菜园中

给了她一个短暂喘息的处所。

小院这独特的作用，是父亲当初设计时绝对想不到的。

我们这排住房的门前，沿坡有一溜三四米宽的空地，泥土中混杂着不少碎砖烂瓦，整理一下仍可利用，家家都视若宝地。母亲更加珍视，一连几天蹲在那里“开垦”，我们放学后也常来“参战”。经过大伙努力，终于平出了一片小菜地。母亲又在它四周用竹子扎起一道半人高的篱笆墙，围成了一个小菜园。这小菜园自然比不上昆中那片菜地，但她心中多少平衡了一些。

在这个小园中，母亲先后种了不少蔬菜，有西红柿、扁豆、茄子、包菜（即圆白菜），还有辣椒及小葱等。父亲深知母亲的心思，虽不能与她同劳动，但心里一直与她同忧乐。有一阵园中的西红柿老长不好，母亲很着急。父亲看在眼里，一天，吴征镒来拜望，父亲笑着请教他：“你是搞植物的，来来，你来给看看。”吴征镒十分热情，马上随母亲来到菜园，蹲在西红柿株前仔细察看，又教给母亲如何打杈、如何培育。母亲非常高兴，多年以后，她还常提起这事。但由于土质不好，园中的收成远不及昆中菜地，只能补充一点小菜。即便如此，母亲仍较满意，特别是当父亲津津有味地嚼着他喜爱的烤红椒时，她心里更觉美滋滋的，那小辣椒常常就是自家菜园的贡献呢！

希望的“工程”与无价之宝

物价仍在飞涨，教师们的生活越来越艰难，人们作着各种努力，仍摆脱不了经济困境。三月份，王赣愚、朱自清等二十九位教授迫不得已联名制订了稿酬，规定文稿千字斗米（报纸星期论文每篇二斗米，讲演每次二斗米）。父亲是签名者之一。当时昆明物价已是糙米每石一万元，上白米则一万四千元。《云南日报》为此专发了一篇评论，题为《谈千字斗米润例——吃的是草，出的是奶》，说：“凡留心文化运动，知道公教人员的艰苦生活的人……没有不同情的！本来，战前的米价，每石不过三元至五元，那时的稿酬也在三五元之间，是‘千字石米’。最近，二十几位教授规定千字斗米，稿酬已减低十倍，要求不算‘奢’，谁还有什么话说呢？”

比起发狂的物价来，这点稿酬实在是微薄的，不过，也总算可以解决一点燃眉之急。母亲常苦笑道：“正发愁下顿没有菜钱呢，正好来了两个稿费！”

为了补贴生活，一九四三年以后，有的教授夫人开始亲自上阵开拓财路。梅贻琦校长的夫人等就制作了糕点出售，还给自制的蛋糕取名为“定胜糕”。抗战后期，来昆明的美军及各种人员日渐增多，他们对中国传统手工艺品很感兴趣，有的教授夫人就做起挑花、刺绣等活计来。同院的潘光旦夫人开始绣起绸睡衣、头巾、手帕，还专门来请父亲为她绘制绣样。父亲曾为她绘过两幅神态各异的龙图。

母亲一向喜爱工艺美术，又精于女红，也买来几尺白绫绸，想试一试绣手帕。见到母亲这种兴致，父亲十分欣喜，不仅全力支持，而且乐呵呵地成了热情的合作者。母亲裁好的那几条手帕上，图案全是他亲手画的。在手帕的一角上，他作了各种构图，有的是神态生动的游龙，有的是诗情浓郁的松鹤，有的则是一尊观音像，还有的是用篆书写的“福”字。如同治印一样，他没有把这当成是纯粹的商品，而是作为严肃的艺术创作，每方手帕、每幅图案都符合审美原则才罢休。

在父亲设计的绣样上，母亲也施展了她的手工才艺，使整幅图案越发灵动、形象。我当时很被这“工程”吸引，我们在附中的劳作课上也学过一些刺绣，因此下课后常爱跑来凑热闹，跟着母亲锁锁边，也从中获得了不少美的享受。

小小的手帕，有这样的作者、这样的劳作，其艺术价值已大大超越了实用价值，只可惜这个工程只开了个头就中断了。买丝绸需要钱，我们家吃饭尚且捉襟见肘，哪里来的这种成本啊？加上母亲家务负担繁重，身体又不好，一家八口的吃穿已使她精疲力竭，对这项令人神往的劳作，实在是心有余力不足。

绣手帕不得已放弃，实在是件大憾事。这不仅因为它可以创收，尤其令人遗憾的是，这是父母亲合作的、首次面向社会的“艺术创作”。它的价值，是用金钱完全无法估量的。

幸好这样的合作在家里并不止一次，而且都完美地实现了，它留给我们的同样是无价之宝！

刚搬来西仓坡时，隔壁十九号住着的是李先生（好像是李树青先生）一家。李太太有一台手摇缝纫机。父亲挂牌治印以来，母亲早有心为孩子们添几件衣服。抗战八年，衣服都已破旧瘦小了。她向李太太学会了使用机器，又省吃俭用买回了一些布料，开始自己缝制。当给我和小妹缝制时，她决心让女孩子们穿得漂亮些。限于经济条件，布料和花色不可能随意选择，只有用便宜适用的单色阴丹士林布。凭母亲的技能是完全可以做出可心的服装来的，她曾给哥哥们缝制过时髦的马裤。可现在她有更高的审美追求，非要父亲来亲自设计才感到满足。父亲呢，本来一向喜欢女儿，自然也乐于为她们服务，尽管他已忙得不可开交，仍挤出时间来设计出了两套连衣裙。

在纯天蓝色的主色调上，父亲配上了白色领子和白色的袖口。两件衣服虽色彩相同，但衣领和袖口各有特色，与我们的年龄相匹配。特别是小妹那件的荷叶领，更凸显出幼童的天真活泼。显然，父亲在这里仍是把它作为艺术品来完成的，就像当年为话剧演出制作服装和舞台布景一样严肃认真。

父亲遇难前不久，赵沨先生来我们家避难，带了一架照相机，也就便为我们一家拍了一些照片，其中有买飞机票需用的单人照，也有

全家合影。左起：闻立鹏、闻一多、闻立鹤、高孝贞、闻翮、闻名、赵妈（老保姆）、闻立雕。两个女孩子穿的连衣裙即闻一多夫妇的作品

抗战以来唯一的“全家福”。拍照时，我和小妹都得意地穿上了爸妈共创的这件作品。当时，它的作者们心里不知有多么甜美呢！

那些年，我们穿的毛衣基本上都是用旧毛衣拆下的线拼凑的。就是这样，父亲和母亲仍兴致盎然、不厌其烦地对它们进行艺术加工。

大约是一九四五年的初秋，母亲整天手不离织针，几个孩子的毛衣都需要重织了。一天，我下课回家，刚迈进里屋，就一眼看见父亲的书案上摆着两张绘着女式毛衣图样的纸。母亲望着我笑道：“那是给你们画的！”我书包还未放下就跳了起来，直在屋里跳了好几圈！父亲当时不在家。他太忙了，有那么多事需要做，可却为女儿们挤出了宝贵的时间！

毛衣在母亲的巧手下，很快就织好了。

我的一件是套头毛衣，用的是一种淡蓝和乳白相间的彩色旧线，母亲说线虽旧，它可是有名的“蜜蜂”牌呢！为了解决毛线的不足，父亲设计了一些乳白色毛线的竖条镶拼在前后胸下方的两侧。宽松式的袖子采用了时髦的鼓包袖，靠肩的部分也是用的乳色线。整件毛衣色彩淡雅柔和，式样美观大方，还透着“新潮”味儿。我有了它，却一直不怎么舍得穿它，欣赏的时候比穿着的时候还多。这件毛衣我如今还保存着。虽因年代久远，色泽已不如前，但我觉得，正如一切艺术“佳品”一样，它已超越了物质本身的价值，永远

女儿的毛衣。由闻一多亲自设计、夫人高孝贞编织

在闪烁着光辉。

小妹的那件，记得是绿色和咖啡色搭配而成，是开胸式的，小巧玲珑。她是最小的孩子，母亲特意为她添了一些新毛线。当然，好毛线买不起，尽最大努力买来的也只是那种摸上去颇为粗糙的土毛线，这在当时已是不易了。

我们享受到的还不止于此，我在劳作课上的刺绣作品，有的图样也是爸亲手画的，有龙有松鹤等。母亲还为小妹绣了一条手帕，上面的农夫耕田图也是父亲亲手绘上去的。父亲遇难后，入殓的那一天，小妹哭得那么厉害，她紧紧攥着这条手帕："这还是爸给我画的呢！"

父亲早年曾说："无论哪一个国家，在现在这个二十世纪的时代，科学进步、美术发达的时代，都不应甘心享受那种陋劣的没有美术观念的生活，因为人之所以为人，全在有这点美术的观念。提倡美术就是尊重人格。"（《建设的美术》）

这种追求不仅体现在他追求精神高深醇美的人生态度上，而且也反映在我们日常生活的方方面面。在昆明的艰苦岁月中，正是父母亲的爱和这种追求，使我们身在苦中却不觉苦，反而尝到一种浓浓的甜。

然而，和以往一样，父母亲把甜、美带给了我们，却把苦留给了自己。

抗战以来，他们从未为自己做过一件新衣。父亲的那三件长衫，听母亲说，蓝色的那件是刚入滇时她从地摊上买的，是半旧的。灰色的是潘光旦夫人送的。另外那件就是她早在清华园时为他定做、后来步行途中他穿的那件古铜色绸夹衫，已穿了八九年，开始褪色了。而母亲自己，旗袍全是战前的，内衣内裤则早已是补丁重重。她后来对我苦笑道，有一天换内衣，看见衬裤又该补了，不由怨道："连裤衩都没得穿的了。”父亲说：“怨谁啊？都怨蒋介石，打倒了蒋介石，你就有衣服穿了。”母亲心想，是啊，堂堂的教授和夫人，竟穷苦到如此地步，不怪专制腐败、治国无方的统治者，能怪谁呢？

失去了“最大的靠头”

一九四五年八月，昆华中学校长易了人，新校长奉命解聘闻一多，不好意思说，只说要加钟点，父亲心里明白，主动提出辞职。他在昆中的言行，早已为当局所不容。据当时昆中的教务主任李埏先生回忆说，寒假时，教育厅便要徐天祥校长解聘先生，但徐未照办。（《记闻一多先生在昆华中学》）

昆中的兼职，对生活帮助颇大。春天田汉与安娥来看望父亲时，母亲还曾对他们苦笑：“现在我们最大的靠头就是中学那点米。”父亲也玩笑说：“所以我大学不教倒不要紧，而这个中学教员却不能放松它。”（安娥《哭忆闻一多师》）现在父亲自然不会为了这点“靠头”而屈腰。他说过“教书的人不能吃饱饭就行了”。母亲理解他，没有丝毫怨言，她明白，他从来不是只顾自己吃饱饭就行了的那种人，他胸中装的是国家前途、民族命运，是大多数人的痛苦。就是在昆中兼职的那点所得，他也忘不了别人。联大中文系学生郭良夫生活困难，他还把自己那两个班学生的作文分出一个班的来让他先批改，自己再审，好帮他从中获取一些报酬呢！

但眼前的现实是，这最大的靠头失去了，以后的生活该怎么过啊？母亲心中万分焦虑。

正当生活重荷更加无情地压向父母时，一副尚且稚嫩的肩膀分担了他们的忧愁——大哥考取了西南联合大学，迈出了自立的一步。

作为长子，他早有心为家里减轻一点负担。一九四五年寒假前，他毅然作出一个大胆的决定——跳班考大学！这一决定起初令父母十分惊喜又很为难，孩子已是高二的学生了，万一考不上，按当时规定是不许重返中学就读的。况且，离高考仅有半年的时间了，来得及准备吗？但大哥坚信自己的实力，坚决报考联大。他在自己那小“鸽笼”里日夜发奋，仅用了一个学期就读完了高三的课程。

听母亲说，发榜那天，查良钊先生一进院子就喊：“一多，一多，你大儿子考取了！”父亲从屋里赶出来，乐得半天合不拢嘴，眼里闪耀着那么幸福欣喜的光芒！

为了鼓励儿子，他把外国友人送给自己的一支派克自来水笔奖给了他，又给他买了一件美军穿的夹克。派克笔在当时是十分高级的。我们上学用的都是蘸水钢笔，一般人若是有支普通的自来水笔已十分令人羡慕了。夹克自然是旧的，那时市场上很流行美军穿过的夹克和大皮鞋，便宜又结实。父亲说：“我那时哪有夹克穿？钱来得不容易啊，好好学吧！”这件夹克，大哥十分钟爱，后来父亲遇难时，他穿的正是它，为了救父亲，他连中五弹，身负重伤，夹克被打穿了，上面留下好几个弹洞！这件夹克，可惜没有保存下来，听母亲说，回北平后，大哥上清华大学时，把它送给了生活极困难的同学李炎辉了。

大哥上大学后，利用暑假几次应聘家庭教师，进一步实现了为家里减轻负担的心愿。负伤的那些日子，他当时所教的学生宋瑞莲曾好几次到医院来探望，并特意为他定制了一条银手链，上面铸着七个五角星，一旁镌刻着两行雄劲的字：“正直地活，正直地死！”她还热情地为他织了一件藕荷色的毛衣。这些不只是一个学生送给老师的慰问品，它们代表着广大群众对正义的渴求，对一个为民主不畏流血、为救父不惜生命的英勇青年的爱和敬！

闻立鹤身穿父亲奖励的夹克

大哥不愧是闻一多的好儿子！

内战阴云·“一二·一惨案”

一九四五年八月十日，日本天皇发出乞降照会，八年艰苦卓绝的抗战终于胜利了！

消息传来，昆明城顿时成了欢腾的海洋。人们连夜聚集到大街上狂呼、跳跃，有的放鞭炮，有的敲铜盆，美军士兵也开着吉普在人群中穿梭，士兵们站在车上高举双臂，纵情欢呼，我们也都跑到街上，在人群中尽情雀跃。

这天，父亲不在城里，正在司家营文科研究所。第二天一早，大哥急忙赶去乡下报告。父亲一听，高兴得跳起来，立刻跑去龙泉镇的理发馆，把蓄了八年的胡须剃掉了。“抗战不胜，绝不剃须”，这是他在步行途中立下的誓言，现在抗战终于胜利了！

然而，狂欢激动的一刻过去，一种深深的忧虑不禁又涌上了人们心头。真正的和平会到来吗？谁都听到了，内战的炮声已在多个地方响起。父亲和同事们谈到建国前途时，都深怀忧虑，满心期望不要爆发内战。他说：“不会的，绝不会的，大家都知道打不得了，还说打呢！”是啊，近百年来列强欺凌，军阀混战，加上这八年来日寇的血腥践踏，使中国人民经受了太多的苦难与牺牲，不能再打了啊！可是这时，国民党军队已对多处解放区发动进攻，在陕西淳化、绥南、绥西、苏浙皖解放区等处都发生了大规模军事冲突。刚刚剃掉胡子的父亲心情并没有轻松，反而越发沉重了。

八月十五日，日本宣布无条件投降。就在这一天，父亲和二百多位各界人士联名发表了《告国际友人书》，呼吁要民主，要团结，要彻底胜利；指出“摆在中国面前的现实问题是：团结呢还是内战？民主呢还是独裁？彻底的胜利还是廉价的和平？”并说：“中国人民坚决地选择了第一条路——团结胜利的道路，民主的联合政府的路。”

第二天出席“从胜利到和平时事晚会”时，在回答学生们问“我们青年应该怎样准备反对内战”时，他真诚地说：“我们如果能表示我们的热情，表示我们的关切，有什么事要我们去做我们就做，那么我们就能阻止内战！但有一点要注意，只有联合政府才能根绝内战，我们要联合政府……”

闻一多在阅读《新华日报》

满怀着这样的热情与关切，他积极投入到争取和平民主、反对独裁内战的运动中，连日和民盟的朋友们一起为国事四处奔波，发表一系列公开声明、抗议和宣言，在各种会议上发表演说……

父亲比过去更加忙碌了，那一系列意见和通电的文稿，照例要经他润色、修订，缺少人手时，他还亲自刻钢板。朋友们觉得他过度辛劳，他笑说："谁让我是国文教员呢？"为了征集签名，他又不辞辛劳四处奔走，自然全靠的是两条腿！

在昆明各种呼吁民主、反对内战的活动中，更常常见到他的身影，听到他激昂的声音，那凛然正气、火热激情和出色的语言不知感染和鼓舞了多少热血青年！

这个时期，我们家也更成了青年们常来常往之处，各种来访者终日络绎不绝。有时晚上，我们都上床睡了，他还在和青年们促膝谈心。

夜深了，客人们都走了，人们也都陆续进入了梦乡，但父亲却不能休息，他还得继续那艰辛的"手工业"劳作。我和父亲同住一室，但从不知道他每夜能睡上几个小时。我只知道，几乎每晚自己都是伴着那伏案篆刻的身影和钢刀刻石的音响蒙眬入睡的，早晨醒来睁开双眼，首先映入眼帘的仍是他披着长衫坐在破藤椅中埋首雕刻的侧影，传入耳中的仍是那声声刻入心扉的声音。有时半夜醒来，还会看到他靠在床上聚精会神地阅读着"禁书"。怕影响母亲睡眠，他把昏暗的电灯拉到床头，用报纸挡住朝她那面的光线。尽管经过一整天的紧张劳累，他读起这些书来仍不知疲倦。因为从这些书中，他寻到了中国的希望，也获得了无穷的力量。他曾对助教何善周高兴地说："我们一向说爱国，爱国，爱的国家是什么样子，自己也不明白，只是一个乌托邦的影子。读了这些书，对中国的前途渐渐有信心了，明白了有最低纲领，还有最高纲领，眼下要争取最低纲领，将来还要实现最高纲领，那就是世界大同啊！"（何善周《千古英烈，万世师表——纪念闻一多师八十诞辰》）那时，在他枕下，常常见到土纸印刷的毛泽东著作《论联合政府》、《新民主主义论》等书籍以及大厚本的《国家论》等马克思主义著作，床头和书案上还可见到英文版的斯诺的《红星照耀中国》（即《西行漫记》），还有蓝绒面的《海上述林》等书。我第一次见到毛主席的像也就是在这个时候，父亲指着《红星照耀中国》中一张戴有八角帽人士的照片，悄悄告诉母亲和我们："这就是毛泽东！"从那时起，我们心中也渐渐升起了一线光明和对那片乐土的向往。

为了民主和平，为了国家前途，父亲投入了整个身心。多年来，家里的大事一直是夫妻俩合计着办。现在，母亲连见缝插针的机会也找不到了。她抱怨说："家里的事你也不管了！"父亲坦诚地笑道："我管不了啦，你管去吧！"

苦难的中国人民是何等期望真正的和平啊，备受蹂躏的中国大地又多么需要休养生息啊！然而全面内战却仍在步步紧逼。其间虽有过重庆谈判、双十协定，但在谈判期间，国民党的大批军队已在分路向重要交通线和战略要点进军，枪炮之声始终不绝于耳。

在部署全面内战的同时，蒋介石也加强了对地方势力的控制。

一九四五年十月二日夜，昆明城里突然枪声大作，大家都从梦中惊醒，只听见有子弹不时从住房上空掠过，有的弹壳还咔啦啦地就滚落在我家屋瓦上。

原来，这是杜聿明的第五军奉命包围了云南省政府及省主席龙云的驻地，双方交了火！蒋介石对龙云暗中支持民主运动以对抗重庆，早已心怀不满。日本刚一投降便将龙云主力调去河内受降，今夜的枪声是他在乘势迫使龙云交出地方控制权。

第二天，战斗仍在继续，父亲怕母亲受惊吓，特意为她铺了个地铺，他自己则顶着枪声继续埋头自己的工作。

龙云被迫离去后，昆明形势骤然紧张起来，新上任的云南警备司令关麟征和省代主席李宗黄公然下令“禁止一切集会与游行”。

十一月二十五日，西南联大、云南大学、中法大学、英语专科学校四校学生自治会在联大校内举办反内战时事讲演会，国民党第五军竟鸣枪威胁并断绝交通。学生们激愤万分，决定罢课抗议，随后，全市中等以上学校也纷纷响应。十二月一日，反动派竟变本加厉，驱使数以百计的武装军人和暴徒大打出手，袭击联大、云大等校，制造了骇人听闻的“一二·一”惨案。这一天，有四位青年惨死在反动派的手榴弹和刺刀之下，五十多位青年受伤，还有数位教师被殴。我们联大附中也遭捣毁。午后大哥一瘸一拐地走回家来，我们才知道，他的腿也被石块打肿了。

面对这血腥暴行，父亲愤慨万分，青年们忧国忧民、反对内战、争取和平有什么罪？对付手无寸铁的学生竟如此残暴狠毒！在“一二·一惨案座谈会”上，他悲愤地说：“鲁迅先生说发生‘三一八’

惨案的民国十五年三月十八日是中华民国最黑暗的一天，他不知道还有更凶残黑暗的日子是民国三十四年十二月一日！段祺瑞的卫兵是在执政府前向徒手学生开枪，十二月一日的昆明是大队官兵用手榴弹和刺刀来进攻学校！凶残的程度更进了一步，这是白色恐怖吗？这是黑色恐怖！”

他含泪写下了十个大字的挽联——“民不畏死，奈何以死惧之”，并带我们第一批进入四烈士灵堂祭奠。随后，又同母亲一道再次去祭吊。

为了声援学生的斗争，他在教授会上力倡教师罢教，并写了杂文《人·兽·鬼》讽喻教授中某些人谨小慎微、顾虑重重的心态。

次年二月，又为四烈士墓撰写了墓文《一二·一运动始末记》，文中最后一段写道：

> 愿四烈士的血是给新中国历史写下了最新的一页，愿它已经给民主的中国奠定了永久的基石！如果愿望不能立即实现的话，那末，就让未死的战士们踏着四烈士的血迹，再继续前进，并且不惜汇成更巨大的血流，直至在它面前，每一个糊涂的人都清醒起来，每一个怯懦的人都勇敢起来，每一个疲乏的人都振作起来，而每一个反动者战栗地倒下去！四烈士的血不会是白流的。

昆明人民对爱国师生的斗争空前同情与支持。在三个多月的时间里，参加公祭的群众就有十五万余人。一九四六年三月为四烈士举行殡葬仪式，全城万人空巷，街头巷尾挤满了悲愤的人群。送葬队伍有三万多人，当局不许呼口号，但天在哭，地在嚎，一首沉痛悲壮的挽歌始终不停地在队伍中萦绕，在昆明市上空回响：

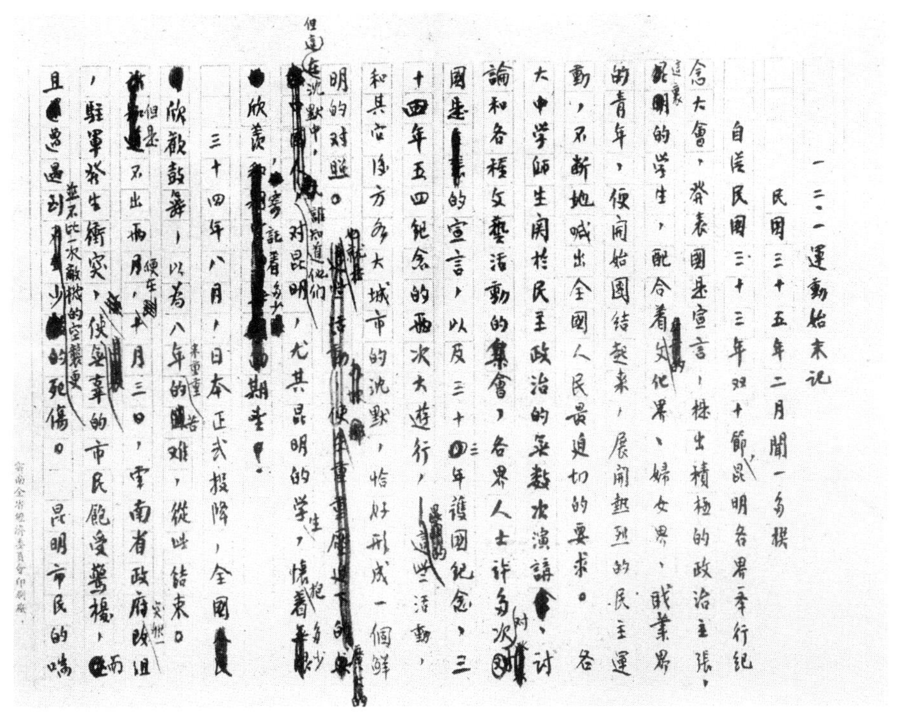

一二·一運動始末記

民國三十五年二月 聞一多撰

自從民國三十三年雙十節昆明各界舉行紀念大會，發表國是宣言，提出積極的政治主張，這裏昆明的學生，配合着文化界、婦女界、職業界的青年，便開始團結起来，展開熱烈的民主運動，不斷地喊出全國人民最迫切的要求。

闻一多撰写的《一二·一运动始末记》手稿

天在哭，地在号，风唱着催心的悲歌，英勇的烈士啊，你们被谁陷害了？你们被谁惨杀了？那是中国的法西斯，那是中国的反动者！是中国人民的仇敌！……

父亲和吴晗等殡仪主席团的成员走在队伍前列。夕阳西下时，队伍才回到联大新校舍。四烈士墓地设在校园东北角，大理石的墓壁上镌刻着父亲用小篆写的“四烈士之墓”以及他撰写的《一二·一运动始末记》。那天我和同学们随游行队伍归来，站在一个小土丘上，晚风中只听见他那狮子般的怒吼在空中回荡：“我们要惩凶，他们跑到

“一二·一”惨案出殡仪式。前排左二为闻一多

殡仪队伍行进中。闻一多（二排左二）、吴晗（二排右一）等教授，在长达八小时的出殡中，始终走在队伍前列

天涯，我们追到天涯，这一代追不了，下一代继续追！血的债是要用血来偿还的！”

“一二·一”惨案震动了全国，各地纷纷举行抗议和悼念活动声援昆明学生的斗争，很快形成了抗战胜利后国统区第一个民主运动高潮。

战斗中的亲密伴侣

反动派的血腥暴行，也使母亲的心久久不能平静。她为四个年轻生命惨遭屠杀而深深伤痛；为反动派的残暴狠毒愤慨万分。联想到外面关于父亲的流言，也为他的安全愈加担心。但残酷的现实同时也使她更加深了对民主事业的理解和感情。她怀着满腔悲愤和父亲一起去烈士灵堂祭奠，关注着事态的每一步进展。惨案发生的头几天里，甚至走出家门去当了一回“义工”——与父亲并肩战斗的吴晗先生由于夫人袁震患病出不了门，父亲对母亲说：“你去吧，去照顾一下吴太太。”母亲拖着病弱的身躯欣然前往。她后来笑着告诉我：“我去了，他（吴晗）才得出来。”

母亲热爱青年，也和父亲一样，一直视他们如亲生儿女，关怀备至。那些远离家乡，孤身在外的青年学子们常常把这儿当作自己的家。父亲的学生、同乡彭兰甚至亲切地认他们为干爹、干妈。过节时，干爹、干妈也总不忘招呼干女儿回来团聚。现在对络绎不绝的来访青年，她更是满怀母爱，尽力帮助丈夫热情接待。

一九四六年二月十七日，昆明政治协商会议促进会等十团体联合召开“庆祝政协会议成功、抗议重庆‘二一〇’惨案、坚持严惩‘一二•一’惨案祸首大会”，闻一多担任大会主席。图为他在会上发表演说

其实，一段时期以来，对于民主工作，母亲早已不是局外人。她曾好几次为父亲往《民主周刊》送材料；父亲出去征集签名，她有时也陪着去“串门”，无形间给宣传工作增添了亲和力。父亲的义举，如为贫病作家刻章捐献等，她从来都是支持的。有一次民盟印刷材料缺钱，父亲想从家中拿一些去解燃眉之急，她也毫无怨言，想方设法去从菜钱里“挤”。

对于国家大事，她此刻也更加关注。一九四六年一月政协召开时，她随父亲一起对中国大地上的这一线曙光充满了期望，同时也为在谈判期间不断扩大的军事冲突忧心忡忡。六月间当蒋介石撕毁政协决议，发动全面内战时，她还第一次在一份和平呼吁书上签上了自己的名字。这份“为呼吁和平救灾号召万人签名运动”的电文稿是父亲亲自加工定稿的，是昆明反对内战、呼吁和平运动的一部分，也是对当时全国掀起的和平运动的响应。中心是呼吁和平，挽回中华民族的浩劫。

长期以来，母亲总有些自卑，还没有完全摆脱旧礼教的一些羁绊。一九四五年春，父亲在一次朋友聚会时也笑谈过这一点。安娥曾生动地回忆：

> “我们问闻先生，在家里同闻师母民主不？”“那我是绝对的民主并尊重女权。”闻师煞有介事地说明。“不过我内人同我的看法倒不同，比如她给我倒杯茶我接受了，她觉得很平常。可是我要给她倒一杯，她就神情不安地觉得不对劲。我怎样想法子改正她，直到今天还没改过来。”（《哭忆闻一多师》）

这次父亲要母亲在通电上签名，固然是为了民主运动，但也显示出对母亲人格的重视和尊重，或许这也是父亲下意识改正和帮助母亲的一个举动吧！而母亲正是从这些活动中渐渐拓展了视野和胸怀，增强了自信和勇气。

母亲告诉过我，后来李公朴遇刺，父亲从医院回来，要赶去《民主周刊》社，她不放心，不顾一切地硬陪着父亲一道去了。在周刊社里，还亲耳听到父亲口述对暗杀事件的书面抗议，当时冯素陶做的记录。这大概就是那天父亲与楚图南、冯素陶等人一起讨论拟定的《中国民主同盟云南省支部发言人为李公朴同志被暴徒暗杀事件之严重抗议》和《李公朴先生被刺的经过》。后刊于《民主周刊》第三卷第十八期。女特务连续上门恐吓的那些天，有一次她也不顾危险亲自赶去周刊社给父亲报信，让他不要回家。父亲的一句“怕什么？”还给她壮了胆。

终日担惊受怕的母亲，这时在丈夫无私无畏的精神感召下，渐渐变得更加成熟和坚强了。

前不久，有一本写闻一多的书，杜撰出一个情节，说父亲去参加“李公朴死难经过报告大会”前，临出门时，母亲端了一个凳子坐在门口阻挡。这真是离事实十万八千里！

当然，母亲的“岗位”是在家里。对于丈夫完全管不了家事，她的确感到很无奈。但面对现实她并无怨言，只默默地承受着八口之家的巨大家事压力。家务活虽多亏有赵妈分担，但“总管”的耗心耗力是无人可比的，尤其在入不敷出的艰难境遇中。

母亲的这种承担给父亲创造了一片广阔自由的天地。

当时，不少教师迫于生计不得不背负起家事重担，常年为日常杂务所苦，而父亲则可以完全不用为此分神。这一点，朋友们都颇有感触，还在“一二・一”以前，安娥来访时就有深切体会：

> 我和闻师母谈昆明的生活问题。她很坦然地皱起眉头兼苦笑。她说：“闻先生他反正是什么也不知道，米多少钱一斗，他从来没问过……”

谈到昆中给的那点米是最大的靠头时，安娥写道：

> 可是他自己研究也不知道倒是有多少米，并且这些米可以吃几天，他只听得太太说过：“幸亏这点米，不然可怎么过呀！”“那不可以呀，闻先生。”我抗议闻师：“您也该知道呀，这不单是家庭琐事，也是社会问题呀！”“该，是该知道。不过有人注意了，我就没注意，反正我原则上我知道是不够，教书的人不能吃饱饭就行了。”闻师又笑了……（《哭忆闻一多师》）

从来，父亲在生活和事业上就离不开母亲的支持与帮助。这个时期母亲所起的作用更是任何人也替代不了的。她已不只是那能感知丈夫随时所需的“神仙”，也不只是那善解人意、温存体贴的“另一半”，而已成为能与丈夫同呼吸共命运、心灵默契、互为依存的知音伴侣了。

父亲这时显然深深感到，在“地狱”中只要有母亲相伴，四周就仍是自己明媚的天堂。这里虽不可能再有以往那种宁静和平、优雅安适，但有取之不尽的温暖、享之不尽的情爱、汲之不尽的精神慰藉。每当他从外面回来，母亲若不在屋里，我们听到的第一句话往往就是“你妈妈呢？”见着她，他的心似乎才踏实下来。他不能离开她！遇难的头一天晚上，他回来不见母亲，还一直找到潘伯母家里去了呢！

一九四五年以来，一些反动刊物、街头壁报不断对父亲进行人身攻击，就如吴晗后来所痛斥的那样：“有一篇文章劝一多学屈原，跳昆明湖。有一篇文章挖苦一多，以博得听众掌声为满足。还有，说他在使卢布。甚至下流到说他之所以愤慨，是由于家庭生活的不满。种种污蔑、中伤，一多成为特种人物的箭垛了。”（《闻一多先生之死——人生自古谁无死，留取丹心照汗青》）而直到今天，仍有文章相信这些污蔑之词，说父亲是“在性生活方面有所压抑，所以才会对政治发生兴趣”。

父亲当年对此不屑一顾。但这类流言中伤的不只是父亲，其中有的也深深伤害着母亲。她一直不愿因为自己而损害丈夫的形象。如今，当年封建礼教给自己烙下的创伤竟被敌人用来作为攻击丈夫的子弹！这是用刀在戳她的心窝！她一辈子也忘不了。直到晚年对我谈起时，还满眼汪着苦痛愤恨的泪水。

虽然如此，她也很坦然，自己并未给丈夫造成负担，她不仅无愧地履行着相夫教子的义务，而且已成为他生活中不可或缺的知心伴侣。他们的感情早已超越了一般传统的夫妻之情，融成了一股心灵甘泉，一种巨大的、彼此不能缺失的精神力量！那些中伤者，他们卑俗的心哪里能理解得了人间这种深挚的情感？尤其令人可气又可笑的是，他们又哪里知道，他们肆意攻击中伤之时，正是夫妻俩在共同的斗争中感情更加升华、浓烈之时！

为了早日复员北上

一九四六年五月，联大宣告结束，准备复员北上。老师们都开始积极准备行程。有的急于返回那梦魂牵绕的北方校园，有的想先去探望久别的家乡，还有的人接到了国外邀请准备出去讲学。

父亲十分想念清华园，当有的同事先启程时，他还特意托付代他去故居看看书房前自己亲手栽种的那丛竹子呢！离别故乡多年，他也很想乘此回老家去看看，那湖边老宅，宅中的亲人们早就在牵系着他的心了。他曾和母亲多次筹划过，我们的心也都随着大人们的谈话飞到了望天湖旁和清华园。还记得有一天晚饭后，大家围在桌旁谈着北上的事，大哥还为我们画了记忆中清华新南院七十二号的图。大家兴奋之中不禁背起了杜甫的诗句："剑外忽传收蓟北，初闻涕泪满衣裳……"父亲在屋里刻图章，听着我们的谈笑，脸上也溢满了欣喜的微笑。

就在这期间，他接到了美国加利福尼亚大学的邀请。讲学可以带家眷，作为一个学者，他心里多么渴望能有一个安定优越的环境生活和治学啊，他也真心希望能亲自出去让美国人民多听听中国人民的呼声。因为正如他所签名的《致国际友人书》中指出的那样，美国统治者的政策和行为违背了美国人民的公意，正在助长国民党军进行内战，美援正在成为中国官僚和资本家剥削中国人民的工具，成为军事独裁者屠杀人民的工具！

但经过反复思考，他仍然决定留下来。多难的祖国正面临新的严重危难，人民还在水深火热之中，他怎能忍心在这种时刻离开？想到青年们忘我的爱国热情，他说：“也许北方的青年还需要我。”

父亲的决定令我们小孩子白兴奋了一场。但母亲显得很平静。她当然十分希望父亲能换个环境，尽快离开这令人窒息、杀机四伏的地方，外面已有不少迹象表明，反动派要乘联大复员、民主力量削弱之机有所行动了。再说，出去对一家人的生活也大有好处。但她也太了解丈夫了，他就是这样的人，为国为民可以抛弃一切！她不怨他，此刻只

一九四六年五月，联大即将结束，北大、清华、南开将复员返平津。中文系师生特合影留念。二排左起：浦江清、朱自清、冯友兰、闻一多、唐兰、罗庸、许维遹、余冠英、王力、沈从文

满心焦虑，盼望着能早日离昆北上。

夜色虽浓，回北平清华园且能借机回老家探亲，仍是一件令人兴奋又期待的事。父亲、母亲和我们每个人是多么盼望它能早日实现啊！

然而北上路途遥远，一大家人首先需要的是钱。学校的补贴有限，还得靠自己努力。

不少人家这时为了轻装及筹措款项，已在变卖衣物，大西门外摆了一溜小地摊。我们家平时缺衣少穿，没什么值钱物件，母亲清清捡捡好不容易才挑出一些衣服和小零碎。我们也欢欢喜喜提上大包袱，跟随赵妈来到了大西门外。赵妈坐镇，我们在一旁吆喝助阵。谁想半天也招不来几个买主。邻摊的物件不断出手，我们却常眼巴巴地看着顾客走过来，又走开去。原来，我们的东西太陈旧、太“平凡”了。练了几天摊，最后总算换回了几个钱。我们高兴地攥着它们，又向母亲要了几个零钱：“妈，咱们存上吧，好买飞机票。”母亲笑着答道：“好，存上吧！”于是我们小心翼翼地用红线绳将它们扎起来，又小心翼翼地将它们放进了一个最宝贵的地方——父亲床下的一只旅行皮包里，这皮包还是当年父亲留美时用的，母亲常用它放一些紧要的东西。第二天，我们像打开宝盒一样打开皮包，那一小扎正静静地躺在那里，等待着新来的伙伴呢！过了几天，我们又兴奋地打开皮包。又过了几天，我们又打开皮包——啊，“宝物”却不翼

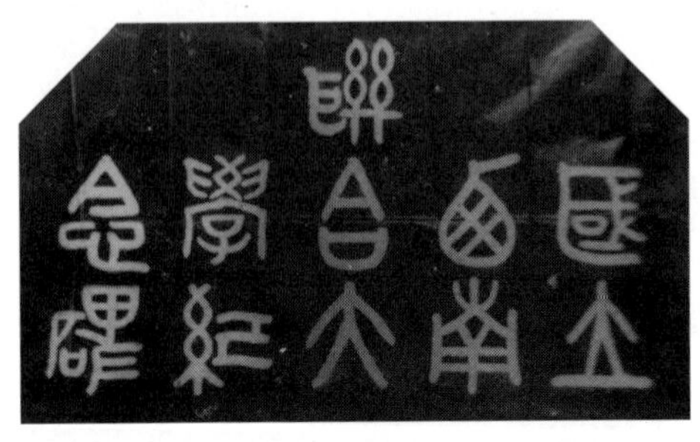

西南联合大学的历史使命业已完成，特刻碑纪念。图为闻一多撰写的碑额

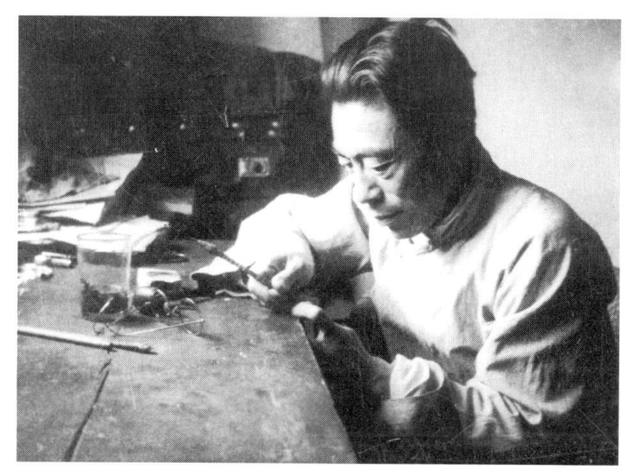
闻一多在治印

而飞了。我们大声叫着，要母亲去寻找，却没有想到，原来它们已经她的手飞到菜篮子里去了。当然，我们并不气馁，仍兴致勃勃地重新攒。孩子总是天真的，复员心切，满以为凭几个零钱，积少成多，就能坐上飞机呢！

父母亲当然知道，这是几颗童心的热望与幻想。真正切实的，还是父亲的“手工业”和母亲的精细筹划。

父亲这时更加紧了他的劳作，回家来更没有时间和我们说上几句话，只顾伏在案上刻、刻……壮年的他，累得背已有些驼，中指上也磨出一个大疙瘩。记得“一二·一”后不久，有一天，父亲在屋里刻图章，我们几个在一旁唱起罢课期间上街宣传的一支歌，是反映民间疾苦的：“布谷声声，田里水飘飘，我们大伙儿从早忙到晚，弯背插秧苗啊，插秧苗……”唱到这里时，突然父亲用他那深沉、浑厚的男中音接了过去：

“弯背刻图章啊，刻图章……”

那一刻，我们真被他的风趣逗得想笑，却又笑不出来。

现在，在复员前夕，为了全家能早日返回北平，他更是不分昼夜，一刻不停地弯着背在坚硬的象牙、石头上刻、刻……，独自吞咽着那风趣背后的辛酸与苦辣！

由于临别在即，不少朋友和学生都来找他题词或刻章留念。他虽如此忙碌，却仍毫不吝惜自己的时间与精力，热情地为之挥毫捉刀。这期间，他还在百忙中为小妹题了词，写下了我们终身铭记的那句箴言："对功课太认真了是不好的，因为知识不全在课本里。"当时因联大复员，附小的同学也将天各一方，孩子们都依依不舍地互相赠送纪念品，相互留言纪念。小妹也订了一本纪念册，除让同学留言，还跑来要父亲题个词。父亲这一意味深长的题词，显然不仅是针对九岁的小妹，它也是我们终身受用的真理。

那些日子，前来求章的人不断。有一天，云南省代主席李宗黄也派人拿来一方牙章，并附上了优厚润例。父亲却当场就把钱和图章都退回去了。李宗黄是镇压学运的主使人之一。事后父亲对母亲说："我

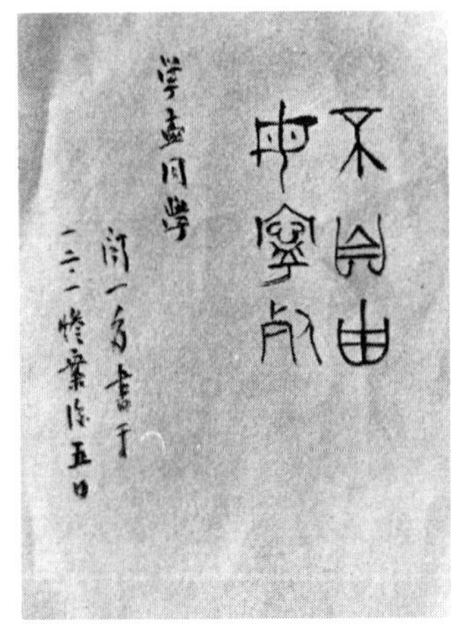

闻一多为学生题字："不自由，毋宁死！"

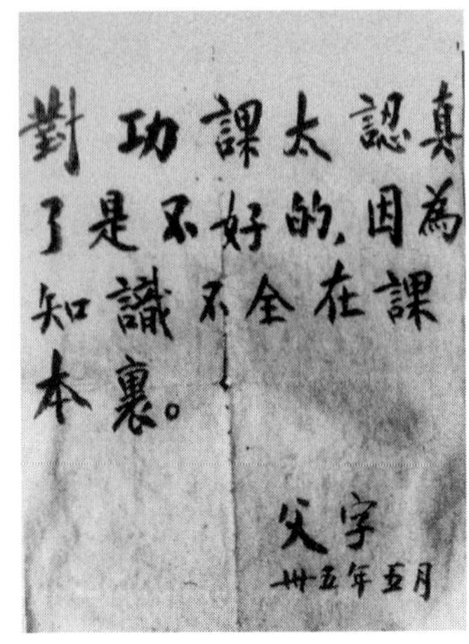

闻一多为幼女闻翮题字

穷穷得硬着，我要他的钱？我根本就不给他刻！”

见父亲如此超负荷地工作，母亲焦虑万分。尤其见他每天熬到深夜，肚子空了也没什么东西可充饥，更觉心疼。

文林街上有间小茶馆，兼卖一些小点心，价钱不算贵，联大学生都喜欢在这里看书、自习，母亲这时也决心省吃俭用“舍个已”，间或去买来几块点心给父亲当夜宵，但父亲常常忙得顾不上吃。他们床头下那个印有马头的铁点心盒，反倒成了我们几个经常光顾的地方。母亲也只好无奈地苦笑，孩子们也太苦了，偷吃一口就吃一口吧！有时为了省钱，她也抽空亲自动手炸几个面包圈给父亲，我们当然又少不了借光。而这些食品，她自己总是省着不吃的。

为了父亲和一家人，母亲耗尽心血，由于长期操劳又缺乏营养，加上紧张焦虑，身体越来越差，心慌的毛病也越来越重，厉害时，常常得卧床休息。父亲深知，她需要检查治疗，需要静心休养。但眼前，这些都是不可能的，经济条件不允许。他只有暗自心疼焦虑。一九四六年初，一位美国医生路过昆明，父亲乘机向他咨询了母亲的病情，回家来高兴地对她说：“我今天给你看了病！一位美国大夫路过昆明，我向他谈了你的病。”他深情地望着母亲，又无奈地说：“医生说是甲状腺亢进，要动手术。现在也没有办法，没有钱，等等吧，等回北平，第一件事就是给你治病。”

没钱看病，母亲只能忍受着疾病的折磨。平日本已十分劳累，又加上终日为父亲的安全提心吊胆，心跳得越发难忍。

夏初，母亲又病倒了。人卧病时，总是希望亲人多在身边陪伴一会，而这时正是父亲最忙碌的时候，母亲理解他那腔为国为民的热情，但整天孤单一人躺在屋里，心里总觉不是滋味：“我生病，心跳到口里去了，他可成天在外面忙！”她越想越觉得委屈，不由得气不打一处来，使起了性子。“我生气！在床上躺了两天不理他，怪他不管我。”

父亲回家来，照常先来找爱妻，却连着碰了软钉子。他望着病弱的妻，心里万分难受，自己的确是太忙了，可是在心里，哪一分钟也没有离开过她啊！他难过地说：“你也想想我好的地方，别只看我的不是啊！”

进入六月，联大师生离昆的越来越多。叔叔和吴晗也于上个月走了。父亲也希望早些动身，但民盟的一些工作需要交接，一时还离不开。另外，路费也还需再努一把力。

月中，分配到了两张赴渝的机票（去北平要在重庆转机）。父亲和母亲商量，决定大家分批走，先让二哥、三哥走，到重庆若能买到去北平的机票，他们可先行北上，买不到则等候家人一同赴平。这样，父亲既有时间安排好工作，又能再刻点图章，攒足些路费。

孩子们是第一次离开家，父亲十分不放心，特意托付先赴渝的许维遹先生多加关照，又反复叮咛哥哥们要照顾好自己，还给他们带上了友人赠送、自己舍不得吃的鱼肝油丸。动身前夕，母亲将随用钱秘密缝在了哥哥们的内裤上，那一刻，她的心情要大大超越了孟郊《游子吟》中那种伤离之情。哥哥们走时，我们全家送出了大门，父母亲含着眼泪久久伫立在大门口目送他们远去。

在血雨腥风中

二哥、三哥走后，我和小妹也吵着要早走，父亲也很希望能早日动身。六月二十九日给哥哥们的信中还说："大妹、小妹都天天吵着要早来，其实我也有愿意早来的心事。你们放心，我是不会放弃早来的机会的。"

但就在这时，全面内战爆发，昆明形势愈发严峻。

两三年来，关于黑名单的传说就一直不断，父亲总是名列前茅。"一二·一"后，近日楼等地的反动壁报更对父亲等人极尽攻击、诬蔑之能事，甚至扬言要以四十万元收买闻一多的人头。近日这类活动更加猖獗，来辞行的朋友和学生们都劝他多加小心，早点离开昆明，母亲更日夜提心吊胆，几次催父亲早点走："人都走了，特务要下毒手怎么办？"父亲笑了一下："他要杀你，到了别处也一样杀。"

七月十一日早晨，联大最后一批学生离滇了。果然，当晚反动派就动手了。半夜里，我被一阵低沉的细语声惊醒，惊恐地听到了"李先生……枪

鹤、鹏：

鹏的信和许先生的信同时收到，知道你们有机会早飞北平。这机会千万不要失掉。如果无内战，以后飞机当然比较容易找，我们便随后飞北平。如果有内战，我们恐怕短期无法飞来，那么你们孤独的留在重庆，便不是办法。相反的，你们到北平，住在姨姨家，我们倒也可以放心。钱若不够，可向许先生暂借。到平时，可照通讯处去找姨姨，这不是太麻烦的事。相信你们能照顾自己。如许先生同行，那便更好，他是会照顾你们的。

大妹小妹都天天吵着要早来，其实我也有愿意早来的心事。你们放心，我是不会放弃早来的机会的。家中都好，妈的身体这几天来也比较健康。我这几天特别忙，一半也是要把应办的事早些办完，以便早些动身。

小弟的皮鞋买了没有！如未买，应早买，因为北平更贵。

父字

六月廿九晚

一九四六年六月二十九日闻一多写给先期抵重庆之次子、三子的信，这是他最后的一封信

杀……”等字眼，朦胧间看到一位青年站在父亲床头正说着什么，只听得父亲急促地问：“人呢？”“抬到医院去了。”

我不由得浑身战栗起来，眼前不断浮现出李伯伯那络腮胡中亲切的微笑和那马裤长靴、精神抖擞的身影。

早晨醒来，父亲已不在房间里，听母亲说，李伯伯被暗杀了，他天没大亮就赶往云大医院去了，只擦了把脸，也没吃东西。当时父亲还有些感冒，正发着低烧。

李伯伯终因伤重而不治，昆明城陷入了一片白色恐怖。外面纷纷传言，黑名单上第二号就是闻一多。不少朋友劝父亲不要外出，还有的拿来一套西装，劝他化装躲避，但他毫无惧色，说：“死，并不可怕。”显然，他已意识到形势的险恶程度，但仍义无反顾，怀着满腔悲愤，出面组织治丧委员会，向当局提抗议，向全国通电控诉血腥的法西斯暴行……那些天，他从早忙到晚，回家吃饭时也很少讲话。饭桌上一家人全沉默着。我们也感到了空气的紧张、沉重，无心嬉笑打闹了。

情势越来越紧张。大批宪兵警察荷枪实弹，到处搜捕，中苏文化协会昆明分会也被查封，寄居在那里的音乐家赵沨逃出后无家可归，父亲这时虽身处恶境，却仍满怀热情“命令”他住进我们家来，还关切地说：“我们吃什么你就吃什么。但我知道你是个河南人，就给你煮挂面吧！”在分会工作的金若年先生也被父亲请进家中避难。

反动派在动用宪兵警察的同时，还撒出了大批便衣特务，甚至使用极其卑鄙的伎俩，派一个装疯卖傻的女特务连日四处进行威胁恐吓。李伯伯遇害的第二天上午，她竟直接闯进我们家冲到了父亲的床头。这女人有四十来岁，一副黄里透绿的马脸，挽着一个散乱的发髻，穿一件灰白色旗袍，下摆直拖到脚脖子上，干瘪的身躯架着这件袍子，看上去活像我们在童话里看到的恶魔僵尸。她左手拿着一本破旧《圣经》，用右手的长指甲划着《圣经》上一些段落，一边骂骂咧咧，一边说："闻一多，还不快忏悔，你的名字是两个夕字，命在旦夕了！"这天，父亲不在家，她闹腾了一阵，扔下了一封恐吓信。信上说，中国有大难，共产党是坏人，警告闻一多不要跟着走，否则，多字是两个夕字，命在旦夕了。署名是张柴静一。

父亲回来后，我们急忙告诉他这件事，他却淡然一笑，把恐吓信扔到了纸篓里。

接连几天，女特务天天上门来威胁，由于她那副形象，我们都管她叫女疯子，大家都很紧张，有时老远见她来了，就赶紧进屋把门插上，她就站在门外破口大骂。

为了防备万一，不管父亲在不在家，每次大哥都出面去和她周旋，不让她见到父亲的面。因此她对大哥也恨之入骨。十四日一清早，大哥出门时，她堵在大门口也丢给他一封恐吓信，信里威胁道："如不悔改，你父子命在旦夕！"

由于学校正在复员，宿舍里一片杂乱，家家户户都在忙着收拾东西，有些小商小贩也挑着担子进来收买旧货，院子里成天闲杂人不断，出出进进，各式人都有。母亲说，有些特务也乘机混了进来。常常有人问院里的孩子："闻一多啥个样子？""闻一多穿哪样衣裳？穿西装还是中装？""闻一多可有胡子？"母亲十分紧张，便和门房商量，为了全院的安全，晚上希望把大门关上，有人找时请通报一声。就是这样，仍有不少各式人要见闻一多。

连日的强烈刺激，无限的紧张担忧，使母亲的心跳毛病更加厉害。她只觉得有一块千斤重的大石头整天压在胸口，透不过气来。她后来在《一多牺牲前后纪实》中写道：

> 一多每天在外面忙碌，他已完全顾不上我了。我见他吃不下饭、睡不好觉，加上未痊愈的重感冒，体力已经有点不支了，但还是像一团烈火，熊熊燃烧着，忍不住恳求："你不要再往外面跑了，万一出了什么事，这么一大家人，我的身体又是这个样子，可怎么好啊！"他沉默了一会，慢慢地说："现在好比是一只船，在大海里遇到了狂风恶浪，越在这种时候，越要把住舵，才能转危为安。"室内很静，孩子们都睡了，他的声音不大，但是那么有力。
>
> 这一夜我说什么也睡不着，一多的话一直在我耳边响着。……
>
> ……
>
> 十四日晚饭后，我心里实在憋得难受，便来到潘太太家坐坐。潘太太是一多老同学潘光旦先生的夫人，热情、善于体贴人。她见我的憔悴样子，很着急，又不知如何是好。正在这时，一多来找我了。他还是老毛病，回家来要是见不到我，就没着没落的，总要把我找到心里才踏实。就是工作时，也总喜欢我在旁边坐着。潘太太一见他，赶忙说道："瞧瞧你太太，成了什么样子了？明天开会，你不要去了吧！"她说得那么恳切，眼中充满了焦虑。一多告诉过我，明天要召开报告李先生死难经过的大会，进一步揭露国民党反动派的

法西斯面目。此刻他没有说什么，只是沉默着，从他的脸上可以看出，他早已做好了“前脚跨出大门，后脚就不准备再跨进大门”的准备。我像预感到了什么似的，一颗心像被抛进了沉沉的深渊，上不着天，下不着地……

蛛丝马迹探心迹

李伯伯遇难后，母亲日夜惊恐，身心交瘁，父亲一直看在眼里，疼在心上，内心其实并不平静。

他此时并不像有人揣测的那样，认为自己“是个教书的，只是用嘴、用笔说几句公道话”，“不管怎样，总还有点名气”；认为“反动派杀了一个李公朴，已引起很大震动，要是再杀一个，它的日子就更不好过了，所以反动派还不敢”。实际上，面对血腥的白色恐怖，父亲心中十分明白自己面临的是什么凶险。反动派既然连李公朴这样有名望的人士都敢下手，黑名单之事显然不是空穴来风。他自己早已置生死于度外，前些日子就对一位来辞行的学生说，自己推迟行程，“即使万一发生意外，我也是死而无憾的。”（《闻一多年谱长编》）在《民主周刊》社里，也好几次对同事说：“即使为民主运动而牺牲，我也死而无憾。”（赵沨《回忆闻一多先生殉难前夕的二三事》）当时，外面也有传言说黑名单上第二号是潘光旦的，他心中有数，也曾禁不住对母亲说：“恐怕第二号是我吧！”

然而家呢？她呢？孩子们呢？真是什么也不去想了吗？谁都知道，家，是中国人的根！中国人历来热爱家庭，这是中华民族经历无数苦难，仍能生生不息的支撑。他一个那么重感情、爱恋家和亲人的人，怎么可能什么也不去想呢？

李公朴遇难第二天，他从外面奔波回来，靠在床上小憩，夫妻二人都沉浸在巨大的悲愤中。大约是谈到李先生的善后工作，他忽然深情地望向母亲说："不是没有钱吗？我死了你会有的。"母亲霎时像遭巨雷击中，气急地嚷："我不要这种钱！我要人！"她心里明白，这不是在说笑！也不是他无所畏惧的一种流露。这是他从他们为李先生善后所作的各种努力，联想到了自己的身后事。这是对她"生"的期望和自己视死如归的决心啊！她的心被撕碎了——直到晚年还在流血！

父亲的心何尝不在剧烈疼痛，他冒出这句话正因为最令他痛苦和不安的，就是将来孤儿寡母的生存问题。他怀着一丝脆弱的希望自我安慰，也这样来安慰母亲。但心里哪能不明白，现在维持温饱尚且艰难，失去了他，断了生计来源，一家老小将何以为生？他哪里能不知道，爱妻丧夫那肝肠寸断之痛？不知道失去了父亲的孩子是如何悲惨、孤苦？又哪里能不去想，病弱的妻将如何来承受这一切，她和孩子们又将面临何等的艰难？

痛苦在不断咬噬着他的心啊！

可是，当国家面临空前危机，民族又将深陷灾难时，他又怎能忍心坐视中华大地再次生灵涂炭，无数家庭再遭家毁人亡？当战友尸骨未寒，饱受苦难的中国人民仍在法西斯专制的高压之下苦苦呻吟时，他又怎能只恋着尺方墙内的幸福而独善其身呢？二月间给五伯闻家騄的信中，他就说："抗战以来，由于个人生活压迫及一般社会政治上可耻之现象，使我恍然大悟，欲独善其身者终不足以善其身。……古人云'匈奴未灭，何以家为'，今之为祸于国家民族者有甚于匈奴，在此辈未肃清之前，谈不到个人，亦谈不到家。"

他爱家，更放不下国啊！

在父亲心底的暗潮中，自然不会只有家和亲人的命运。他显然还在忍受着另一种剧痛，这是一个时期以来就隐藏在心底的痛。

他曾说："我爱祖国固因他是我的祖国，而尤因他是有他那种可敬爱的文化的国家。"

近年来，参加民主运动占去了很多时间和精力，但他从未忘情所钟爱的学术研究。就在斗争最紧张时，他还对吴晗喟叹："太空虚了，成天吐出去，却没有新的东西补充，要好好念书了。天可怜一年两年后，民主实现，政治走上了轨道吧，只要有这一天，我们立刻回书房，好好读十年二十年书，才对得起自己，对得起所受的教育。"在牺牲前半个月，他还兴味盎然地写了《九歌古歌舞剧悬解》，让我替他抄写呢！

作为一个学者，他热爱自己的学术事业如同生命。十多年来，他辛勤耕耘，自唐诗始，上溯《诗经》、《楚辞》、《周易》、《庄子》，又延伸到古代神话，研究范围扩至文化大领域。在古代文学和古代文化研究方面取得了开创性的巨大成就。《闻一多全集》（一九九三年版）的序言在评述他生前的学术贡献时这样说："闻一多是在近现代中西文化大交汇、大碰撞中成长起来的一位学贯中西、博古通今的大家，他首先是以独具特色的诗人闻名于世的。……""闻一多的成就并不限于新诗创作和提倡新诗格律理论，他在古代文学研究和古代文化研究方面所取得的创造性的重大成就，引起了学术思想界更为强烈而普遍的震动。……后来他走出书斋，投身民主运动时，能够具有那样强大而普遍的影响力、号召力，同样是和他在新诗创作及古代文学研究方面的卓越成就分不开的。”

“闻一多由一位诗人转而研究中国古代文学，并能取得超出前人和同辈人的成就，决不是偶然的。他自幼就喜爱诗赋古文，具有坚实的国学基础，在研究中既继承了我国朴学注重名物训诂考据的传统，又广泛吸取现代西方社会学说，如文艺学、语言学、历史学、考古学、社会学、民俗学、人类文化学、心理学等新的理论和方法，因此，他的研究不仅考索赅博、扎实可信，而且大胆开拓，新见迭出，在《诗经》、《楚辞》、《庄子》、《唐诗》及神话等领域的研究中都取得了突破性的研究成果，自成一家言，因此在以上几个学科的研究史上具有独特的地位，产生了巨大而深远的影响。”

父亲当时自然不满足于这些成就，他还有很多工作要做，为了探求这民族、这文化的源头，寻找中华文化的前途、中华民族的前途，他立下了更宏大的目标。正如给臧克家信中所说：“经过十余年故纸堆中的生活，我有了把握，看清了我们这民族、这文化的病症，我敢于开方了。单方的形式是什么——一部文学史（诗的史），或一首诗（史的诗）。”

郭沫若当年在编辑《闻一多全集》（一九四八年版）时曾万分悲愤而痛惜地说：“因此从这整个的遗稿上，便给了我一个这样的印象：一棵茁壮的向日葵刚刚才开出灿烂的黄花，便被人连根拔掉，毁了。‘千古文章未尽才’这是夏完淳哭他的内兄钱漱广的一句诗，这两三个礼拜老是在我的脑子里和口角上盘旋着，闻一多先生大才未尽，实在是一件千古恨事。”

是啊，父亲还有多少学术工作有待完成，他多么希望能安安静静坐下来从事那诗的史或史的诗的宏大工程啊！七月初，当彭兰、张世英夫妇离滇前来辞行时，他还说：“我将来等到那个时候，还是要回到书斋里一心做我的学问，就可以不问政治了，我也不是个闹政治的人。”（张世英《归途——我的哲学生涯》）

此刻，他怎么能甘心就这么离开自己这视如生命的学术研究呢？

但是，当广大人民在水深火热中煎熬，中国的知识分子也都饥肠辘辘、朝不保夕时，又怎么能谈得到学术研究呢？就连他自己这宏大的计划，“最终单方能否形成，还要靠环境允许否（想象四千元一担的米价和八口之家）”（《致臧克家》）。

他曾不止一次对叔叔说：“千百万人民处在水深火热之中，我们自己也在饥饿线上挣扎，不是我们不想研究学问，现实逼得我们不得不走出书斋啊！”（闻家驷《忆一多兄》）

李公朴被暗杀，外面纷纷传言他是黑名单上第二号，他好几次对同事们这样说：“虽然我还有很多工作想做，但在当今之世，什么时候才能搞这些学术工作？！即使为民主运动而牺牲，我也死而无憾。”（赵沨《回忆闻一多先生殉难前后的二三事》）

吴晗十分了解他：

> 说实话，一多是厌恶政治的，不适于政治工作的。然而，现实的环境强迫他非放下书本不可，非参加政治活动不可。为人民，也为了自己。

他是痛苦的、忧郁的，在含着眼泪抛弃心爱的工作，去参加他最不感兴趣的工作。

他在加倍的努力，要尽量缩短人民受苦难的时间，要尽量提早自己回到研究室的时间。

从白天忙到晚，用嘴，用笔，用两条腿，在工作，在战斗。

加倍的努力，加倍的工作，为了这，缩短了他的生命历程……

（《哭亡友闻一多先生》）

含着眼泪，忍着剧痛，却义无反顾！因为他胸膛中跳动着的是那颗红烛之心！这就是闻一多啊！

现在看来，在那腥风血雨的日子里，父亲内心深处，恐怕还在忍受着另一种深深的隐痛。

李公朴被暗杀后，不断有消息证实，南京已密令，对“甘心从乱”的“民盟奸党分子”，必要时得便宜处置。云南警备司令部拟定的捕杀名单为首批暗杀四人，逮捕十余人，均为民盟负责人。在这样的形势下，大家都十分紧张，有些人开始畏缩了，一些平日为民主运动奔走、甚至是负责的人，也都深居简出，不敢再在公开场合露面。父亲看得很清楚，血腥的高压已使一些人，甚至使战友承受不住。他感到很心痛，对一位来看望他、关心他安全的云大学生说：“我们很多人都溃退了，我不能像他们那样，我要坚持战斗。”（郑伯克《白区工作的回顾与探讨》）

他照常置个人安危于度外，继续在外面奔走。为李公朴被暗杀伸张正义，向各界控诉和揭露中国法西斯的血腥暴行；也照常为民主事业坚守岗位。由于学校复员，担任云南民盟工作的联大人有许多工作需要交接，组织也需调整。他不愿只顾个人安危而弃民主工作于不顾。母亲几次催他早走，他总是说：“民盟的事情还没有完，怎么好走？我要把事情移交给人才能走，现在还没有人来接手。”

吴晗离昆时，其所担任的《民主周刊》社社长一职，尚未物色好人选，父亲又临时挑起了这副重担。母亲说，李公朴遇刺后，周刊社这个进步力量活动的据点也没有人敢去了。“周刊社有的青年眼看工作就要被摧垮，不知怎么办好，来找一多，一多十分镇定地说：‘我去，不要紧，我去坐着！’后来，据杨明同志说，他平日一进门，总把手杖挂起来，这天进去，就拄着手杖坐着，心里当然明白处境的危险，但很镇静。外面心神不定、来看风声的人，一看见他坐在那里，那么沉着，也都镇定下来。别的本来是在外面偷看的人，也进来了。局面才逐渐稳定下来。《民主周刊》本来已出不成了，有的同志也不想出了。可是，他坚持一定要出，他说：‘不能向敌人示弱！难道李先生一死，工作就停顿了？！’印刷厂已经不让印了，他冒着生命危险，亲自和同志们一起到处借铅字，终于又出了一期。”（《一多牺牲前后纪实》）

当时尽管还有楚图南、尚钺等先生坚守岗位，但许多工作如果不是他如此出面料理、坚守，就几乎处于无人管的状态了。

然而，在敌人高压下内部出现的这种状态，无疑也在深深刺痛着他的心，在他“舍家”“舍业”的痛之上又添加了另一种性质的疼痛！

那些天，在父亲的案头上，照例放着几枚待完工的图章。其中的一枚刚刚设计好字体，还未来得及刻。在那血雨腥风、人心惶惶的日子里，谁也不会去注意它。但多年后，细细琢磨那印面上的几个篆字，我们的眼睛不禁被泪水迷濛，心被深深震撼了。这是五个无比沉重的字——“其愚不可及”！

“其愚不可及”，最后未完成的图章

多年来，小小的方寸就已成为父亲寄怀、言志和自励的天地。此刻，这难道不正是他最后的心迹吗？

父亲曾颂扬屈原是人民的诗人：“如果对于当时那在暴风雨前窒息得奄奄待毙的楚国人民，屈原的《离骚》唤醒了他们的反抗情绪，那末，屈原的死，更把那反抗情绪提高到爆炸的边沿，只等秦国的大军一来，就用那溃退和叛变的方式，来向他们万恶的统治者，实行报复性的反击。历史决定了暴风雨的时代必然要到来，屈原一再的给这时代执行了‘催生’的任务。”（闻一多《人民的诗人——屈原》）

如今，他也正是在追屈原踪迹，且已超越了屈原，义无反顾地选定了为给这时代“催生”而舍生取义的道路。

早年，他在纪念“三·一八”惨案时，就曾表示，爱国精神“也许有时仅仅一点文字上的表现还不够，那便非现身说法不可了”。他热烈赞颂拜伦战死疆场是“最完美、最伟大的一首诗”。赞扬“三·一八”烈士们的精神：“我们若得着死难者的热情的一部分，便可以在文艺上大成功，若得着死难者的热情的全部，便可以追他们的踪迹，杀身成仁了。”（《文艺与爱国——纪念三月十八日》）现在，他也正是要以现身说法来实践自己杀身成仁的誓言啊！

碧血丹心映千秋

十五号一大早，又有朋友来报信，说黑名单的事绝对可靠，要父亲千万小心，不要外出。父亲沉痛地说：“我不出则诸事停顿，何以慰死者？假如因为反动派的一枪，就都畏缩不前，放下民主工作，以后谁还愿意参加民主运动，谁还信赖为民主工作的人？”

早饭后不久，他照常拿起手杖迈出了大门。

父亲出门后，母亲像掉了魂似的，拿起给赵妈织的毛衣，走到院子里，心不在焉地织着：

> 我这时已什么也不去想了，脑子只凝集在一个心思上，盼一多平安回来。十二点左右，他疲倦地走回来，习惯地把手杖往里屋门上一挂，转身笑笑，猜透了我的心思：“你放心了吧？你看，我不是回来了吗？”他还在发着低烧，这两天更见瘦了，但是浓黑的眉毛下两只大眼睛还是那末炯炯有神。
>
> 他没有告诉我在外面做了些什么，可是悄悄对立鹤说了：“我去云大讲演了。”立鹤一怔，马上问道：“怎么不告诉我？”一多笑了，说：“怕你嘴不稳，告诉妈。”立鹤也笑了：“爸

真好！”随即又问：“会上情形怎样？”“很好，人到的很多，特务被我痛骂了一顿。”“没发生什么事吗？”“没有，但是特务真多，是同学们把我送回来的。”（《一多牺牲前后纪实》）

原来，就在这天大会上，父亲作了那气壮山河的最后一次讲演！

这次会本来大家是不让他讲演的，他也勉强同意了，但当李夫人在台上泣不成声，听众纷纷愤然泪下时，混在人群中的特务们却在抽烟、说笑，甚至无理取闹，父亲实在抑制不住心头的怒火，站起来大义凛然、慷慨激昂地痛斥了敌人的无耻阴谋。他沉痛地说：

这几天，大家晓得，在昆明出现了历史上最卑劣、最无耻的事情！李先生究竟犯了什么罪？竟遭此毒手，他只不过

云南大学至公堂。一九四六年七月十五日上午，昆明学联在这里举行李公朴殉难经过报告会，闻一多在会上即席发表了气壮山河的演说

用笔写写文章，用嘴说说话，而他所写的、所说的，都无非是一个没有失掉良心的中国人的话！大家都有一支笔，有一张嘴，有什么理由拿出来讲啊！有事实拿出来说啊！为什么要打、要杀，而且又不敢光明正大的来打来杀，而偷偷摸摸的来暗杀！（鼓掌）这成什么话？（鼓掌）

他满腔怒火地厉声质问：

今天，这里有没有特务？你站出来，是好汉的站出来！你出来讲！凭什么要杀死李先生？（厉声，热烈的鼓掌）杀死了人，又不敢承认，还要污蔑人，说什么“桃色案件”，说什么共产党杀共产党，无耻啊！无耻啊！这是某集团的无耻，恰是李先生的光荣！（热烈的鼓掌）李先生在昆明被暗杀，是李先生留给昆明的光荣！也是昆明人的光荣！

会场里响彻着他沉重、坚定的声音，这声音，鼓舞了群众，也震慑了在场的特务们：

反动派暗杀李先生的消息传出后，大家听了都摇头，我心里想，这些无耻的东西，不知他们是怎么想法？他们的心理是什么状态？他们的心是怎么长的？其实很简单，他们这样疯狂的来制造恐怖，正是他们自己在慌啊！在害怕啊！所以他们制造恐怖，其实是他们自己在恐怖啊！……你们杀死了一个李公朴，会有千百万个李公朴站起来！你们将失去千百万的人民！……人民的力量是要胜利的，真理是永远存在的，历史上没有一个反人民的势力不被人民毁灭的！……翻开历史看看，你还站得住几天！你完了，快完了！我们的

> 光明就要出现了。……我们的光明，就是反动派的末日！（热烈的鼓掌）
>
> ……

从他炯炯的眸子里射出坚定的、大无畏的光芒：

> 我们不怕死，我们有牺牲的精神，我们随时像李先生一样，前脚跨出大门，后脚就不准备再跨进大门！（长时间热烈的鼓掌）

在这凛然正气下，在场的特务们竟狼狈地缩着脖子溜走了。

午后，父亲小憩了一会，就又迈出大门去主持记者招待会了。大哥不放心，一直送到周刊社门口，问清了什么时候散会，好去接他，才匆匆回家来。

母亲午后在后院躺了一会儿，睡不着，起来一看，父亲又不在了。正好这时赵妈带着小妹从外面进来，紧张地说："奇怪，怎么今天下午外面这么冷清，一个人影也没有？"母亲的心顿时紧紧缩成了一团，西仓坡北拐就是《民主周刊》社所在的府甬道，那里有店铺、菜摊，平日人来人往，并不冷清。一种恐惧感紧紧攫住了她：

> 我们正坐立不安，立鹤进屋来了。我问他："你爸呢？"他告诉我："爸就在民主周刊社，妈放心吧！"但我发现，平时不抽烟的立鹤，现在却一支接一支地抽着……
>
> 院子里十分静，孩子们往常都在院子里玩耍，今天下午可巧都没有出来。宿舍里又搬走了几家人，多了一些空房子，使人感到有点空空落落。奇怪得很，大街上的叫卖声也听不到了。我觉得天上的白云、树梢上的叶子也纹丝不动，像是

都凝滞住了。死一般的寂静压迫着大地，似乎能听到自己的心跳声。我们哪里知道，此刻——正在一多他们开会时，府甬道至西仓坡一带已经戒严了，四下都布满了特务。

（《一多牺牲前后纪实》）

死寂的恐怖不仅紧紧攫住了母亲，也压迫着我们的心，尤其是大哥，他已受到特务的直接威胁。恐吓信的事他没有告诉父母，只默默地独自承受着，他要保护好父亲，安慰好母亲！但内心的紧张和不安是难以名状的。他后来回忆说，那天中午——

爸睡后，我不知为什么有一种极不安的预感，独自个往周刊社去了好几次，又到文林街钱局街四处看看才回来。

一点半爸爸自己醒了，楚伯伯（按：楚图南）也赶到，他们喝了一点茶就准备出发。我很不放心，便护送他们一直到周刊社门口。我问爸爸什么时候散，他叫我四五点时候来接他，我便匆匆地回西仓坡。

回到家里，母亲面无人色地问我爸上哪儿去了，当我告诉她就在周刊社时，她才稍为放心。她这几天就像失掉了魂的人一样，我一面安慰她，一面注意时间。

三点半，我在家实在等不住了，就向府甬道走去。到周刊社门口，知道还没有散，焦急的在街上踱来踱去，看见很多歪戴呢帽的人三三两两散在街上，知道是些特务，但我只疑心他们是来监视所谓“民盟暴动”的，同时不住的想：“爸名气这么大，他们一时不敢下手，杀死李先生已使他们下不得台了，哪还敢再惹祸呢？”也就不去在意，只是自己多加警惕好了。可是随即猛然想起那个特务化身的女疯子给我的恐吓信，又不禁有点发毛。这信我还不曾给爸看，因为他不会在意这个的，这只使他多分心而已。一时各种奇怪的念头都涌进了我的脑子，就越不可能静下来。……（闻立鹤《爸爸遇刺纪详》）

这时的我，虽然还小，没有大哥那么多想法，但连日来李伯伯的被刺、外面的传言、女疯子、恐吓信……这一切也使我总觉坐立不安，而这时，四周出奇得静，更加重了我紧张的心情。快五点时，我神魂不定，漫无目的地在屋门口转了几圈，干脆进了隔壁陈达伯伯家，去和他的孩子们，也是我们附中的同学玩扑克。但手里拿着牌，心却仍在父亲身上，无论如何也定不下神来。

闻一多殉难处。图中之大门即西仓坡联大教职员宿舍大门

在陈伯伯家待了一会儿，突然一阵枪响打破了沉寂！枪声就在近处！我像被什么重击了一样，不由猛地跳起来就往门口跑！只见母亲、赵妈和小妹也正往大门口疾奔。

大门外，果真，就在十几步远处，父亲和大哥横一个、竖一个倒在血泊中！西仓坡上空无一人。母亲抢上去抱住父亲，鲜血立刻染红了她全身，她拼命呼唤父亲，我们也扑在父亲身上嘶喊：“爸，爸啊！”但父亲双眼紧闭，嘴唇微微张了一下，就渐渐变乌，脸色也逐渐发黑了。一旁的大哥，浑身鲜血，瞪着两只充满仇恨的大眼睛。母亲一阵眩晕，昏了过去，大概是我们撕心裂肺的嘶喊声，又把她惊醒。

周围渐渐围拢了一些人，但没有谁敢伸一把手！我们几个，还有当时住在我们家里的二哥同学庄任秋想抬起父亲和大哥，但抬不动。正在拼命用力时，人群中突然有人喊："又来了，又来了！"刚刚聚拢的人群又哗地一下子散开了。西仓坡上又只剩下我们这几个老弱妇幼。母亲想，这是混在人群中的特务在企图拖延时间！她挣扎着爬起来，赵妈也赶快跑回宿舍，想借张行军床，她用颤抖的手敲开邻家的门。门开了一条缝，扔出来一张行军床，赵妈也顾不了那么多，抱起行军床就跑。

人群又渐渐围拢了，里面有挑夫，母亲求他们帮忙担一下，但挑夫害怕，不肯担。好不容易求动了两位，才把父亲抬上行军床，赵妈从家里抓过一床薄被给父亲盖上。我和她急忙跟着挑夫赶往医院。随后庄任秋也想方设法求来一辆洋车（即人力车），把大哥送往医院。※

※ 现在有的文章说，"后来陆陆续续来了一些热心人，大家共同出力"帮助把父亲和大哥送往医院。其实，在那血腥的白色恐怖时刻，哪有几个人敢出手相助啊！一直在大哥身旁抢救的庄任秋当时在日记中也记载着，他那里除了联大附中一位始终热心的洪川诚老师，最后只有两位青年从围观人群中出来搭了把手。而父亲这里，则始终没有人敢伸一把手。我们身处那血染的现场，面对血泊中的父亲和大哥，是多么痛切地感到那呼天不应、叫地不灵的伤痛和绝望啊！

我们这一路，挑夫走得很快，我得时时小跑几步才能跟上，可仍觉得他们走得慢，我噎着泪水不断地催：“快点走吧，快点走吧！”望着父亲的鲜血从行军床渗出，一滴一滴流到地上，留下一行斑斑点点的血迹，心也在碎裂：“爸，爸啊！”六十岁的老赵妈扶着行军床沿，上丁字坡时简直是连爬带拖，嘴里不断地重复着：“先生啊，您可不能走啊！”沿路人们都惊恐地望着我们这几个浑身是血的人。

好不容易到了医院，但医生翻了一下父亲的眼皮，就摇了摇头。我只“啊”了一声，顿时觉得自己全身都被冻结，动弹不得了。在西仓坡现场，虽已意识到了，但我不愿意，也实在不能够相信这是事实！半晌，才发现行军床已被抬到诊室外，放在门前花圃旁的过道上，透过止不住的泪水，我看见父亲躺在上面，鲜血仍在透过帆布不断往下滴，在地上积成一摊，又徐徐流进花圃里……

父亲和大哥被送往医院时，母亲拉着小妹还在丁字坡上爬。沿路的血迹还那么清晰，好似千万支箭在穿透她的心。她的身心已到了人体承受的极限！进了云大医院，到一个亭子跟前时，实在支撑不住，不得不停下来稍稍喘息一下。这时，正好从对面走过来 ××× 夫妇。××× 先生也是云南民盟负责人之一，和父亲常有交往，又一起参加民主运动，母亲像是见了亲人，急忙赶上去：“× 先生啊，一多被枪杀了啊！”不想 × 先生握了一下她的手，一句话未说，急急忙忙走开了！据说，美国领事馆很快接到了请求保护的要求，当晚就将这位先生和其他民盟领导人等接进了领事馆。× 先生的走掉使母亲伤痛欲绝的心又一次遭受无情打击。此时此刻，当她最孤独无助时，有谁能像自己丈夫那样不顾个人安危为遇难的战友料理一切？又有谁能像他那样甘冒生命危险来主持公道啊！

母亲赶到医院时，父亲的遗体仍停放在花圃旁的过道上。大哥已被送进一间危重病人的单间。由于过度刺激和悲痛，母亲已不成人样，她自己也被送进了病房。

暗杀是预谋好的，凶手就隐藏在宿舍旁的一座米仓中，当父亲离宿舍大门只有十几步远时，他们从背后射出了罪恶的子弹！

这一刻，鲜血和仇恨深深地、永远地浇铸进大哥心中：

> 五点了，爸和楚先生先后走出来，楚先生匆匆先回去了，我心里松了一半，以为这一天可以平安地度过去，随手买了一份《复兴晚报》，爸便慢慢地伴着我向西仓坡走去。这时府甬道至西仓坡的途中是死一般的静寂，行至离家十多步的样子，忽然枪声大作，爸爸已经倒在地上了，我下意识的急忙扑上去，伏在爸爸身上，想用我的身体遮住爸爸，可是枪弹连珠似的向我们打来，我连忙大喊："凶手杀人了！救命！"我想喊喊凶手就会逃走。可是四周比死还要静寂，我忽然感到全身无力，由爸爸身上滚下来，一直滚到离他五六尺外的地方。爸爸满身统是枪眼，血像泉水一样喷出来，面色苍白，嘴唇微动一下，手杖、鞋子和眼镜统都打掉了。这时我才发现自己也受伤了，并且知道右腿已经断了。我不顾一切的大喊，希望宿舍里有人出来。接着又匍在地下装死，同时注意凶手的样子。几个彪形大汉一排的站在离我们二三十尺远的地方，正在继续向我们射击。一两分钟后，他们扬长而去了。我又挣扎着坐起来，胸口上三个枪眼涌出大股的血来。我努

> 力想爬起来去救护爸爸，可是毫无办法，因为右腿已经断了，左腿也中了一弹，血湿透了我的上衣。再看爸，正愤怒地倒在血泊里，面色已变黑了。爸是好汉，哼都不哼一声。（闻立鹤《爸爸遇刺纪详》，原载于《清华周刊》社一九四七年《闻一多先生死难周年纪念特刊》）

从父亲身上发现了十多处弹洞，还有几颗子弹和一些弹片嵌在体内。第一枪击中头部，父亲当场就牺牲了。大哥身中五枪，肺部被打穿，有一颗子弹离心脏只有半寸，右腿被打断了。为了救父亲，他扑在父亲身上，被特务的枪弹打翻，滚落在一旁，伤势十分严重。

为了人民，为了民主的新中国，父亲献出了仅仅四十七年的生命。

黑夜沉沉

面临这样巨大的血的刺激，母亲心脏病严重发作，完全起不来床了。她悲愤交加，痛不欲生。

> 到了夜间，更是冷冷清清。病房中，天花板上的日光灯映在雪白的墙壁上显得那么惨淡。我躺在床上，感到自己是这样孤苦伶仃，一瞬间，我简直不想活下去了。可是又想，孩子们都还小，最大的立鹤才十八周岁，他受了那么重的伤，还在死亡线上挣扎，离开了我，他们将怎么生活啊？不，我要活下去，孩子们还需要我，一多的仇一定要报！一整夜，

> 安眠药的药力使我昏昏沉沉，可是我遇到的强烈刺激，又使我不时惊醒，每次醒来，总像掉进深渊一样，感到这世界是如此窒息，黑暗。（《一多牺牲前后纪实》）

黑夜沉沉，母亲承受的不只这巨大的血的刺激。

当夜最令她伤心和焦虑的还有现场极缺人手。朋友们有的早已离开昆明，民盟的其他负责人都已隐蔽起来，许多人还没有得到消息。身边只有十三周岁的我、九周岁的小妹和六十周岁的赵妈以及庄任秋。要不是庄任秋这个也只有十七周岁的小青年跑前跑后帮助料理、联络，帮着照看重伤的大哥，境况将不知会是什么样！庄是联大附中二哥的同班好友，父亲答应将他带到北平去上学，此前就住在我们家里。附中的同学接着也赶来了好些位，他们不顾危险，牺牲睡眠，自愿留下帮助守护父亲遗体，还和庄任秋一道看护大哥并往外联系（此后一连数日，他们都冒着危险来医院陪伴和照顾大哥），但人手仍感奇缺。

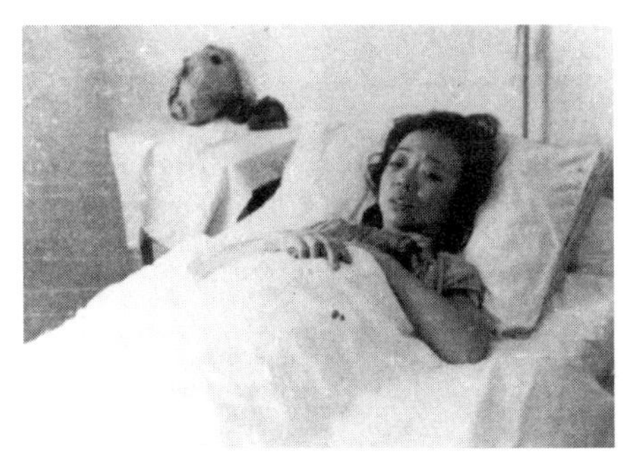

因悲痛复发心脏病的高孝贞

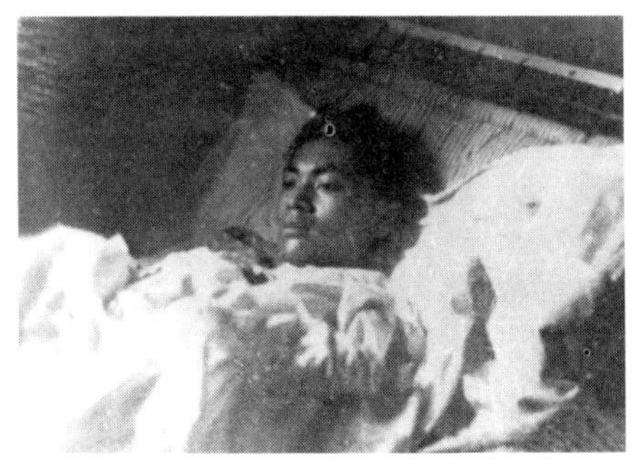

重伤治疗期间的闻立鹤

反动派杀害了父亲并没有罢休，女疯子仍不断跑到医院来恐吓，要见闻立鹤，扬言要斩草除根。云大医院也成了特务监视的中心。有的朋友来看望，出去就被盯上了。就连我们小孩子出去，身后也常有“尾巴”。经受无比刺激的母亲，仍整天处于惊恐之中。

而就在如此伤痛、悲愤的时候，母亲还得承受另一种压力和刺激。由于她和大哥身边都需要人看护，赵妈带着我和小妹，还有庄任秋都住到了医院里，夜间大家就挤在病房里睡，吃不起医院的伙食，赵妈就设法在医院的锅炉房里放个炉子，自己做饭。没过多久，医院就开始下“逐客令”。大哥和母亲还未痊愈，“逐客令”就下了好几道。

最令母亲流血的心痛上加痛的，是她躺在病床上无法去见上父亲最后一面。善后工作由联大出面组织，临时成立了“闻一多教授丧葬抚恤委员会”负责具体工作。母亲由于病倒在床无法参加活动，更不能去见父亲一眼，她心如刀绞。庄任秋当时在日记中就记下了几个凄惨的时刻：

> 七月十七日
>
> 五点半，伯父要入殓，伯母死（都）要去看伯父最后一面。……大家死着劝，伯母哭着要去，医生劝也没用，伯母哭着说：“医生，我求求你原谅我这一次好不好？我不去看以后就看不到了，我以后心里会难过的……”这番衷情，使我们劝的人感动了，可是为了伯母的身体，大家劝伯母以身体为重，免得又使大妹小妹难过，老大伤心，伯母才泣着不去了。
>
> 入殓时，大妹代表家里去了，小妹也跟着去。……
>
> 伯父已安放在烧尸炉里……大妹只一看就掩面大哭，小妹不准看，也被大妹引哭了，我们都把她们两人劝到亭子里去，

小妹用来揩泪的手巾的农夫耕田图是伯父画的，小妹哭道：“这是爸给我画的呢！”越哭越伤心，我们好不容易才劝住她。

七月十八日

伯父的尸体，本来定在今天十二点火化的，后来怕人捣乱，改到上午九点，地点和李公朴先生一样，在云大操场上。

我去看火化时，仪式已经开始了，见到的是大妹给华顺、张文英扶着在哭，跟和尚绕铁炉走，悲痛的情况，使我不忍看，我怅然的回医院了。

在伯父被抬到广场火化时，伯母一定要去伯父处看一转。到了停尸房，伯母哭不成声，死劝也没法劝住，拉也拉不开。伯母在快走前，喘着气哭出来：“你的儿女还小，你要保护呀！……立鹤你要保护呀！……你知道我的身体是不好的……”在场的人，无不凄然泪下。我还是咬着牙，没迸出一滴泪，心里已经死般的沉重了。……（《闻一多年谱长编》）

那是什么样的时刻啊，我永生永世都不能忘！由于母亲和大哥都无法参加父亲的善后活动，小妹又小，只得由我——一个不满十四岁的孩子出面去代表家属……

我永远也忘不了见父亲最后一面的那一刻，他是那么枯瘦，血都流尽了……永远忘不了火化场上围炉绕走的那一刻，我无法相信那铁龛里是亲爱的爸爸……

我也永远忘不了去存放骨灰的那个夜晚，那是父亲的研究生范宁先生带着我去的。我们一家人都还在医院里，骨灰只能暂时存放在一个寺庙中。那是一个凄清的夜晚，雨刚刚停，夜灯已燃亮，但光线很

位于"一二·一"四烈士墓前的闻一多衣冠冢

昏暗，我们两人在冷寂的石板路上拖着沉重的步子，我抱着父亲的骨灰坛，范先生走在我身旁……我们走进了一个寺庙，大堂中有一位方丈将骨灰坛接了过去，我的心也像留在了大堂中……

我也永远忘不了衣冠冢墓葬和追悼会上的那一刻，应母亲要求，衣冠冢建立在四烈士墓前。母亲说，父亲生前热爱青年，青年们也热爱他，让他永远同他们在一起吧！水泥墓穴中放进了父亲的血衣、手杖、烟斗※等，还有抬往医院时盖的淡黄色的薄被。母亲后来很后悔，当时怎么没有想到留几件现场衣物作为永久纪念啊！那天，由于形势关系，没有举行大的仪式，场面很冷清。我含着热泪向墓穴里这些血染的衣物鞠躬，而眼前闪回的仍是倒在血泊中的爸爸！

葬礼前举行了追悼会，一间大教室，四面满是花圈和挽联。我极度哀痛，无心去注意参加的人和讲话内容（后来才知道，由于形势关系，

※ 父亲被抬往医院后，小妹当即从地上捡起他的眼镜、手杖和一只布鞋，放到了宿舍的大门后，第二天回去取时，已不见踪影。父亲当时用的烟斗，一直不知去向。衣冠冢中放进的，记得是他的另一根手杖，另一只烟斗。听母亲说，这只烟斗是张光年送给父亲的。

悼念着重表彰学术贡献）。不过却被那些无言的挽联深深吸引、感动。其中在我的斜对面，挂在主席台左上方的那一副，我当时就把它默记下来了，那是黄钰生伯伯写的：

茫茫人海同乡同学同事同步行三千里回首当年伤永诀

莽莽神州论学论品论文论豪气十万丈横视古今有几人

黑夜沉沉，一颗少儿的心也在承受着成人不堪忍受的创痛！但从这些挽联中，她感到了一种无言的力量，看见了一道冲天豪气正在黑暗中闪射着万丈光芒！

长女闻名在西南联大闻一多追悼会上。当时闻立鹤身负重伤，高孝贞病卧医院，不足十四岁的闻名孤零零一人代表家属参加了这次追悼会

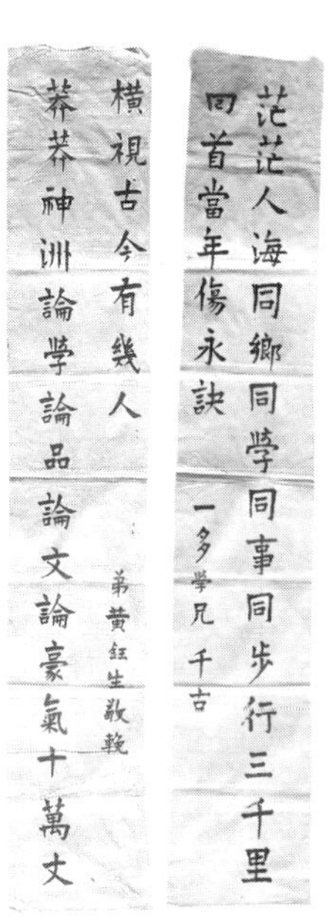

黄钰生挽联

斗士的血是不会白流的

父亲遇难后不久，我在医院里见到了人们给母亲送来的一份《民主周刊》。封面上用红字套印着父亲为李公朴遇刺事件的题词：“斗士的血是不会白流的，反动派！你看见一个倒了，可也看得见千百个继起的人！”里面还登了父亲的最后一次讲演。题词本是父亲在遇难前两天应《学生报》之请写的。想不到他未等亲眼见到，自己也为民主事业流尽了鲜血。听母亲说，这期周刊是社里的同志们得知父亲也遭毒手后，含着热泪，冒着极大风险，突破反动派的高压、封锁专门编出的。我望着上面的题词，泪光中闪现着倒在血泊中的父亲——斗士的血是不会白流的！

民主周刊

第三卷第十九期

為聞一多同志復遭暗殺的緊急申明

本期要目

在白色恐怖中秘密发行的第三卷第十九期《民主周刊》

前往云大医院吊唁的人群络绎不绝

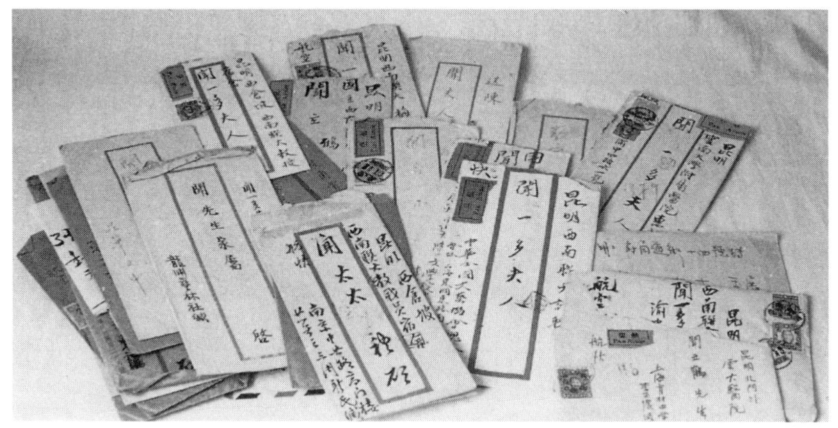

社会各界吊唁闻一多的唁函唁电

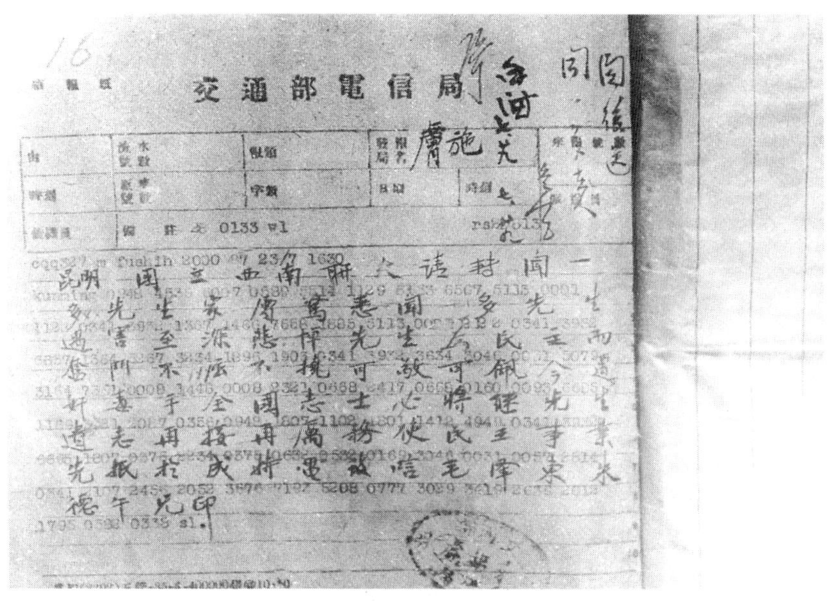

毛泽东、朱德的唁电

法西斯恐怖份子愈益猖狂
聞一多教授又遭毒手
聞氏公子亦身中五彈生命垂危

美遠東民主政策委員會
要求停止軍事

新華日報

反動派繼續實行有計劃暗殺
聞一多教授又被害
聞先生公子亦被狙擊重傷

國民黨大軍瘋狂"追擊""堵截"下
中原將士分路苦鬥

民主之魂
重慶市民六千餘人
昨舉行李聞追悼大會
參加大會者莫不悲痛憤怒，誓為繼承烈士遺志，爭取和平民主獨立，繼續奮鬥。

和平在流血！
民主在流血！

一九四六年七月二十八日上午，重庆六千余人隆重追悼李、闻二烈士。图为二十九日《新华日报》有关报导

由于北上机票有限，闻立雕、闻立鹏先期赴渝，图为他们在重庆追悼会后的留影

父亲被暗杀，震动了整个昆明市，也震动了国内外。雪片般的慰问信和唁电从各地不断飞来，大批群众涌向了云大医院，前来瞻仰遗容的人流终日络绎不绝。人们震惊，人们悲痛，人们更愤怒！

停灵那两天，当局害怕，将停尸房加了锁，连我和小妹也进不去，每天只能扒着门缝去看父亲。从门缝中，我们望见，在父亲躺卧的行军床头，不知何时，人们已插上了束束唐菖蒲花。我们也看见，人群流着泪，愤怒地拍打着门高喊："我们要见闻先生！"

就连昆明的普通百姓，也从中擦亮了眼睛。我们到医院时，全家人身上都沾满了血迹。第二天，当我和小妹抱着一堆血衣，送去宿舍附近钱局街口的洗衣店时，老板娘一看，没问是怎么回事，就指指天，指指心口说："老天知道，闻一多是好人啊！"说完背过脸去抹了把泪水，才把衣服抱进去。去取衣服时，还说什么也不肯收钱。

反动派以为，他们的血腥镇压可以吓倒群众，但他们看到的是天在哭，地在嚎，风也在怒吼，千万个人在继起。悲愤的狂潮在迅速地、势不可挡地席卷大地！

父亲曾颂扬屈原的死把楚国人民的反抗情绪提高到爆炸的边沿，现在他的牺牲更把中国人民的反抗情绪提高到了爆炸的边沿。昆明城虽仍在高压下窒息着，但埋藏在沉默中的火种已开始燃烧起来了。

在这悲愤的狂潮中，母亲逐渐振作起来，她坚定了决心："我要活下去！为了孩子们，也为了继承一多的遗志！"

我要活下去

大哥的伤基本愈合后，全家回到了西仓坡宿舍。老邻居们都复员走了，院里显得十分空落。为了怕母亲触景伤情，我们暂时住到了二十号斜对面的一套空房里。但宿舍内的一草一木、一砖一瓦，无时不在刺痛着一家人的心。我和小妹几乎每天都要回到二十号去，那里才是我们的家！我们能看到父亲在窗前伏案工作，能听到他亲切的声音，闻到他温暖的气息。

大门口父亲和大哥遇刺的地方，血迹仍清晰可见。在医院住时，我和小妹经常回家取东西，每当我们经过这里，心里就一阵痉挛，眼泪止不住往外涌。我们常情不自禁放慢了脚步不愿离去。母亲临出院前，我们又来到了这里，望着这渗进亲人鲜血的土地，决心要把这血土捧一些回去留作永久纪念。我从母亲的针线笸箩里找了一小块黑布，用它缝了两个小布袋，两个人噙着热泪，跪在那里，默默捧起血土，一点点装进小布袋——一袋装父亲的，一袋装大哥的。我们要永远和父亲在一起，永远不忘这血、泪、仇！

闻名、闻翾姐妹收集的浸透了闻一多和闻立鹤鲜血的血土

母亲还起不来床，虽然换了房间，但无法减轻她无

边的伤痛和思念。

房间斜对面就是二十号——那和他同甘苦、共患难的家。从房间里能望见那熟悉而亲切的黄墙，以及他亲手糊上窗户纸的窗户，门口土坡上是和他一起开垦的小菜园。透过它们她能看见他正在窗下埋首伏案，她正相伴在他身旁，正和他携手共度那相濡以沫、风雨同舟的日日夜夜……

为了不伤孩子们的心，她把这巨大的伤痛和强烈思念深深埋在心底，强打着精神不在人前哀伤落泪。但天知道有多少个夜晚她让热泪打湿了枕头，又有多少个长夜是在无眠中度过！

撕咬着她的心的不只是这无边的痛楚、思念和愤恨，还有对未来的焦虑、忧伤和茫然，在这暗无天日、鬼魅当道的世界里，她将以病弱之躯独自护佑着五个孩子生存下去，直面未来！她不能想象那是什么样的生活，但她决心要活下去，不负他的期望！

大哥变得沉默多了，他原是个爱说笑、爱唱歌、会演戏的文艺活动积极分子，往常回来，常老远就能听到他爽朗的说笑声或愉快的歌声，现在常听到的只有他低沉唱着的这支歌：

感受不自由莫大痛苦
你光荣的生命牺牲
在我们艰苦的斗争中
你英勇地抛弃了头颅
……

家里的每个人都尽量自己吞咽着伤痛，为了不去触动对方流血的心。

压力与刺激仍在不断向母亲袭来。

十月四日上海召开李、闻烈士追悼大会，母亲收到了电报，但买机票时却遭到了意想不到的阻力。先是不收零票子，因为我们买机票的钱主要是捐款，多是零票子。接着又说飞机不能给保姆坐，不肯卖票给赵妈。母亲后来回忆说："可是，他们部长的狗却可以坐飞机！老赵妈哭着对我说：'你们走吧！不要管我了，不要因为我牵累了你们！'我气得肺都快要炸了，坚决地对她说：'不，咱们死也要死在一起！要走都走，要不能走，我们都留下，绝不丢下你一个人！'"票最终买到了，可追悼会的日期已错过了。

十月上旬的一个夜晚——一个永远难忘的夜晚，孤独的一家人迈出了大门，告别了父亲鲜血染红的土地。西仓坡上，空寂而昏暗，只有宿舍大门口那盏老旧的路灯在发出暗淡的黄色光彩。我们谁也说不出一句话来。重伤初愈的大哥紧紧抱着父亲的骨灰匣，母亲随身带着血土。这片土地，这个大门啊……她的心又一次在碎裂！

汽车徐徐驶离西仓坡。昆明城还在寂静和重压下沉睡着。母亲望着这正在离去的城市和街道，她看见父亲正在黑暗中为民主事业，为中国的明天而奔走呼号，听到了他那亲切洪亮的声音。"这声音，自联大校园冲出来，向昆明向全国喊去，在辽阔的太空中回荡着。"

"他的血是不会白流的！"从她哀痛的泪光中闪现出坚毅的决心。

最先的继起者

离开昆明，我们取道上海准备回北平——那里二哥、三哥正在北大叔叔家等待着我们。

上海刚刚开过隆重的追悼大会。这次大会有各界五千余人参加，由民盟最先发起。发起人以宋庆龄、孙科领衔，包括国民党、共产党、民盟和各界人士一百六十七人。在这次大会上，人们表达了最深沉的哀悼和那“提高到爆炸边沿的”愤怒。邓颖超代表周恩来出席并宣读了周恩来的悼词：“今天在此追悼李公朴、闻一多两先生，时局极端险恶，人心异常悲愤。但此时此地，有何话可说？我仅以最虔诚的信念向殉道者默誓：心不死、志不绝，和平可期，民主有望，杀人者终必覆亡！”

一九四六年十月四日，上海各界五千余人隆重举行李、闻追悼大会。由于当局有关人员的刁难，高孝贞及子女未能出席

母亲虽未赶上出席这次大会，但在上海羁留的半个月间，仍深深感到人们对李、闻被刺那巨大的悲愤和对烈士的崇敬与痛惜。来看望她的人每天络绎不绝。邓颖超代表周恩来特意前来慰问，沈钧儒、史良等民盟中央负责人也都亲切地来看望。还有各方热情关切的人士。人们带来的不仅是慰藉和关怀，

更有鼓励和力量，它们更坚定了母亲“要活下去”的决心。

李公朴遇刺后，父亲悲愤地痛斥：“反动派，你看见一个倒了，可也看得见千百个继起的人！”如今，他自己也将鲜血汇进了先烈们的血流，为民主的中国奠定了永久的基石，继他而起的更是千万个人！而在这千万个继起者中，应该说，母亲是最先站起来的一个！

从血、泪、仇中，母亲站起来了！用她那瘦弱的肩膀独自支撑起被摧毁的家，羽翼着五个孩子在艰难困苦中度日。

父亲遇难后，我们孤儿寡母陷入了绝境。清华大学虽发了一年薪金，但在那物价涨得比天高的年代，这只能是杯水车薪。感谢当年为闻一多家属慷慨解囊的人们，他们的捐助帮我们一时避免了衣食无着、流浪街头的境地。但捐款毕竟有限，为了七口人的生存，母亲的艰难、焦虑和苦楚是难以想象的。

就在这艰苦境遇中，她以坚强毅力继承起了父亲的遗志。

北平同样夜色浓重，在特务密布、暗无天日的环境中，母亲不顾危险，默默掩护着中共地下工作者和转赴解放区的青年。

父亲的侄儿，我们的六哥黎智[※]当时任共产党上海局平津学委（南系）书记。一九四七年冬末至一九四八年初，他与夫人魏克（南系学委成员）就住在我们家里，母亲明白他们的身份与事业，一九四六年六哥在重庆南方局工作时，父亲曾与他通过一次信。此刻六哥夫妇早出晚归，她从不多问，只默默地暗中支持与配合。在暗无天日的旧社会，

※ 我们的嫡堂兄，三伯父闻家驄（闻黎菁）之子，原名闻立智，大排行第六，我们称为六哥。

解放区的曙光吸引着大批青年，父亲生前曾十分向往那片土地。如今一些奔赴解放区的进步青年，也以我们家为“中转站”。母亲像父亲生前爱护青年学生一样，把他们当做自己的亲人热情接待，嘘寒问暖，热茶热饭。上海来的陈霞飞女士就曾在我们家住过十多天。后来我们一家赴解放区时，当时住在我们家里的一位王小姐，还和我们同行了一段路程。

和父亲一样，母亲用爱温暖着许多进步青年的心，也得到他们的爱戴。在反动统治下何善周的新婚妻子王玉清甚至不怕“株连”，认她做了“干妈”。华罗庚先生的女儿华顺早在父亲遇难当时，就赶来医院帮助守灵和看护大哥，陪伴亲属，中华人民共和国成立后，仍把我们这儿当“家”，也认了母亲做干妈。

一九四八年三月，在地下党和民盟的帮助下，母亲带领我们一家跨越封锁线进入了晋冀鲁豫边区（三哥已于前一年先去了解放区，大哥已加入地下党，暂留北平），实现了父亲生前的愿望。

在解放区明朗自由的天地中，母亲的身心得到了极大舒缓，也获得了新的活力。她初步懂得了革命的道理，更理解了父亲为之献身的民主事业，也不由更加热爱和崇敬自己的丈夫。她渴望充实和提高自己，跟上时代需要，不负他的期望。

这一年在吴晗的介绍下，母亲加入了中国民主同盟，更加坚定地踏上父亲的足迹。八月上旬，又作为民盟代表出席了华北临时人民代表大会。

中华人民共和国成立后，母亲历任河北省、北京市政协委员，第五、六届全国政协委员会委员和民盟妇女工作委员会委员。她虽未担任什么具体工作，但每次都坚持出席会议，认真学习会议文件。五届全国政协第四次会议时，她正卧病住院，仍不顾医生劝阻坚持去参加大会。那次我将她送到人民大会堂门口，不久，只见她被工作人员抬了出来，鼻子上还插着氧气管！

父亲遇难后，母亲历经风风雨雨，承受着千辛万苦，但从未露过难色。就是面对内心最大的痛楚——文化水平低，也从未退缩过。她那学习的梦想从未放弃，追求它的努力也从未懈怠过。我们到解放区后，都离开她住进了各自的学校。我每次回家，几乎都见她坐在桌旁学习，面前是写着摘记的笔记本，一旁放着解放区出版的各式土纸的书籍，她那伏案学习的形象与父亲埋首书案的形象一起，深深烙印在我心中。晚年，她即使身患重病，书桌的抽屉里，也仍放着几个一刻不离的学习笔记本，枕头下仍始终有着一部半导体收音机，那是她每天了解国家大事的必备工具。

在生活上，母亲也从没有畏难的时候，始终如当年与父亲共患难那样，坚韧积极地、默默地面对一切。

高真与朱自清夫人陈竹隐

高真一生勤奋好学。努力提高自己的文化水平和生活境界是她永远不懈的追求

高真在帽儿胡同宅院中。摄于二十世纪七十年代

到解放区以后，在共产党和人民政府的关怀下，母亲得到了无微不至的照顾，一家人生活也有了保障。她对此始终怀着感激又不安的心情。她恨自己文化水平太低，做不了什么工作，只尽量在各方面严格要求自己。

生活，纵使衣食无忧，也难免会遇到各种问题。

中华人民共和国成立后，母亲的住房问题就曾经给她带来不少困难，甚至“惊险”。我们租住在东四八条时，不知所住房屋是危房。有一天，母亲正靠后墙而坐，突然那面墙体轰然坍塌，要不是我爱人

全家福。摄于一九五九年北京

王克私眼疾手快，一把将她拉开，她就被埋在下面了。

后来东单象鼻子中坑的住房，更是险象环生，那里不仅也是危房，而且是名副其实的“坑”，院子比街面要低一米多。我们刚住进不久，就遇到暴雨，雨水从街面冲进来，淹没了院子，又直灌房间。母亲正午睡，惊醒一看，床已成为一只船，四周一片“汪洋”，床底下的脸盆、鞋子等物都在水上漂移。母亲后来不得不定做了一块木板，每逢下大雨，便用它卡在大门口当做水闸用。

母亲身体素来虚弱，常年多病。父亲在世时，曾期盼回北平后给她好好看看病，但他带着这一心愿被夺去了生命。我们回北平后，父亲当年清华的同学、外科名医关颂涛先生亲自操刀为母亲做了甲状腺手术，替父亲了却了心愿。

党和政府对母亲十分关照，每月提供一笔生活费。但因为她不在职，很长一段时期都无法享受公费医疗待遇。尽管常年抱病，但高额的医疗费用都是她自己从父亲的稿费中掬取。

对于这些困难甚至惊险，母亲从没有抱怨过，也不愿对人诉及。只到了住房坍塌、无处安身时，才不得已到民盟市支部暂时栖身。她觉得新生活来之不易，国家也有困难，自己没有什么贡献，不愿再给组织增添麻烦。这些问题后来虽得到解决，但母亲仍觉不安。在她的内心里只坚守着一条：自己是个平凡的家庭妇女，但身为闻一多夫人，任何时候也不能给他丢脸，不能有负他的期望。她深深感到，正如毛泽东主席所说："我们中国人是有骨气的。……闻一多拍案而起，横眉怒对国民党的手枪，宁可倒下去，不愿屈服……我们应当写闻一多颂……他们表现了我们民族的英雄气概。"她任何时候也不能忘记他的精神。

这是一条崎岖的道路。在这条路上，一个瘦弱的妇女，拖带着五个孩子，艰难地向前迈进。她柔弱，但是刚强；她伤痛，并不衰飒；她凄苦，却不曾孤单。因为他从未离开过她，他那双炯炯的眸子正深情地凝望着她，他那热烈的胸膛正紧紧护佑着她，而他那颗火一般燃烧着的心永远在烘暖着她的心房，照亮着她前进的方向！

岁月流逝，孩子们都长大了，离开她自立了。她依然与他相伴，向前迈着坚定的步伐！

一九八三年十一月十三日，母亲无愧地离开了这个世界，去找父亲了。在天庭，他们将携手相依，永不分离！他们那支"自己的歌"，

一九八一年七月高真回昆明参加闻一多殉难三十五周年纪念活动。这是她与次子闻立雕摄于西仓坡故居门前

一九五一年七月十五日，中国民主同盟中央隆重举行先烈纪念会，会后在北京八宝山革命公墓安葬了闻一多骨灰。图为八宝山革命公墓中的闻一多墓

与李何林及其夫人王振华在闻一多墓前。自右至左：李何林、高真、王振华、何善周

子女在闻一多与夫人高真位于北京八宝山革命公墓的合葬墓前。左一闻名、左二王克私、左三杜春华、左四闻立雕，右一闻立鹏、右二张同霞

那雄浑壮丽与清纯婉约的“谐美和声”，将伴着父亲那用鲜血写成的史诗，在天地之间永久回荡！

母亲病危时，曾留下遗言，想和父亲合葬在一起。一九九六年，我们实现了她的遗愿。当时哥哥们让我代表全家写篇祭文，我含泪提起笔，却深深感到文字的无力，我们的心情哪里是文字能诉得尽的啊！

祭 诗

——为爸爸、妈妈合葬而作

亲爱的爸爸、妈妈：

今天，在纪念爸遇难五十周年、妈离去十三年的时候，我们怀着深切的思念为您们举行合葬。

此刻，冬阳送来温暖，
寒风不再张狂，
松柏这样青翠，
万物都在为您们感到欣慰。
从此您们将不再分离，
永远地依偎在一起。
就像当年在清华园
爸的书房里总有妈的身影，

葱绿的草坪也融进了甜蜜的情意。
就像在昆明艰苦的岁月中，
深夜里爸还在埋首书案，
油灯下妈拿着活计陪伴在案旁。

亲爱的爸，妈，
时光在流转，
日月在推移，
但您们从未曾离我们远去。
月色下爸正教我们背唐诗，
蓝天下在给我们讲远古神话，
夕阳里带我们去捉蚂蚱，
金色的田野是那么辽阔广大。
书案上堆放着一叠叠文稿，
爸正坐在案旁凝神思考，
茶杯里徐徐腾着热气，
烟斗里青烟在缭绕。
百忙中您捉起刻刀，
夜深人静还在为我们的温饱操劳，
一刀刀您刻着坚硬的石章，
一声声深深印在我们的心上。

长夜里响起您狮子般的怒吼，
黑暗里闪耀着您炯炯的目光，
山河在震撼，魔鬼也丧胆，
最后一次讲演在空中回荡。
哀民生之多艰您拍案而起，
义无反顾从“人间”走入“地狱”，
在您拥抱天下的胸怀里，
我们感受到一个更加慈爱、更加伟岸的您。
亲爱的爸爸，五十年来多少事随同时光逝去，
您的形象却越来越高大、清晰，
在燃烧自我的红烛光芒中，
爸，您已化作超越时空的永恒。

西仓坡上血染的时刻，
亲爱的妈妈，
您抱着爸爸，面对身负重伤的大哥
血泪中下定了决心：“我要活！”
多少夜泪水伴着您入梦，
睡梦又化成无尽的思念和仇恨，
满腔悲愤您迎着狂风恶雨，
病弱的身躯带领我们踏着爸的足迹。
历尽艰辛迎来了新中国的万丈光芒，
您心中却隐藏着沉重和不安。

那旧社会套在身上的枷锁，
细弱的臂膀如何才能将它砸破。
晨曦中您打开枕下的半导体，
深夜里摊开书本记着笔记，
您听见爸爸就在身边，
微笑地鼓励您在文化的阶梯上攀缘。
吸着氧气您被抬出人民大会堂，
病榻上还准备重返战场，
前面是一条不平坦的路途，
心中有那支不熄的红蜡烛。
您曾默默将自己的生命液汁，
不断浇灌着丈夫和儿女的生命之树，
使他们的绿叶更加繁茂，枝干更加粗壮，
却不顾自己日渐消瘦，日渐枯干。
如今您又将瘦弱的身躯，
交给林木常青的大地。
这奉献是那样的无声无息，
人们谁也不会注意到您。
但，亲爱的妈妈，天地会为之感召，
日月将镌刻您的功绩，
在时间的长廊上，
它将永远不会漫漶。

㊂

五十年来风风雨雨，
风雨中大哥英年就含恨离去，
今天他也会来到这里，
向爸妈倾诉衷肠和遗恨。
还有劳苦功高的老赵妈，
他们将永远和您们相聚在一起。
五十年来风风雨雨，
红烛之火始终燃烧在我们心里，
如今我们虽已白发两鬓，
仍会在它的光芒下继续耕耘，
这光芒不仅照耀着我们前进，
它将光照子孙后辈和世世代代人的心。
亲爱的爸爸、妈妈，
在那黎明前的黑暗里，
您们经受了过多的磨难，过早的分离，
如今愿您们永远在一起，安心地歇息。
日月将为您们而更加明亮，
苍松将为您们撑开伞，
清风为您们拂去人世间的尘嚣，
我们的心将永远、永远依偎在您们身旁。

一九九六年十一月十七日

尾声

一九八六年七月，在纪念父亲殉难四十周年的日子里，我作为家属代表回到了阔别四十年的第二故乡——昆明。在那里停留的十七天，仿佛浓缩了当年在春城居住的八年时光。我天天在那八年与现实的交错中，经历着强烈而巨大的感情冲击，特别是在那血泪交融的西仓坡上！

当时心潮滚滚、思绪万千，但忙于各种活动和探访故居，只在匆忙中凌凌乱乱记下几笔感受。回来以后，心绪仍久久不能平静，又作了一些追忆。

父亲殉难已逾七十年了。岁月流逝，但父亲的形象却越来越清晰，光辉。翻开这十七天的琐记，不禁又心潮起伏、思绪万千。特在这里摘录其中的几段：

七月十三日

一清早，心就激动地跳个不停，似乎它想一下子冲出胸膛，跃到那连着心房和血液的地方去。

终于到了机场，又终于登上了舷梯。高空中云不少，但是太阳出来的时候，湛蓝的天空一望无际，就像辽阔的海洋，那几朵飘在上面的白云，多像神话中的仙山！不知怎么联想起了小时候爸教的唐诗《长恨歌》里的两句："忽闻海上有仙山，山在虚无缥缈间。"在昆明陈家营时，我和三哥、小妹还把枕头堆在床上当做仙山，自己扮起仙子翩翩起舞呢！

飞机渐渐降低了高度，地上的景物也逐渐清晰了。苍翠的树木、错落的房舍和它们下面红色的土壤。啊，红土！多么熟悉的红土啊，我没有认错吧？不，是它，是昆明！到昆明的郊区了！我们当年是在哪一片地方住呢？陈家营、司家营在哪里？晋宁、大普吉又在哪里？那片树林、林间的小道，是不是爸每周进城上课走过的路呢？啊，亲爱的爸爸，我看见他了，他正穿着灰布长衫和妈做的圆口布鞋，拄着白藤手杖大步赶路呢！他要去教课，要去开会讲演，要去为民主大声疾呼，爸，您听到了我的呼唤吗？

终于抵达了终点！我沉浸在当年的记忆中走下飞机。啊，昆明！这就是日夜想望的昆明啊！还是那样美丽、温暖，还是那样清远、湿润；高原的气候令人有些发闷，但心胸是多么开朗啊，我喉咙里哽塞着眼泪，尽情地呼吸着昆明特有的、如此亲切而熟悉的气息。

远远看见出口处几个青年举着一块白牌，上面写着"云南民盟省委"，这是来接我们的。我的眼睛湿润了。四十年前，我们离开昆明，也是乘的飞机，但是运输机。那个难忘的深夜，到的就是这个机场吧？四周是那么黑暗、沉寂。妈还十分虚弱，大哥拄着双拐。我们谁也说不出一句话来。不可能有谁来送行，只有一位同路到北平并帮助沿途照料的青年学生周景淮[※]在为这一家老弱病残张忙……我们本来准备赶往上海去参加父亲的追悼大会，但等到冲破重重刁难登上那架老旧然而十分高傲的运输机时，追悼会早已开过了……

快到出口了，迎接的人们笑容已能看清，我不禁好几次回过头去看那架刚才乘坐的七三七客机。飞机像一只雄健美丽的苍鹰停在那里。漂亮的七三七，老旧的运输机；出口处举着白牌的人们，黑夜中孤独悲愤的一家老弱病残闪电般在脑海里，在眼前，交替地、重叠地出现。过来迎接的吕秘书长大声地说着什么，半天我才听清，原来是让我准备明天和后天的讲话。

……

进城的路上，我不住地寻找着当年的昆明，可最初见到的全是新建的楼房，宽敞的柏油马路，和北京没什么两样。

终于，前面的道路和房屋越来越熟悉了。（民）盟省委机关的小杨说，这里是旧的市区了。我的心跳得越来越快，这些道路上印有多少爸的足迹啊！那时，他教课、开会、为呼吁民主拿着文件找人签名……全靠的两条腿。那是数不清的足迹，有他独自一人的，也有他与学生们、同事们一起的，

※ 现名周简叔。中国人民大学原高等校外教育学院副院长、教授。当年的联大学生，受同窗王健（后为李公朴女婿）之托在北上途中帮助照料闻一多遗属。

还有那震撼全国的“一二·一”烈士抬棺游行中数万人的。在那个队伍的前头，爸拄着他的白藤手杖，踏着悲愤、沉痛的步伐，而我，一个十三岁的小姑娘，也走在队伍中间，想到队伍前头爸那有力的身影，虽然感到紧张，勇气却是足足的。

翠湖！前面就是翠湖了。顿时，路旁的一切全都退远了，我只抓住了翠湖。尽管它现在已修建成一座带有人工美的花园，但我在它那熟悉的园廊中看到的却是当年那未加修饰的、朴实自然的湖景以及湖旁那条林荫土路。那条路，爸带着我们不知走过了多少回。

沿这条路拐上去，就是被血、泪、仇浇筑进心头的西仓坡，永远，永远难忘的西仓坡！可惜，汽车拐弯了，拐向了我们下榻的圆通饭店。但一种无形的力量，已把我的心紧紧系在了西仓坡上！

晚饭后，杨明※和省委领导同志来看望，小坐了一会。我很不习惯于应酬，一心只想着去西仓坡，按照日程安排，明天下午要在西仓坡举行闻一多殉难处纪念碑落成典礼，我的心早已飞去了。

七月十四日

从早上起就下起了阵阵小雨，苍天有情，也在悼念他赤

※当年父亲的学生和战友，时任云南省人大常委会副主任，省民盟副主席。

诚的儿子吧！

到西仓坡不算远，我多想一路走着去，好仔细看看这些扎根在心中的地方啊，可出于礼貌，只得坐进了民盟省委的小汽车，把快要迸发出的感情按捺在胸膛里……

终于，西仓坡到了！啊，血、泪交融的地方，几十年来梦回的地方！它大变样了！北面筑起了高墙，米仓变成了大楼，当年联大教职员宿舍的门前已是一片水泥地面。但那面坡，那一头通往翠湖、一头通往钱局街的坡道；那宿舍的大门，仍似当年模样。一九四六年七月十五日下午，这个坡上，这扇门前，那个血染的时刻啊！……

纪念碑就建在爸当年殉难的地方——离宿舍只有十几步。典礼开始了，少先队员的鼓乐队奏起了乐，代表们接着

殉难处纪念碑落成仪式。画面左侧大门为当年西南联大教职员宿舍大门

讲话。讲的什么，我在听着，又没有听到，人们似乎离我很远，很远。在我眼前的，是倒在血泊中的爸爸和大哥，他们就倒在这里！爸全身浸着血水，一只手抱着头。伤痛欲绝的妈妈紧紧抱着他，我眼见爸的嘴唇微微张了两下，渐渐变了颜色，我和小妹拼命喊着："爸啊，爸啊！"但他已听不到了……横在爸身旁一两步远的地方，是倒在血泊中的大哥，他瞪着两只仇恨的大眼睛……西仓坡上空无一人，只有我们一家老小和庄任秋。我们要抬爸，抬不起来，拖大哥，又拖不动！不知什么时候，四周渐渐围拢了一些人，但没有人敢伸一把手！没有人敢说一句话！

该我讲话了，好不容易才从巨大的悲痛中挣脱出来。这时，我才看到周围竟有这么多的人——这不是那些被白色恐怖窒息着的面孔了，他们正肃穆地面对爸的纪念碑，脸上充满的是热情和敬仰。这已是爸用鲜血换来的今天了！啊，我讲什么呢？那翻滚在心间的万千思潮，那和着热泪堵在胸口的如麻心绪，哪里是能讲得出来的呢？……

揭幕仪式结束后，人们纷纷围拢来，一双双热情的手，一句句关切的问话，我在重重人群中，只不断听到当年那痛彻无助的哭嚎。……

联大教职员宿舍现在已是昆明师院的宿舍。

迈进大门的一刹那，我的心不禁又一阵剧烈痉挛，热泪一下涌满了眼眶。这木质大门似乎仍是当年的那一扇！经过几十年风雨侵蚀，它已显得苍老了，但仍然那么坚实！大门啊！当年惨案的见证人，如今你还那么沉稳地坐落着，是为了向人们提示过去吗？在那血雨腥风的日子里，爸曾多少次迈过你，昂首阔步面对敌人的威胁恐吓，他以“民不畏死，奈何以死惧之”的大无畏精神，准备着“前脚跨出大门，后脚就不准备再跨进大门”。四十年前那个难忘的下午，他最后一次跨过你，再也没有跨回来！几十年来，多少自由了的人从这里迈出迈进，有谁注意到你这扇苍老的、已经脱色的大门吗？有谁想过你深寓着的是什么吗？又有谁从你身上感受到了什么吗？我沉重地跨进这扇门，情不自禁地又回过头去看了看门扇的后面，什么也没有了！是啊，什么也不可能有了！听妈说，那天，当我们终于求到两位挑夫和一辆洋车，把爸和大哥送往医院时，十岁的小妹，从血泊中捡起了爸掉下的眼镜、手杖和脱落的一只布鞋，放在了大门后边，可是后来去找时，却没有了，什么也没有了……

……

宿舍院内面目已大变，那坡上坡下的两排住房也不完全是原貌了，但那黄色的墙壁是多么熟悉亲切啊，我急切地朝坡上寻去，房舍都已改建过，但仍能辨认出当年模样。啊，中间的那两间。是它！我们的家，当年的二十号！

刹那间，多少往事随着它推挤冲撞而来，我完全忘记了周围的人们，越过了四十年的时空，回到了那难忘的年代！我一脚迈进家门，没有注意现在房主人的室内陈设，也没有去细看那改建过的格局,我回到的是当年那温暖而简朴的家!

……

在这里，贫穷曾带来多少焦虑和压力，但从没有过愁苦的叹息；在这里，紧张劳碌占去了生活的日夜，却听不到丝毫烦躁的宣泄；在这里，敌人的威胁迫害是多么张狂，却从没有过畏惧和退让！这里有的是乐观和坚强，无畏和坦荡，这里充满的是意兴和情趣，温暖、慈爱和力量！

……

“我们能住在闻先生以前住的房间里，感到很荣幸，闻先生的精神时刻在鼓舞着我们。”现在的住户，师范学院教授朱先生对我说，他眼里充满了对爸的敬仰与热爱。

……

从故居出来，我又恋恋不舍地回转头去，雨渐渐停了，整个宿舍是那样清新而凝重，仿佛在显示着历史的厚重。我们的家，西仓坡西南联大教职员宿舍二十号，正在雨后的阳光中静静地、沉稳地坐落着，我含着热泪望着它，觉得它似乎变成了一种和谐、美好，崇高又悲壮的融合体，正在清澄的天空底下放射着耀眼的光芒，在这光芒中，挺立着的是爸那高大的形象!

大门外，参加仪式的人们已散去。西仓坡恢复了它的平静。我站在那里,低下头又看到自己正和小妹跪在泥土地面上,含着热泪一把把捧起渗透亲人鲜血的土……

一直陪在身旁的杨明指着这里和宿舍区域，告诉我：“这一片地方省里准备作为文物保护区，把它圈起来。”

我心里说：“我一定要再回来的。”

……

我从昆明回来的第二年，听说西仓坡联大教职员宿舍已被拆掉了，盖起了一所幼稚园。

但愿人们不要忘记讲给在里面快活嬉戏的孩子们，这里曾经住过一位著名诗人和学术大师，还有他那些同样是大师的同事们。讲给他们这位诗人、学者为了他们今天的幸福生活，牺牲了自己的幸福，而且就在离大门十几步远的地方献出了自己仅仅四十七年的宝贵生命！也告诉他们，不忘过去，才能珍惜现在，记住历史，才能有美好未来！

一九四七年清华学校辛酉级同学为纪念闻一多，在清华大学荷花池畔小山上建立的由梁思成设计、潘光旦题额之“闻亭”

清华大学闻亭旁的闻一多雕像（作者 钱绍武）

武汉大学校园内的闻一多雕像（作者 王福增）

云南蒙自市南湖畔的闻一多纪念亭（浮雕作者 赵瑞英）

青岛海洋学院（原青岛大学旧址）内的闻一多雕像（作者 徐立中）

云南师范大学原联大民主草坪上的闻一多塑像（作者 袁晓岑）

浠水县闻一多纪念馆（铜像作者 刘开渠、王克庆）

参考文献

1.《闻一多全集》，武汉，湖北人民出版社，一九九三年。

2.《闻一多书信手迹全编》，北京，国家图书馆出版社，二〇一〇年。

3. 闻黎明、侯菊坤编：《闻一多年谱长编》，武汉，湖北人民出版社，一九九四年。

4.《闻一多纪念文集》，北京，生活·读书·新知三联书店，一九八〇年。

5. 闻立鹏、张同霞：《闻一多》，北京，人民美术出版社，一九九九年。

6. 闻黎明：《闻一多传》，北京，人民出版社，一九九二年。

7.《闻一多研究四十年》，北京，清华大学出版社，一九八八年。

8. 钱理群、温儒敏、吴福辉：《中国现代文学三十年》，北京，北京大学出版社，一九九八年。

9.《朱自清全集》，南京，江苏教育出版社，一九九六年。

10.《吴晗文集》（第三卷·杂文），北京，北京出版社，一九八八年。

11.《梁实秋散文》，北京，中国广播电视出版社，一九八九年。

后记

这些文字是早就酝酿于胸间并开始动笔的，只因长期病痛及各种原因，一拖再拖，直到今天才完成。这“马拉松”虽然跑完，但对父母的思念永无止境，但愿它们能多少表达出我这颗心，能给在天庭相依的父母带去一点慰藉，也能弥补一点母亲生前的遗憾。

这本书的取材，首先和主要的自然是母亲的炉边漫忆及她平日的一些散忆，个别地方也采用了一些家人和亲朋历年来的回忆，贯穿其间的是我自己的亲历及感受。

写作过程中，我参阅了兄妹们（闻立鹤、闻立雕、闻立鹏和张同霞夫妇、闻翺）的有关回忆和著作；侄子闻黎明的《闻一多年谱长编》为我提供了不少资料及依据。

这本书的完成也是和亲人们的共同努力分不开的。我的爱人王克私首先是第一读者和亲密的切磋伴侣，他不断给予热情关切和各种帮助，但不想未及看上一眼全稿，他竟先我而去！儿子王丹鹰怀着对外祖父的崇敬与热爱，从帮助定夺全局到校正文字、复制图片都出了不少力；女儿王丹梅和儿媳张桦通读了全稿，提出了宝贵意见，又帮助书稿的电脑录入；侄女高晓红和侄子闻丹青帮助挑选和复制图片。连孙子王达也成了打印的小助手。

因此，这本书可以说是众多亲人心血和情感的一个结晶。

本书自2017年由中华书局(香港)有限公司出版繁体字版后，我一直盼望着它的简体版能够与读者见面。如今，在清华大学出版社及诸位先生的热情支持下，这一愿望终得实现，我感到特别欣慰。

我也感谢给予热情支持的张国男、王健夫妇（李公朴先生的女儿及女婿），他们把亲笔写的关于李闻惨案的文章提供给我参考。

希望这本书能不负众望，对人们深入全面地了解闻一多及其精神有所帮助。

闻名

二〇二〇年六月 于北京